Um Rei em Busca da Verdade

Gary Tillery

Um Rei em Busca da Verdade

UMA BIOGRAFIA ESPIRITUAL DE ELVIS PRESLEY

Tradução
DAVI EMÍDIO RAGO

Título original: *The Seeker King – A Spiritual Biography of Elvis Presley*.

Copyright © 2013 G. G. Tillery, LLC.

Publicado mediante acordo com Theosophical Publishing House, 306 West Geneva Road, Wheaton, IL 60187 – USA.

Copyright da edição brasileira © 2016 Editora Pensamento-Cultrix Ltda.

Texto de acordo com as novas regras ortográficas da língua portuguesa.

1ª edição 2016.

Todos os direitos reservados. Nenhuma parte deste livro pode ser reproduzida ou usada de qualquer forma ou por qualquer meio, eletrônico ou mecânico, inclusive fotocópias, gravações ou sistema de armazenamento em banco de dados, sem permissão por escrito, exceto nos casos de trechos curtos citados em resenhas críticas ou artigos de revista.

A Editora Seoman não se responsabiliza por eventuais mudanças ocorridas nos endereços convencionais ou eletrônicos citados neste livro.

Editor: Adilson Silva Ramachandra
Editora de texto: Denise de Carvalho Rocha
Gerente editorial: Roseli de S. Ferraz
Preparação de originais: Luciana Soares
Produção editorial: Indiara Faria Kayo
Assistente de produção editorial: Brenda Narciso
Editoração eletrônica: Fama Editora
Revisão: Nilza Agua

Dados Internacionais de Catalogação na Publicação (CIP)
(Câmara Brasileira do Livro, SP, Brasil)

Tillery, Gary
    Um rei em busca da verdade : uma biografia espiritual de Elvis Presley / Gary Tillery ; tradução Davi Emídio Rago. — São Paulo : Seoman, 2016.

    Título original: The seeker king : a spiritual biography of Elvis Presley
    Bibliografia.
    ISBN 978-85-5503-031-4

    1. Presley, Elvis, 1935-1977 2. Presley, Elvis, 1935-1977 — Religião 3. Músicos de rock — Estados Unidos — Biografia I. Título.

16-00191   CDD-782.42166092

Índices para catálogo sistemático:
1. Elvis Presley : Músicos de rock : Biografia 782.42166092

Direitos de tradução para o Brasil adquiridos com exclusividade pela
EDITORA PENSAMENTO-CULTRIX LTDA., que se reserva a
propriedade literária desta tradução.
Rua Dr. Mário Vicente, 368 – 04270-000 – São Paulo – SP
Fone: (11) 2066-9000 – Fax: (11) 2066-9008
http://www.editoraseoman.com.br
E-mail: atendimento@editoraseoman.com.br
Foi feito o depósito legal.

Para Iona,
que tentou em vão afastar-me da minha bicicleta para
que eu assistisse ao programa de Ed Sullivan.

Sumário

Nota do Autor 9
Prólogo 11

Parte Um: Mystery Train — Trem Misterioso
1. Tupelo 17
2. Memphis 27
3. Sun 39

Parte Dois: Flaming Star — Estrela de Fogo
4. Fenômeno 59
5. Patriota 69
6. Astro 79

Parte Três: Many Mansions — Muitas Moradas
7. Despertar 93
8. Revelação 100
9. Missão 108

Parte Quatro: Restless Exile — Exílio Inquieto
10. Retorno 125
11. Showman 136
12. Agente 145

Parte Cinco: Lonely Street — Rua Desolada
13. Rompimento 159
14. Decadência 165

15. Divórcio 171
16. Balanço Final 186

Epílogo: Santo Elvis 200
Cronologia 209
Notas 215
Bibliografia 229

Nota do Autor

Embora Elvis Presley tenha deixado uma enorme quantidade de trabalho criativo, a maior parte desse trabalho consiste de interpretações das canções ou poesias de outras pessoas, em vez de articulações do pensamento dele próprio. Apesar disso, não é difícil distinguir o que o tornava especial. Sua profunda espiritualidade é evidente nas gravações de música *gospel*, tanto quanto nas várias canções populares que ele escolheu gravar ao longo dos anos. Menciono várias delas no texto e ressalto certas canções ao final de algumas das partes principais deste livro. Essas canções não foram selecionadas segundo critérios de vendagem ou de popularidade: "Heartbreak Hotel" ou "Suspicious Minds", por exemplo, não são mencionadas aqui. Contudo, ouvir a emoção em sua voz quando ele interpreta "Peace in the Valley" ou "How Great Thou Art" mostra a importância que Elvis dava à própria busca espiritual.

Tudo o que desejo conhecer é a verdade, conhecer e experienciar Deus.
Sou um buscador, e isso é tudo o que há para saber sobre mim.
— Elvis Presley

Prólogo

O luxuoso *motor home* Dodge zarpava rumo ao Oeste pela Rota 66, devorando a extensão do deserto do Arizona. Três passageiros viajavam confortavelmente no interior do veículo, desfrutando de todas as amenidades disponíveis em meados dos anos 1960 — o que incluía um toca-fitas de oito canais, um aparelho de som estéreo e até mesmo um televisor. Dois outros homens sentavam-se no banco dianteiro, sendo que o proprietário do veículo assumia o volante. Motoristas de passagem que, apenas por curiosidade, esticassem o pescoço para ver quem era o condutor levavam um choque do qual jamais poderiam se esquecer.

Elvis Presley demorara até o último minuto para deixar Memphis, tendo apelado para todas as desculpas possíveis. Agora, como detestava viajar de avião, ele e sua comitiva de amigos e assistentes viam-se obrigados a cruzar o país, praticamente sem paradas, até a Costa Oeste, a fim de chegarem a tempo do início da produção de seu novo filme.

Vários anos de roteiros banais e álbuns de trilhas sonoras carentes de brilhantismo haviam roubado de Elvis qualquer entusiasmo que ele pudesse ter para iniciar uma película. Ele se sentia embaraçado pela qualidade medíocre dos filmes que o Coronel continuava querendo que ele fizesse, e estava desencantado com o estilo de vida de Hollywood. Mas, à medida que avançava para o Oeste, essa não era a pior coisa que o atormentava.

Ele se encontrava profundamente imerso em uma crise espiritual.

Doze horas antes, durante uma das paradas para revezamento ao volante, sua aflição mental atingira o ponto de transbordamento. Nas proximidades de

Amarillo, na manhã seguinte, bem cedinho, sem dizer uma palavra aos outros, ele se desviou abruptamente da rota e entrou no estacionamento de um motel de beira de estrada. A comitiva que viajava a bordo do *motor home* e em dois outros carros que o acompanhavam — cujos integrantes eram conhecidos por todo mundo como a "Máfia de Memphis" — abandonou rapidamente os veículos para o cercar e vociferar objeções. Todos os homens trabalhavam para o Rei, mas sabiam que se o deixassem se atrasar para o compromisso assumido teriam de ouvir a voz do poder por trás do trono, a do Coronel Tom Parker. Elvis assegurou a todos que não pretendia permanecer ali por muito tempo. Ele simplesmente desejava alguns minutos para descansar e recompor-se.

Isso foi o que ele disse aos homens. Na verdade, sentindo-se em conflito e agitado, ele desejava aliviar o espírito com a única pessoa do grupo que considerava capaz de compreender sua angústia. Nem bem refugiou-se em seu quarto de motel, telefonou para o quarto ocupado pelos outros e chamou por Larry Geller, o homem em quem confiava quando se tratava de assuntos espirituais.

Quando Geller chegou, encontrou Elvis sentado na beirada da cama. Imediatamente, o Rei levantou-se e começou a andar pelo quarto, de um lado para outro. Ele começou a externar frustração, demonstrando honestamente querer saber o que estava fazendo de errado. Havia mais de um ano que ele estudava os livros que Geller lhe havia recomendado — pilhas, centenas de livros — sobre assuntos espirituais e metafísicos, e, mesmo assim, não se sentia sequer próximo de obter uma forma de consolo, um pouco de paz, algumas respostas. Ele se mantivera à espera de um momento de revelação, de alguma experiência profunda, na qual ele pudesse, repentinamente, captar a essência daqueles ensinamentos e obter um *insight* relacionado ao sentido e aos rumos de sua vida. Em vez disso, a despeito da voracidade na leitura, ao longo de dias e noites, ele parecia não estar indo a lugar nenhum.

Geller soube compreender a exasperação dele. Bem consciente da natureza obsessiva de Elvis, Geller o assegurou de que o problema é que ele estaria tentando forçar algo que não poderia ser forçado. Então começou a contar-lhe a história secular de um desencorajado aprendiz de Zen.

Certo dia, um discípulo dirigiu-se ao mestre e desabafou. Ele sentia que todos os seus anos de intensos estudos eram desprovidos de sentido: ele não parecia estar mais próximo da iluminação do que quando os iniciara. O mestre o ouviu pacientemente, enquanto começava a encher de chá a xícara do discípulo. O líquido atingiu a borda da xícara, que passou a transbordar, mas, em vez de parar o que fazia, o mestre continuou a despejar mais e mais chá, que começou a espalhar-se por toda a superfície da mesa. O discípulo interrompeu o que estava dizendo no intuito de perguntar ao mestre por que ele não parava: a xícara estava evidentemente cheia.

O mestre replicou: "Exatamente. E, assim como a xícara, *você* está transbordando". Como o mestre poderia lhe mostrar Zen, que ele tanto desejava conhecer, se a cabeça do discípulo estava tão cheia que nada mais poderia conter?

Geller dirigiu-se a Elvis novamente: "Esqueça os livros. Livre-se do seu conhecimento. Torne-se vazio, a fim de que Deus tenha um lugar para entrar".

Minutos depois, todos estavam de volta à estrada.[1]

Eles atravessaram o Texas e o Novo México naquele dia. À tarde, Elvis estava ao volante mais uma vez, incomumente silencioso e pensativo desde a breve parada no motel. Billy Smith, Red West e Jerry Schilling descansavam na parte de trás do veículo, e Geller sentava-se na frente, ao lado de Elvis. Enquanto passavam pelas imediações do Deserto Pintado, no nordeste do Arizona, ambos contemplaram a inóspita, mas bela, paisagem.

Cinco anos antes, Geller dirigia pelo mesmo trecho da Rota 66, embora no sentido oposto. Tendo acabado de completar 21 anos de idade, ele mesmo se encontrava em meio a uma crise espiritual. Naquele dia inesquecível, no mesmo lugar, ele havia experimentado uma epifania. Ele comparou o ocorrido com ser atingido por um raio, e não poderia descrever o que tinha acontecido senão como um despertar. Depois daquele momento, sua vida havia mudado. Ele passou a dedicar-se a um intenso e profundo estudo da Bíblia e das obras de Yogananda, Krishnamurti e Gurdjieff.[2]

De repente, Elvis rompeu o silêncio: "Ô!".

Geller olhou para ele. Presley estava completamente recostado no banco, com os braços estendidos sobre o volante, atônito. Ele olhava fixamente para o horizonte, e, quando Geller voltou os olhos para a mesma direção, observou que havia uma única nuvem no céu intensamente azul.

Elvis perguntou: "Você está vendo o que eu estou vendo?".

Geller estava vendo. A nuvem solitária tinha a forma muito específica e perfeitamente reconhecível de um rosto humano — e não havia dúvidas sobre quem aquela forma lembrava. Tanto Elvis quanto Geller distinguiram claramente os traços fisionômicos do homem que era a própria síntese do mal naqueles tempos: Josef Stalin.

Ali sentados, os dois observaram fascinados a nuvem desvanecer-se, dissipar-se, transformar-se.

Abruptamente, Elvis acionou o freio. Ele conduziu o veículo até uma parada no acostamento da estrada, abriu a porta e saltou. Ele chamou Geller para acompanhá-lo e saiu correndo pela areia do deserto.

Quando Geller alcançou Elvis, encontrou-o sufocado pela emoção, com o rosto banhado em lágrimas. "Deus é amor, Larry." Ele abraçou Geller e disse que o amava. "Agora eu sei. Jamais terei de duvidar novamente."

Mais palavras jorraram, numa torrente. Palavras carregadas de ansiedade, com as quais ele pretendia exprimir o inexprimível.[3]

Tendo, ele mesmo, experimentado o êxtase espiritual — e quase no mesmo lugar —, Geller tinha certa consciência do que Elvis estava sentindo. Afinal, ele também havia visto a "personificação do mal" no céu cristalino do Arizona. Ele a havia visto nitidamente, antes de ela se dissipar. Mas Elvis tinha visto algo mais, algo que respondia às suas súplicas, algo que lhe havia atingido o âmago e lhe arrebatado a alma...

Parte Um

MYSTERY TRAIN — TREM MISTERIOSO

1
Tupelo

Elvis Aaron Presley nasceu em uma das regiões mais pobres dos Estados Unidos, durante o período de maior baixa econômica da Grande Depressão, às 4h35 da manhã de 8 de janeiro de 1935. Não tendo como pagar pela estadia em um hospital, Gladys Love Smith Presley o deu à luz em uma pequena casa de dois cômodos, no número 386 da Old Saltillo Road, em East Tupelo, Mississippi. Três mulheres — entre elas Minnie, a mãe de Vernon Presley, e uma parteira chamada Edna Robinson — auxiliaram Gladys até o momento do parto. Então, Vernon decidiu trazer o dr. William Hunt para assumir o trabalho.

Muitos anos depois, Vernon se recordaria de ter andado a esmo, do lado de fora da casa, enquanto aguardava o nascimento do seu primeiro filho. Ele se lembrava da aragem fria daquela madrugada de janeiro, até se sentir açoitado por uma rajada de vento. Depois de alguns instantes, o vento cessou e um silêncio se fez. Naquele momento, ele notou que uma estranha luminescência azul envolvia toda a casa. Ele ouviu ruídos vindos do interior e entrou para saber o que acontecia.

Gladys havia suspeitado estar grávida de gêmeos, e o dr. Hunt já retirava o primeiro bebê. Infelizmente, estava morto. Meia hora se passou antes de o segundo bebê surgir. Vernon recordava-se de que ele e Gladys estavam tão preocupados com a possibilidade de o segundo menino morrer também que, imediatamente, o colocaram no lugar mais aquecido da casa — o forno —, confortavelmente envolto em panos dentro de em uma caixa de sapatos.

Ao natimorto eles deram o nome de Jesse — como o pai de Vernon — e o enterraram em uma sepultura sem identificação no cemitério de Priceville. O gêmeo mais novo recebeu o nome do meio de Vernon, Elvis. Os Presley pretendiam que os nomes do meio dos irmãos — Garon e Aaron — rimassem ao serem pronunciados com um longo som de *a* aberto, e o dr. Hunt os pronunciou exatamente assim ao preencher as certidões de nascimento de ambos, dois dias depois, registrando o menino sobrevivente como Elvis Aron Presley. Uma vez que assim constava em seu registro de nascimento, a grafia incomum do nome do meio de Elvis seria utilizada em seus registros na Segurança Social e no Exército, embora, mais tarde, ele afirmasse preferir a grafia tradicional. Por isso, em sua lápide lê-se Elvis Aaron Presley.[1]

A família Presley vivia em um local sem ruas pavimentadas, para além dos trilhos da via férrea que passava pela cidade de Tupelo. A casinha simples, de paredes caiadas tinha apenas dois pequenos cômodos. Não possuindo fundações, a construção equilibrava-se sobre estacas de madeira e pedras, e a área ao redor era apenas um terreno de chão batido. Lampiões a combustível eram a única fonte de iluminação disponível, e não havia aquecimento. A água tinha de ser puxada por uma bomba acionada manualmente, e as instalações sanitárias resumiam-se a um banheiro rústico nos fundos do terreno. Vernon havia construído a casinha com a ajuda do irmão, Vester, e do pai, Jessie. Ele pagara pelo terreno e pelos materiais de construção com 180 dólares emprestados de um granjeiro local, chamado Orville Bean, assumindo o compromisso de restituir a quantia em prestações mensais.

Gladys conheceu Vernon num culto da Primeira Igreja da Assembleia de Deus, onde o tio dela era um dos pastores. Sendo ambos filhos de meeiros, eles eram tão pobres que, quando fugiram para casar-se, em 1933, tiveram de pedir a amigos os 3 dólares necessários para pagar a licença de casamento. Quando Gladys demitiu-se de seu emprego, após o nascimento do filho do casal, a fim de ficar em casa cuidando do bebê, a família teve de sacrificar-se para seguir vivendo somente dos proventos de Vernon. Ele tinha apenas 19 anos de idade e não era um profissional qualificado, fazia qualquer trabalho que aparecesse: de leiteiro, de trabalhador diarista, de carpinteiro; mas os tempos eram brutalmente difíceis. Mais tarde, ele recordaria: "Houve ocasiões em que não tínhamos nada para comer além de pão de milho e água".[2]

Então, as coisas mudaram — para pior. Logo depois de Elvis completar 3 anos de idade, Vernon viu-se metido em problemas com a lei. Ele vendeu um porco a Orville Bean, e, depois de muito barganharem, Bean deu a Vernon um cheque no valor da transação. Talvez por acreditar haver sido passado para trás na negociação ou, talvez, tendo sido vítima de um mal-entendido — as circunstâncias não são claras —, Vernon, ou um dos dois amigos que o acompanhavam na ocasião, adulterou o cheque, achando que Bean não notaria. Mas Bean notou e levou os três homens à corte de justiça. Em maio de 1938, cada um dos três recebeu uma sentença de três anos de prisão, e todos foram enviados à Penitenciária Estadual do Mississippi. As pessoas que conheciam Vernon tomaram o episódio como uma imprudência, um erro cometido em um momento de fraqueza. Ninguém jamais fez mau juízo dele, e todos interpretaram a atitude de Bean como a aplicação de uma punição a título de exemplo. Os vizinhos de Vernon logo apresentaram uma petição, à qual Bean acabou anexando uma carta de próprio punho, pedindo para que a sentença fosse suspensa, e os três homens foram libertados em fevereiro de 1939.

Embora tenha durado apenas nove meses, a ausência de Vernon custou caro. Gladys não pôde arcar com as prestações da casa e teve de mudar-se, indo viver primeiro com os parentes do marido e, depois, com primos dela. Ela conseguiu um emprego em uma lavanderia de Tupelo, e, quando seus minguados proventos permitiam, ela e o pequeno Elvis faziam uma viagem de cinco horas de ônibus para visitar Vernon, nos fins de semana.[3]

Mesmo desfavorecidos pelo destino, os Presley jamais perderam a fé em Deus. Eles eram frequentadores regulares da Primeira Igreja da Assembleia de Deus, que havia iniciado suas atividades em uma tenda armada em um terreno baldio da vizinhança. Em meados de 1937, a igreja já funcionava em uma edificação de madeira na Adams Street, construída pelo próprio pregador — um homem que era tio de Elvis por afinidade, casado com uma tia de Gladys. Uma das primeiras lembranças de Elvis era a de sentar-se ali, no colo da mãe, absolutamente fascinado com os hinos dos cultos, e fazer o melhor que podia para cantar com a congregação. Com não mais do que 2 ou 3 anos de idade, ele se lembrava de haver escapado dos braços da mãe e corrido para a frente da igreja, a fim de juntar-se ao coro. Ele não sabia as letras dos hinos, mas imitava o canto do coro e seguia a melodia.⁴

Como parte de uma denominação fundamentalista, a Primeira Igreja da Assembleia de Deus de Tupelo aceitava literalmente as Escrituras bíblicas como a palavra de Deus, e tinha uma visão estrita quanto ao que considerava um comportamento humano adequado. Afinal, Deus não havia enviado Moisés do Monte Horebe com tábuas contendo Dez "Sugestões". Quando Jesus disse, em Marcos 16:16, "Quem crer e for batizado será salvo; mas quem não crer será condenado",* estava dando voz à vontade de Deus. Não havia lugar para hesitações.

Sendo um grupo pentecostal, seus membros aceitavam — e até mesmo ansiavam por — visitas do Espírito Santo. Quando Deus o escolhe para lhe insuflar com seu poder prodigioso, como é possível que você se limite a ficar sentado, imóvel? Quando você está em chamas, não é imperativo que você se movimente? Os cultos dominicais eram pródigos em demonstrações desinibidas de movimentos com balanços e frenéticos de gente que ficava em pé, batia palmas, gritava e dançava pelo recinto, no intuito de extravasar entusiasmo. (Certo dia, Elvis levaria sua desinibição física ao altar, *demonstrando* a música que estava sentindo.)⁵ A Igreja da Assembleia de Deus também levava ao pé da letra o que é dito em Marcos 16:17-18: "E estes sinais seguirão aos que crerem: Em meu nome expulsarão os demônios; falarão novas línguas; pegarão nas serpentes; e, se beberem alguma coisa mortífera, não lhes fará dano algum; e porão as mãos sobre os enfermos, e os curarão". Não há relatos de manuseio de serpentes, nem de expulsão de demônios, mas Elvis acreditava na cura pela fé. Adulto, ele mesmo praticava a imposição das mãos.

Gladys adorou Elvis desde o momento em que ele nasceu. E ela era extremamente protetora, talvez porque tivesse perdido o gêmeo dele ainda no parto. Elvis lembrava-se de que ela jamais o perdia de vista. Depois que ele passou a

---

* Todas as citações bíblicas contidas neste livro foram transcritas da *Bíblia Sagrada*, 2ª edição, 88ª impressão, 1998, trad. por João Ferreira de Almeida, contendo o Antigo e o Novo Testamento. [N.T.]

frequentar a escola, ela adquiriu o hábito de levá-lo pela mão até lá, todos os dias — um costume que perdurou ao longo de todos os anos do ensino fundamental, a despeito do constrangimento que causava ao garoto.[6]

Tímido e solitário, ele costumava visitar o túmulo do irmão. Aos 4 ou 5 anos de idade, ele começou a ouvir uma voz em sua mente, que para ele era a de Jesse. (Já adulto, ele se referia frequentemente ao seu "gêmeo psíquico".) A voz lhe dizia para ser amoroso e ter consideração pelas pessoas, e para se esforçar na tentativa de compreender o ponto de vista delas. A voz, para ele, tornou-se sua consciência.[7]

Ele cresceu e tornou-se um garoto gentil e respeitador. Vernon lembrava-se de havê-lo chamado, certa vez, para uma caçada. Elvis respondeu-lhe: "Papai, eu não quero matar passarinhos". Comovido, Vernon decidiu não tocar mais no assunto. Por que tentar sobrepujar convicções tão bem-intencionadas?[8]

No Natal de 1940, pouco antes do sexto aniversário de Elvis, Vernon e Gladys conseguiram juntar dinheiro para dar ao filho um triciclo vermelho e dourado. Por vários dias ele rodou pelo quintal da casa, eletrizado. Porém, certo dia, o triciclo desapareceu. Gladys perguntou-lhe se ele o havia emprestado a alguém, e ele respondeu-lhe que não, que ele havia *dado* o triciclo a alguém. Tanto ela quanto o marido sentiram-se confusos, pensando no dinheiro penosamente ganho que haviam gastado. Vernon recuperou o triciclo dos compreensivos pais de outra criança, e, por um dia, Elvis voltou a rodar alegremente pelo quintal. Então, o triciclo desapareceu novamente. Dessa vez, o casal deixou as coisas como estavam. Eles lamentavam pelo dinheiro gasto, mas não seria esse desejo inato de compartilhar uma qualidade que a maioria dos pais louvaria nos próprios filhos?[9]

Elvis passou a frequentar a escola no outono de 1941. Ele foi matriculado na East Tupelo Consolidated, que educava crianças desde o primeiro até o décimo segundo ano do ensino fundamental. Ele não se destacou em seus primeiros anos de estudante. "Tranquilo e mediano", foi como um dos professores o descreveu. O turbilhão caótico de estudantes de tantas idades diferentes o intimidava, a ponto de ele desenvolver uma gagueira ocasional que só contribuía para agravar a timidez natural.

A família havia voltado para Tupelo após uma prolongada estada em Pascagoula, Mississippi, em 1940. Pretendendo ir a qualquer lugar onde houvesse trabalho, Vernon soubera de um projeto federal que visava a ampliação dos portos naquela localidade, e todos passaram vários meses na Costa do Golfo antes de retornar ao solo familiar. Três meses depois de Elvis iniciar sua vida estudantil em East Tupelo, os japoneses atacaram Pearl Harbor, fazendo com que os Estados Unidos entrassem na Segunda Guerra Mundial. Repentinamente, a escalada militar gerou um *boom* de empregos por toda parte. Em 1942, Vernon ajudou na construção de um campo de prisioneiros de guerra em Como, Mississippi. Em 1943, arranjou emprego fixo em uma fábrica de munições em Memphis e mudou-se para lá. Insistentemente tentou encontrar um lugar em Memphis para onde pudesse levar a família, mas os locadores mostravam-se resistentes a alugar imóveis para casais com filhos. Por dois anos ele viu Gladys e Elvis somente nos fins de semana em que havia conseguido voltar para casa, em Tupelo.[10]

Tão logo a guerra terminou, em agosto de 1945, Vernon voltou definitivamente para casa, levando as economias que conseguira juntar. Ele deu uma entrada e iniciou o pagamento de prestações por uma casa na Berry Street, em East Tupelo — que, aliás, até então era propriedade de seu velho amigo e "disciplinador" Orville Bean —, e tornou-se diácono na igreja. Talvez impelido pelo novo papel assumido pelo pai, Elvis "respondeu ao chamado" por essa época, oferecendo-se para ser batizado e entregando sua vida a Jesus.

Vernon era um homem naturalmente taciturno, e a vergonha por haver cumprido um tempo de prisão o tornava ainda mais circunspecto em público. Para muita gente, esse comportamento caladão fazia dele um sujeito antissocial. Algumas pessoas, contudo, sabiam reconhecer que por trás da fachada ocultava-se, frequentemente, um senso de humor sarcástico e um sorriso oculto ("ele ria com os olhos"). Elvis, quando adulto, demonstraria ter esse mesmo senso de humor sardônico, fazendo com que ele lembrasse o pai aos amigos mais próximos e parentes. Gladys contrabalançava a atitude severa de Vernon com um riso franco e um espírito sociável. Ela mostrava-se sempre disposta a participar de qualquer atividade social, embora ninguém duvidasse que seu tímido e reservado filho fosse a prioridade em sua vida. Constantemente envolvidos pelas batalhas da vida e as dificuldades financeiras, os Presley seguiam como um trio muito unido e coeso, mesmo quando entre amigos e outros familiares. Vernon lembrava-se de que eles viviam em um pequeno mundo só deles.[11]

Segundo Leona Richards, prima de Gladys, os três Presley eram propensos a acessos de sonambulismo (aos quais ela se referia como "pesadelos em movimento"), que ela pôde testemunhar enquanto eles viveram em sua casa. Porém Elvis era especialmente propenso. Certa vez ele saiu do pequeno apartamento ocupado pela família vestindo somente cuecas. Por acaso, uma vizinha o viu e o despertou. Mortificado, Elvis correu de volta para casa imediatamente. Essa tendência trazia consigo um elemento de perigo. Durante a estada na Califórnia para as filmagens de *A Mulher que Eu Amo* (*Loving You*, 1957) ele quase despencou de uma janela no décimo primeiro andar do Beverly Wilshire Hotel. Seu primo Gene Smith conseguiu agarrá-lo no último instante. O medo de meter-se em alguma situação constrangedora ou mesmo perigosa fez com que Elvis dormisse na companhia dos pais até anos adiantados da adolescência. Ele preocupou-se com o próprio sonambulismo por toda a vida e temia dormir sozinho.[12]

A música o arrebatou. Ele a ouvira como a um tênue canto de sereia e a seguira, inseguro sobre até onde ela o levaria, mas sentindo estar no caminho certo. Um de seus vizinhos em East Tupelo era Carvel Lee Ausborn, um astro do rádio, cujo nome artístico era Mississippi. Slim tinha um programa na emissora de rádio WELO, em Tupelo, chamado *Singin' and Pickin' Hillbilly*, e participava de um programa semanal chamado *Saturday Jamboree*, para o qual cantores amadores formavam fila à espera de uma oportunidade de se apresentarem. Guitarrista talentoso, Slim recebia e tocava em companhia de todos os músicos que passassem por Tupelo. Ele também havia integrado alguns grupos musicais e se apresentara diversas vezes no Opry, em Nashville. Desde os 8 anos de idade, Elvis o idolatrava. Quando cantou no *Jamboree*, ele convenceu Slim a acompanhá-lo, tocando guitarra. Slim aceitou e disse que Elvis havia feito um trabalho muito bom para um garoto de 8 anos. Mas, a um amigo músico, confidenciou: "O garoto não consegue manter o ritmo".[13]

Elvis experimentaria o sabor do sucesso como intérprete pela primeira vez em outubro de 1945. Não muito depois de haver iniciado seu quinto ano de estudo, ele foi escolhido para liderar a sessão de orações matinais. Após concluir a oração, ele, inesperadamente, emendou sua versão de "Old Shep", cuja letra fala sobre um garoto e seu cão fiel. A professora ficou tão impressionada com a chorosa interpretação que o levou à presença do diretor. Este, prontamente, inscreveu-o em um concurso de talentos patrocinado pela WELO, que aconteceria no dia 3 de outubro, no Alabama-Mississippi Fair and Dairy Show, em um espaço reservado para esse tipo de evento em Tupelo. As grandes atrações da feira eram diversões tipicamente rurais, como competições hípicas, leilões de reses e exposições de animais. Para o entretenimento, havia um grande contingente de artistas do Grand Ole Opry, de Nashville, dentre os quais figurava Minnie Pearl. Quando chegou o momento do concurso de talentos, Elvis não conseguia alcançar o microfone, por isso teve de subir em uma cadeira. Sem nenhum acompanhamento vocal ou instrumental – apenas um garoto de 10 anos, com cabelos loiros muito claros, usando óculos – ele cantou "Old Shep" com convicção suficiente para comover a plateia e conquistar um prêmio. Elvis lembrava-se de haver tirado o quinto lugar; outros afirmam que foi o segundo. Não importando qual tenha sido, com isso ele deu um grande impulso à sua autoestima e teve a grata satisfação de saber que era capaz de cantar diante de uma multidão e ser apreciado.[14]

Depois do sucesso na feira, Gladys e Vernon encorajaram Elvis ao comprar-lhe sua primeira guitarra, por ocasião de seu décimo primeiro aniversário. Era um modelo de violão pequeno e barato, do tipo "Gene Autry", cujas cordas ficavam tão altas sobre o braço que ele achava difícil tocá-lo. Ele aprendeu a tocar os acordes que tinha visto em um livro, e o pastor da igreja ensinou-lhe alguns outros poucos acordes e alguns floreios. Então, ele passou a fazer acompanhamentos com o violão sempre que era chamado a apresentar-se diante da congregação, durante a parte musical dos cultos dominicais.

No verão de 1946, Vernon viu-se novamente com problemas financeiros. Não podendo mais arcar com os pagamentos da casa na Berry Street, ele a repassou a um amigo e se mudou com a família para "além dos trilhos", de volta a Tupelo. Ele lutou para conseguir um emprego, e acabou como funcionário de um atacadista de alimentos, entregando pedidos em pequenos estabelecimentos. Tudo o que ele podia pagar era uma casa muito barata, nas proximidades do Shake Rag, na vizinhança negra da cidade. Alguns dos vendedores da empresa se apiedavam dele e davam-lhe amostras promocionais dos alimentos enlatados da companhia.[15]

Naquele outono, Elvis iniciou o sexto ano de estudo na Milam School. Os Presley viriam a mudar-se novamente, para uma casa na Green Street, mas ao menos Elvis pôde continuar a frequentar a mesma escola. A nova casa era cercada por residências, igrejas e clubes sociais de afro-americanos, e Elvis tinha contato diariamente com a cultura negra.

Gladys acreditava firmemente — e imbuiu Elvis dessa convicção — que, quando um gêmeo morre, o gêmeo sobrevivente recebe toda a força de ambos. Talvez a noção de ser possuidor dessa reserva de força tenha desempenhado um papel importante na formação do senso de identidade de Elvis. Com o tempo, ele passou a ditar os rumos da própria vida a despeito do que os outros pudessem achar ou dizer. Sua veia não conformista começou a manifestar-se no sétimo ano de estudo, quando ele decidiu levar o violão para a escola. Ele guardava o instrumento no armário estudantil todos os dias, até a hora do almoço. Então, ele e seu amigo Billy Welch desciam ao porão da Milam School e cantavam canções *gospel* até a hora de retornar às aulas.[16]

Certo dia, em julho de 1948, Vernon chamou Elvis a um canto para uma proposta, mas o fez prometer que não diria nada a ninguém, especialmente à mãe; como diácono da Igreja da Assembleia de Deus e um modelo para os outros, ele tinha de ser muito cauteloso a fim de não ser visto entregando-se a um comportamento frívolo. Juntos, eles entraram às escondidas em um cinema, onde Elvis assistiria a um filme pela primeira vez em sua vida: *Às Voltas com Fantasmas* (*Abbott and Costello Meet Frankenstein*, 1948).[17]

Por quinze longos anos, desde a "fuga romântica" em 1933, Vernon e Gladys haviam chamado Tupelo de "lar", enquanto lutavam pela sobrevivência — atravessando as vicissitudes da Grande Depressão, da prisão de Vernon e da Segunda Guerra Mundial. Constantemente levados à "estaca zero" e extenuados, eles costumavam falar sobre tentar um recomeço em outro lugar e chegaram mesmo a cogitar a ideia de criar raízes em Pascagoula, após terem vivido ali por vários meses. Mas, para tentar uma virada na sorte, o destino mais razoável seria Memphis, 160 quilômetros a noroeste dali. Vernon tinha morado e trabalhado lá por dois anos durante a guerra. Ele conhecia a cidade, as pessoas e os potenciais empregadores. Eles viviam falando sobre uma mudança, mas sempre a adiavam por medo do desconhecido e por alimentarem a esperança de Vernon finalmente encontrar uma colocação em Tupelo que poria fim aos problemas.

No final de 1948, eles pararam de falar e tomaram uma decisão. No sábado, 6 de novembro, eles lotaram seu Plymouth 1937 com todos os pertences da família e tomaram a Highway 78 rumo a uma nova vida.

2
Memphis

Em 1948, Memphis era uma cidade com 400 mil habitantes — 35 vezes a população de Tupelo. A cidade se espraiava ao longo da margem leste do largo rio Mississippi, estendendo-se até a outra margem, já no estado do Arkansas, e abrangia uma comunidade chamada West Memphis. Para a família Presley, aquela era uma verdadeira metrópole.

Eles se instalaram em uma casa de cômodos simples ao norte do centro da cidade. Gladys logo arranjou um trabalho de meio período como costureira, na Fashion Curtains. Vernon aceitou um emprego na Precision Tool Company, empresa fabricante de munições, mas em pouco tempo mudou para a United Paint, onde trabalhou nas docas como carregador. A família mudou-se da primeira casa de cômodos para outra, na Poplar Street, antes de qualificar-se para adquirir um apartamento num complexo subsidiado pelo governo, chamado Lauderdale Courts.[1]

Na primeira segunda-feira depois da partida da família de Tupelo, Elvis iniciou o oitavo ano de estudo na Humes High School, na North Manassas Street, uma escola que atendia alunos do sétimo ao décimo segundo ano escolar. George Klein, futuro *disk jockey* e futuro amigo de Elvis, estudava lá, mas não ficou nada impressionado quando a srta. Marmann apresentou o novo estudante aos alunos da classe de música do oitavo ano. Ao menos não até que, semanas depois, Elvis atrairia sua atenção.

Certa sexta-feira, a professora anunciou que, em virtude da aproximação do Natal, os estudantes fariam algo diferente na segunda-feira seguinte: eles cantariam canções natalinas. Elvis levantou a mão e perguntou: "A senhorita se importaria se eu trouxesse minha guitarra para a aula e cantasse?". Houve uma explosão de risinhos e cochichos na classe. O pedido não apenas era inusitado, beirando a insolência, mas a guitarra era um instrumento fortemente associado à música *hillbilly* — caipira — e ao Grand Ole Opry, jamais a um coral ou à música de concerto. No entanto, para encorajar um estudante normalmente quieto e tímido, a srta. Marmann deu permissão a Elvis.

Na segunda-feira, ele compareceu à escola com a guitarra. Quando a professora o chamou, ele postou-se diante da classe e assombrou a todos os presentes com interpretações muito competentes de "Old Shep" e do tradicional número *country* "Keep Them Cold Icy Fingers Off of Me". Klein ficou atônito, não apenas pela qualidade da apresentação, mas também pela ousadia do estudante que se afirmava diante de uma professora que intimidava a todos os outros estudantes.[2]

Depois de quase um ano em Memphis, os Presley finalmente mudaram-se para Lauderdale Courts, em setembro de 1949, e Elvis iniciou o primeiro ano do ensino médio na Humes naquele mesmo mês. Os Presley — especialmente Gladys — continuavam a ser extremamente protetores com relação ao filho único. Um vizinho observou que eles o tratavam como se fosse um garotinho pequeno. Outro jamais se esqueceu do comportamento exclusivista de Elvis e de quão restritivo ele era quanto às coisas que possuía, especialmente as revistas em quadrinhos. Ele tinha prato, travessa e talheres próprios para usar durante as refeições e era capaz de perder completamente o apetite se alguém usasse seus utensílios.

Sendo alguém que gaguejava ocasionalmente, ele tinha a reputação de "filhinho da mamãe", e como preferisse ser um solitário, Elvis era um verdadeiro ímã para os briguões e provocadores da escola. Os garotos o ridicularizavam e o atormentavam. Alguns gostavam de esconder-se atrás de edifícios no caminho que Elvis fazia da escola para casa e esperar até que ele passasse, no intuito de surgir repentinamente à frente dele e atirar-lhe frutas podres.

Contudo, ele não demorou a fazer amizade com três garotos no Courts: Buzzy Forbess, Paul Dougher e Farley Guy. Eles iam juntos à piscina, jogavam futebol americano e passeavam de bicicleta pela vizinhança. No verão de 1950, quando Elvis terminou o primeiro ano do ensino médio, Vernon comprou para ele um cortador de grama manual. Com os três amigos, que portavam foices, ele percorreu as casas próximas oferecendo-se para cortar ou aparar os gramados. No primeiro dia de atividade, ele voltou para casa exultante com os 7 dólares que havia ganho com o trabalho.[3]

Sempre atenta à felicidade de seu garoto, Gladys providenciou aulas de guitarra para ele. Ela apelou para a esposa do Reverendo J. J. Denson, perguntando-lhe se seu marido não se importaria em dar a Elvis algumas orientações. Essa incumbência, porém, recairia sobre a "ovelha negra" de Denson, seu filho, Jesse Lee, que assumiu o papel de tutor sob intensos protestos. Uma estranha combinação de atleta natural, virtuose musical, boxeador de competição e jovem transgressor incorrigível, Lee questionou a mãe com veemência quanto a ensinar Elvis. Ele previa ser impiedosamente ridicularizado pelos amigos desordeiros se fosse visto em companhia do garoto tímido, dois anos e meio mais jovem do que ele. Ele assegurou a ela que sua vida passaria a ser um inferno; mas a mãe venceu-lhe o argumento ao convencê-lo de que Jesus estaria vendo tudo e pesaria a decisão de Lee em uma balança de ouro. Assim, Lee passou a encontrar-se com Elvis todos os sábados e domingos, indo ambos refugiarem-se na lavanderia debaixo do apartamento dos Presley. A pequena guitarra de Elvis não estava à altura da tarefa a ser realizada, então Denson permitia, relutantemente, que ele praticasse em sua Martin, ensinando-lhe uma gama de acordes e estilos de arpejar. Quando o verão chegou e o desempenho de Elvis melhorou, eles e mais alguns amigos levaram seus instrumentos até o gramado na frente da residência e tocaram à sombra das magnólias, para quem quisesse ouvir. Eles cantavam canções de Eddy Arnold, Hank Snow e dos Sons of the Pioneers. Contente apenas por fazer música, o autodepreciativo Elvis não tinha nenhum tipo de objeção a que Lee dominasse os vocais. Os vizinhos reunidos ouviam, embora nenhum deles pudesse sequer imaginar que, em cinco anos, o garoto retraído que se esforçava para aprender a tocar seu instrumento viria a tornar-se um dos vocalistas mais famosos do mundo, saudado com gritarias histéricas aonde quer que fosse.

Quem o ouvia mais atentamente eram as garotas, que o seguiam tão logo ele aparecia com sua guitarra e se sentava nos degraus da entrada do prédio, à noite. Às vezes, Gladys e Vernon também saíam de casa para ouvi-lo, e, outras vezes, ele tocava apenas para si mesmo; mas geralmente as garotas do Courts juntavam-se para assisti-lo. Entretê-las fez surgir uma doçura especial em sua voz, e as mulheres o achavam atraente graças à infalível cortesia, o respeito e a consideração que ele demonstrava ter com elas. Suas serenatas incluíam canções de Bing Crosby, Perry Como, Kay Starr e Teresa Brewer, além de números de música *country* de Hank Williams e de Eddy Arnold.[4]

Ele preferia cantar no escuro. Dolorosamente tímido e muito envergonhado de sua acne juvenil, ele se sentia inseguro com tanta gente assistindo-o cantar e tocar. Sua tia Lillian lembrava-se de tê-lo visto, certo ano, entreter os presentes à festa de aniversário de Bobbie, primo de Elvis. Ela havia afastado os móveis na sala de estar a fim de criar espaço para os convidados que ali se reuniam, e Elvis entrou no recinto com a guitarra para tocar e cantar. Antes de começar, porém, insistiu para que a tia apagasse todas as luzes e, mesmo assim, buscou refúgio em um canto da sala.[5]

Durante o outono do segundo ano do ensino médio, Elvis arranjou emprego como lanterninha no cinema Loew's State Theater. Considerando que apenas dois anos antes ele e o pai haviam mantido segredo sobre terem assistido ao filme *Às Voltas com Fantasmas*, pode-se dizer que a vida na cidade grande havia suavizado os ângulos mais duros de sua criação religiosa fundamentalista. No verão seguinte, em 1951, Elvis conseguiu emprego na Precision Tool Company, a mesma empresa em que seu pai começara quando se mudou para Memphis, em 1948. Três dos seus tios já trabalhavam lá, mas Elvis permaneceu apenas alguns meses no emprego, tendo sido demitido quando um inspetor da segurança social descobriu que ele ainda era menor de idade.[6]

Embora a televisão ganhasse popularidade, o futuro colosso ainda estava em sua infância, com uma programação limitada. Como na maioria dos lares de Memphis, o rádio continuava a ser a principal fonte de entretenimento na casa dos Presley. Vernon, Gladys e Elvis faziam questão de reunirem-se ao redor do aparelho de rádio nas noites de sábado para ouvir ao Grand Ole Opry. Em outras ocasiões, as ondas transmitiam variedades. A emissora WHHM proporcionava Sleepy Eyed John e a parada de sucessos *hillbilly*. A WMPS transmitia música *hillbilly* e *country* (então chamada *country & western*), interpretada por gente como os Louvin Brothers e Eddie Hill, bem como a música *gospel* dos Blackwood Brothers, que frequentavam a programação da rádio havia décadas e eram o quarteto favorito de Gladys Presley. À tarde, na WHBQ, era possível ouvir a Bill Gordon tocando os sucessos do momento: canções de Mitch Miller, dos Ames Brothers e de Doris Day. Se o rádio fosse sintonizado das nove horas da manhã até a meia-noite, porém, seria possível ouvir Dewey Phillips, o extravagante *disk jockey* branco que transmitia sua programação diretamente do Gayoso Hotel. A vizinhança de Memphis podia ser segregada, mas as ondas do rádio não distinguiam cores, e Phillips gostava de misturar-se. Entre os sucessos correntes de intérpretes brancos, canções de talentos como Muddy Waters, Ike Turner e Elmore James também eram tocadas. Outra estação, a WDIA, admitia abertamente ser a "Emissora Mãe dos Negros" e transmitia música *gospel* e comediantes negros, além de gravações de Big Joe Turner, Fats Domino e The Clovers — sem falar dos discos de 78 rotações de B. B. King, apresentados e postos no toca-discos por ele mesmo —, além de sermões transmitidos ao vivo da Igreja Batista de East Trigg.[7]

Dewey "Daddy-O" Phillips — por instinto, por exemplo e por intenção — contribuiu para abrir algumas lacunas na rígida construção da segregação. Em seu programa radiofônico *Red Hot and Blue Show* ele jamais chamou atenção para a música "racial" que transmitia: ele dizia tocar apenas "boa música para pessoas boas". E sua mentalidade aberta expandia-se para além do estúdio: ele gostava de frequentar os jogos do Memphis Red Sox, o time de beisebol local da liga negra, e os concertos para "gente de cor" no Hippodrome — lugares onde ele era, frequentemente, o único branco. Os ouvintes negros de seu programa apreciavam o que ele fazia e davam-lhe as boas-vindas por toda a cidade.

Ele começou a elogiar publicamente a qualidade da música *gospel* dos cultos realizados nas noites de domingo na Igreja Batista de East Trigg, frequentada exclusivamente por negros. Em colaboração com o pastor, encorajou os ouvintes brancos que apreciavam a música *gospel* a frequentarem a igreja e ouvirem por si mesmos, e alguns lugares passaram a ser reservados para os visitantes brancos nos cultos. George Klein, que trabalhava para Dewey Phillips, aceitou auxiliá-lo na transmissão *in loco* da emissora WHBQ. Quando chegou ao local, ele não pôde deixar de notar a ironia da localização dos assentos reservados para os brancos: no fundo da igreja. Ele também se surpreendeu ao ver, entre os visitantes, Elvis Presley.[8]

A música, para Elvis, havia se tornado uma paixão. Ele costumava passar o tempo em uma loja de discos chamada Charlie's, na rua North Main. Ali ele tocava os novos lançamentos nas cabines de audição ou despejava níqueis na *jukebox*, enquanto bebericava um refrigerante *NuGrape* no balcão da lanchonete. Ele também frequentava o auditório da emissora WMPS para assistir ao programa *High Noon Round-Up*, no qual grupos como os Blackwood Brothers cantavam e concediam entrevistas ao *disk jockey* Bob Neal — além de, às vezes, conversarem com jovens aspirantes a cantores. Ao obter a carteira de habilitação, Elvis gostava de dirigir até o Parque Overton e sentar-se em meio à plateia do coreto para ouvir música orquestral. A ópera o fascinava, e ele adorava ouvir as antigas gravações de Caruso. Quando ele pegava a guitarra, não era possível prever o que seria tocado, se uma canção de Teresa Brewer, de Hank Williams, de Howlin' Wolf, de Bing Crosby ou de Mario Lanza. "Eu simplesmente adorava música", recordou-se ele. "Música e ponto final."[9]

Isso era verdade, mas o gênero que mais o agradava era o *gospel*. Ele era um frequentador habitual do Ellis Auditorium, onde os Blackwood Brothers comandavam eventos de música *gospel* que duravam a noite toda. Ele ia às vezes na companhia de sua mãe e de seu pai ou de algum amigo, e até mesmo sozinho. A música *gospel* o tocava profundamente. Quando a canção tinha uma melodia mais vivaz, ele se elevava; e as canções mais lentas, com letras sentimentais, o deixavam contemplativo. As canções com ritmos fortemente marcados o transportavam em uma onda de exultação. Ele se emocionava com a interação entre tenores, contratenores, barítonos e baixos e a força das harmonias com múltiplas vozes que se elevava de um fundo musical constituído por um piano, um contrabaixo e uma bateria. A música *gospel* o infundia com a reverência que outras pessoas costumam experimentar em um êxtase religioso. Ela o colocava em contato direto com Jesus.

Seu grupo favorito eram os Statesmen, cujas interpretações de "In My Father's House" e "Known Only to Him", entre outras, o inspiraram quando ele decidiu gravar um álbum apenas com canções de música *gospel*, em 1960. Ele conseguiu encontrar-se com o grupo, e o vocalista principal, Jake Hess, lembrava-se de Elvis como "um jovem de olhos brilhantes, que fazia perguntas sobre todas as coisas, e as fazia de uma maneira que você realmente desejava respondê-las".[10]

Embora tivesse, em público, uma postura tímida e despretensiosa, Elvis possuía um senso inato de autodireção. Ele sabia que era diferente dos demais, mas não dava importância a isso. Em seu penúltimo ano do ensino médio, os outros começaram a notar essa diferença. Ele passou a vestir-se mais distintamente e com mais estilo — tanto quanto suas modestas finanças lhe permitiam. Deixou de usar meias e sapatos furados e adquiriu um par novo de mocassins. Não mais vestiu as mesmas calças *jeans* que todo mundo usava, e que o faziam lembrar-se dos anos de pobreza em Tupelo, e passou a criar um "visual" próprio. Começou a usar calças pretas, frequentemente com um friso de cetim ao longo das pernas, e um paletó esporte, igualmente preto, com a lapela levantada sobre a nuca. Adotou um cachecol atado em torno do pescoço como se fosse uma gravata e, cansado do estilo militar, cortado à escovinha como todos usavam, deixou os cabelos crescerem livremente, penteando-os em um grande topete fixado com vaselina. Ele também deixou crescerem suas costeletas, imitando o estilo dos caminhoneiros, a quem ele secretamente idolatrava.[11]

Elvis atraía olhares e motivava comentários, na escola e nas ruas, mas não permitia que isso o detivesse. Em vista de sua evidente timidez, essa convicção íntima de seguir o próprio caminho é reveladora. Quando ele candidatou-se para o time de futebol americano da escola, em 1952, os outros jogadores tentaram intimidá-lo pelo seu não conformismo. Quatro sujeitos "durões" do time o cercaram no vestiário e ameaçaram cortar-lhe os cabelos. No mesmo momento, um sujeito ainda mais "durão" entrou em cena: Robert "Red" West. Quando Red perguntou o que estava se passando, disseram-lhe que planejavam cortar os cabelos de Elvis. Algo na expressão desamparada de Elvis despertou o instinto protetor de Red. Ele encarou os quatro valentões com uma convicção gélida e lhes disse que antes de fazer isso teriam de cortar os cabelos *dele*. Os quatro foram dissuadidos de sua intenção, e Red firmou amizade com Elvis. Contudo, o treinador Boyce não demonstrou ter a mente mais aberta do que seus jogadores, e expulsou Elvis do time por causa do comprimento de seus cabelos. De maneira significativa, a despeito de sua personalidade introvertida, a despeito da agitação que provocava e a despeito da expulsão do time, ele não cederia à pressão e não se conformaria em ser como os outros.[12]

Enquanto Elvis completava sua educação formal na Humes High School, algo que marcaria época acontecia no mundo musical. Em virtude de o processo ser tão fluido, poucas foram as pessoas que perceberam isso, até bem depois de a transição ter sido consolidada. A música popular está em constante evolução, e, no final dos anos 1940, a sonoridade rústica do *blues* sulista se refinava, adquirindo um senso de urgência impresso pelos músicos que tocavam em ritmo de *boogie-woogie*. Por um tempo, a nova sonoridade foi chamada de *rhythm and blues* (R&B) e considerada "música racial", uma música desenvolvida e apreciada pelos afro-americanos, mas, na medida em que as novas bandas aumentavam a intensidade do ritmo, algo novo veio a existir.

Embora o novo gênero não possua um ponto de partida claramente identificável, vários pesquisadores costumam situá-lo em uma gravação em particular, de março de 1951: "Rocket 88". Os artistas que receberam o crédito pela gravação são chamados Jackie Brenston and his Delta Cats, embora tal banda jamais tenha existido. Brenston era apenas um saxofonista que integrava a banda de Ike Turner, The Rhythm Kings, a quem Turner teria designado os vocais. Turner havia composto a letra da canção empregando termos elogiosos a um novo modelo dos automóveis Oldsmobile – embora a poesia pudesse ser interpretada de outras maneiras. ("Todo mundo gosta do meu Rocket 88. As garotas passeiam com estilo.") Um ritmo "contagiante", uma batida irresistível, carros, amor e sugestão sexual – além do emprego restrito da guitarra elétrica –, "Rocket 88" continha todos os elementos que, em poucos anos, fariam "ferver o sangue" dos jovens e arrepiar os cabelos da nuca dos não tão jovens.

Três meses depois de Ike Turner criar "Rocket 88", um grupo *country* chamado Bill Haley and The Saddlemen gravou sua versão *cover*, na qual era enfatizada a sonoridade da guitarra elétrica (que soava apenas como fundo na versão original), e fez sucesso relativo. Esse sucesso, no entanto, foi suficiente para encorajá-los a prosseguir na senda do novo ritmo. Quatro anos mais tarde, já como

Bill Haley e seus Cometas fariam com que a primeira gravação de rock'n'roll chegasse à posição número 1 nas paradas de sucesso da *Billboard*.

Uma verdadeira erupção estava para acontecer na música popular. Um indicativo de sua intensidade foi o pandemônio ocorrido na Cleveland Arena, em 21 de março de 1952. Naquela noite, ocorreu o primeiro concerto de *rock* do mundo.

O principal promotor do evento Moondog Coronation Ball foi Leo Mintz, proprietário de uma loja de discos em uma vizinhança predominantemente afro-americana em Cleveland. Ele dispunha de todos os tipos de gravação na Record Rendezvous, inclusive os discos de *rhythm and blues* que tanto atraíam os clientes negros. Porém, todos os dias ele tinha evidências de que esses não eram os únicos atraídos pela nova sonoridade. Adolescentes brancos vasculhavam as bancas de discos, também ansiosos para ouvir o *rhythm and blues* que ribombava dos alto-falantes, e logo começavam a dançar o rock'n'roll pelos corredores da loja. Apesar disso, eles jamais compravam discos para levarem para casa; porque aquela era, afinal, uma "música negra".

Mintz conheceu um radialista de Akron, Ohio, chamado Alan Freed. Freed mudara-se para Cleveland em 1949 e, em 1951, arranjara emprego na emissora WJW, para tocar música clássica. Conversando com Freed, Mintz mencionou a demanda reprimida que testemunhava na loja. Ele ofereceu-se para arranjar a Freed seu próprio show, como *disk jockey*, caso ele tocasse discos de *rhythm and blues* no ar e fizesse algumas investidas na população branca. Quando Freed manifestou interesse, Mintz sentiu pulsar uma veia publicitária e arranjou para que ele apresentasse um programa noturno na emissora WJW, no qual ele poderia tocar qualquer tipo de música que quisesse.

Freed foi ao ar no dia 11 de julho de 1951. Em seu programa, *The Moondog House*, ele se dirigia às pessoas como *hips*, ouvintes afeitos à sonoridade que ainda se encontrava "fora do alcance do radar" do público em geral. E, para identificar essa sonoridade, ele usava um novo termo.

Nas igrejas pentecostais do Sul, a expressão *rocking and rolling* havia entrado para o vocabulário a fim de descrever a arrebatação de uma pessoa pelo Espírito Santo. E a congregação compartilhava do êxtase quando isso acontecia. Mas a natureza humana, sendo como é, logo levou essa frase para um sentido mais carnal, em vez de espiritual. Alguém achou uma forma de sugerir impulsos instintivos ou como gíria sexual, convidando alguém para "deitar e rolar" (Let's rock'n'roll)

Freed começou a chamar a música que tocava de rock'n'roll, e a gravadora topou. Logo ele atraiu uma plateia de ouvintes negros e brancos. Após vários meses de sucesso crescente, Mintz e Freed decidiram realizar um show na Cleveland Arena, que tinha 9.950 lugares. Freed resolveu experimentar uma abordagem mais "leve" no rádio: tocava um daqueles sininhos que as vacas carregavam no pescoço e até uivava de alegria quando lhe aprazia. E então ele resolveu promover o show com o excêntrico título *Moondog Coronation Ball*.

Os ingressos logo se esgotaram. Para dar conta da demanda, um show complementar foi agendado. Infelizmente, quem imprimia os ingressos cometeu um erro: a data não foi alterada. Na noite do primeiro concerto, o dobro do número esperado de pessoas compareceu ao local. Quando o estádio estava cheio e as portas foram fechadas, ainda havia quem dissesse ter comprado ingressos legítimos reclamando para entrar.

O nível de excitação já estava alto. Muitas pessoas haviam levado garrafas de uísque, e a maioria da plateia negra estava surpresa e exaltada em ver que o *disk jockey* que promovia sua música favorita era branco. Enquanto isso as emoções se intensificavam lá fora, e as pessoas forçavam os portões fechados. Os portões tinham painéis centrais de vidro blindado, que começaram a ser golpeados; não demorou muito, a multidão enfurecida quebrou os painéis, abriu as portas e, antes que se pudesse imaginar, lotou o lugar com duas vezes o número máximo de pessoas permitido. Brigas irromperam. Um homem foi esfaqueado. Dúzias de policiais chegaram e espalharam-se em meio à multidão turbulenta. Eles ordenaram aos músicos no palco que cessassem a apresentação. Caminhões dos bombeiros dirigiram-se ao local e apontaram jatos de água para a multidão. Alan Freed conseguiu não ser processado pelo tumulto, mas ele havia começado algo de grande vulto. Mais tarde, John Soeder, o crítico musical do jornal *Plain Dealer*, de Cleveland, chamaria o evento de "o Big Bang do Rock'n'Roll". [13]

Cleveland, no entanto, não era o único lugar em que o rock'n'roll ansiava por nascer; nem Leo Mintz e Alan Freed eram as duas únicas pessoas no país que haviam reconhecido seu potencial. Em janeiro de 1950, Sam Phillips (que não tinha nenhuma relação de parentesco com o *disk jockey* Dewey Phillips, com quem Sam abriu a empresa) inaugurou a gravadora Memphis Recording Service. Com vários anos de experiência — como engenheiro de som e anunciante ocasional — em uma emissora de rádio de Memphis, ele planejava inaugurar uma empresa que obteria proventos gravando eventos como casamentos e funerais, mas que visaria primordialmente atender à clientela de músicos negros, oferecendo-lhes um lugar no qual gravar. Se acaso "encontrasse ouro", poderia oferecê-lo às grandes gravadoras. Memphis era uma cidade tão rica de talentos que ele não teria problemas para encontrá-los. Em seus primeiros dezoito meses de atividade, ele não apenas foi responsável pelo lançamento de "Rocket 88", de Ike Turner, como também dos trabalhos de B. B. King e de Howlin' Wolf. Ele adorava o *rhythm and blues* cantado pelos negros, mas, como homem de negócios, sabia da classificação severamente restritiva a que a "música racial" era submetida no mercado. Por isso, costumava dizer que, se pudesse encontrar um homem branco que cantasse com o mesmo sentimento que um negro, poderia ganhar 1 milhão de dólares.

Contudo, a ideia de ganhar muito dinheiro era apenas parte da motivação de Sam Phillips. Ele podia discernir mais do sofrimento humano, da alegria e da verdadeira espiritualidade na música dos negros sulistas do que na música popular feita pelos brancos, não importando a procedência: de Guy Lombardo, de Ray Price ou de Perry Como. Ele achava a segregação racial uma terrível injustiça, e a linha de separação traçada em função das cores de pele, uma excrescência. Ele tinha uma meta, algo subversiva, de romper as "muralhas" e de trazer a cultura afro-americana para o seio da cultura americana "branca".[14] E assim Sam, junto com seu irmão Judd, fundou a Sun Records em 27 de março de 1952.

Enquanto sua metamorfose musical estava no início, Elvis manteve-se aperfeiçoando suas habilidades. Durante o último ano do ensino médio, ele participou de um show de talentos da Humes High School, em abril, sendo o décimo sexto a apresentar-se em uma lista de 22 atrações. Deixando evidente uma presença de palco pobre e uma enorme timidez em cena, ele tocou violão e cantou uma música de Teresa Brewer, "Till I Waltz Again with You". O desempenho dele foi tão bom, que os colegas que não sabiam que ele cantava tão bem passaram a querer aproximar-se dele. "Foi fantástico como eu me tornei popular depois daquilo." Então ele levou o violão ao piquenique de fim de ano, no Parque Overton. Em meio à frenética atividade ao ar livre, ele sentou-se e começou a tocar, quase silenciosamente, para si mesmo. Não demorou, no entanto, para que as pessoas se aglomerassem em torno dele, fazendo de sua presença o centro das atenções de uma pequena multidão.[15]

Ele graduou-se pela Humes High School no dia 3 de junho de 1953; e logo no dia seguinte passou a trabalhar para a M. B. Parker Machinists' Shop. A vida como estudante havia terminado e ele saíra para o mundo, ganhando um salário e tornando-se cada vez mais independente. Mas ele tinha um anseio insatisfeito. Algum horizonte distante ainda lhe acenava. Ele não sabia o que o esperava, a não ser que, o que quer que fosse, envolveria obrigatoriamente a música. Mesmo assim, ele não sabia como trilhar esse caminho.

Quando não estava trabalhando, naquele verão, Elvis estava ouvindo rádio, ou discos na *jukebox* da loja Charlie's. Ele não podia evitar pensar como sua voz soaria em uma daquelas gravações. Então, ele ficou sabendo de um lugar, na Avenida Union, onde seria possível fazer uma gravação com equipamento profissional, com um técnico de som profissional. E ele achou que aquele poderia ser um bom presente de Natal para sua mãe. Mas o Natal ainda ia demorar seis meses, por isso é mais provável que ele só tenha pensado nisso como um caminho para a realização de seu sonho.

Em um úmido sábado de junho de 1953, ele controlou o nervosismo e dirigiu-se às instalações da Memphis Recording Service, então subsidiária da Sun records.[16]

3
Sun

Elvis jamais se encontrou com Sam Phillips naquele dia. O "chefe" sentou-se na cabine de controle e não saiu de lá. Em vez dele, Elvis falou com uma loira de aproximadamente 35 anos de idade, chamada Marion Keisker. Mais do que apenas uma recepcionista, ela era uma veterana do rádio em Memphis. Ela o informou de quanto lhe custaria gravar um acetato com uma faixa de cada lado, que ele poderia levar consigo: 3,98 dólares, mais os impostos. Enquanto esperava ser chamado ao estúdio de gravação, ele sentou-se e conversou com ela. As respostas que ele deu às perguntas dela — ainda que tão diretas e honestas como as que um rapaz interiorano pudesse formular — pareceram evasivas. "Que tipo de música você canta?" "Eu canto todos os tipos de música." "Com qual artista você mais se assemelha, em relação ao seu estilo de cantar?" "Eu não me assemelho a ninguém quando canto." Mais tarde, Marion se recordaria dessas respostas sem afetação, e de que, quando ele começou a cantar, se deu conta de que ele apenas tinha sido sincero.

Quando Phillips anunciou estar preparado, Elvis entrou no estúdio carregando sua guitarra barata, e ambos gravaram "My Happiness" e "That's When Your Heartaches Begin", ambas baladas de sucesso da década de 1940. Elvis certamente fantasiou ter seu talento reconhecido instantaneamente e ser "descoberto". Quando terminou as gravações, ele olhou, cheio de expectativas, para Phillips, através do vidro que separava o estúdio da cabine de controle. Phillips considerou a tentativa de Elvis meramente "interessante" e fez uma vaga referência sobre entrar em contato por telefone, algum dia. Assim terminou a sessão de gravação, e Elvis deixou o estúdio, indo mais uma vez falar com Marion, enquanto ela datilografava o rótulo para o acetato.

Ele esperou ansiosamente pela ligação telefônica, que nunca vinha. À medida que o outono transcorria, ele reuniu coragem suficiente para passar pelo estúdio algumas vezes e perguntar a Marion se ela ouvira falar de alguém que procurasse um vocalista. As respostas recebidas eram sempre amigáveis, mas nenhum compromisso foi agendado. Nas vezes em que Phillips se encontrava ali, ele sempre estava ocupado demais com o trabalho para falar com Elvis. Em janeiro de 1954, Elvis voltou ao estúdio para gravar mais duas canções, mas não conseguiu despertar interesse nas pessoas certas.[1]

Necessitando de algum consolo, ele passou a frequentar a Igreja da Assembleia de Deus na McLemore, à qual começou a comparecer regularmente. Vernon e Gladys não haviam se integrado a nenhuma congregação religiosa desde que tinham deixado Tupelo; e o interesse revivido de seu filho por Deus os agradou, ainda que a motivação principal fosse mais uma necessidade de conexões sociais. A igreja abrigava um renomado coral de cem vozes, e as famílias dos Blackwood Brothers eram membros bem conhecidos. O quarteto costumava apresentar-se em cerimônias religiosas quando estava na cidade, e o sobrinho de um dos fundadores do grupo iniciara seu próprio quarteto, chamado The Songfellows. Elvis levava a sério o estudo da Bíblia, comparecendo regularmente às aulas matinais da escola dominical, mas às vezes não permanecia na igreja para assistir ao culto de depois das aulas. Com frequência, quando ficava para os cultos, ele chegava atrasado e sentava-se nos bancos mais distantes do altar. Após assegurar-se de haver sido visto, ele escapava sorrateiramente, em companhia de sua namorada na época, Dixie Locke, e dirigia acompanhado dela até a Igreja East Trigg, nas proximidades, para ouvirem os cantores negros que ali se apresentavam. O casal permanecia apenas por poucos minutos, a fim de retornar antes do encerramento do culto na Assembleia de Deus. Ele também gostava de levar Dixie à Igreja East Trigg nas noites de domingo, quando a emissora de rádio WHBQ transmitia dali, ao vivo, um programa chamado *Camp Meeting of the Air*.

Depois de ouvir que um membro dos Songfellows se mudaria da cidade, Elvis candidatou-se para integrar o grupo. **Ele teve um** grande desapontamento ao ser rejeitado depois de um teste, o que se tornou especialmente doloroso quando lhe disseram que ele não sabia cantar. O filho do pastor ainda faria uma sugestão da qual, certamente, se arrependeria mais tarde: "Elvis, por que você não desiste?".[2]

A descrição de Elvis quando jovem feita por Dixie Locke teria eco no que outras pessoas diziam dele, empregando termos como "doçura" e "humildade". Ela interpretou a timidez dele — especialmente para apresentar-se em público — mais como um desejo de não querer impor-se. Ele se preocupava em não parecer "exibido" e preferia ser chamado antes de oferecer-se. Ela também observou que, "desde o início, era como se ele tivesse poder sobre as pessoas, e elas pareciam ser transformadas na presença dele". Ela recordou que mesmo as pessoas que troçavam dele eram imediatamente cativadas quando ele começava a tocar e cantar. Tanto ela quanto Elvis encaravam a habilidade inata dele para comover as pessoas como um dom espiritual.[3]

Ele não estava particularmente feliz trabalhando para a Parker, onde certa vez foi forçado a cortar os cabelos sob ameaça de demissão. Em abril de 1954, ele apresentou-se em uma agência de empregos e encontrou uma nova colocação na Crown Electric, uma empreiteira de serviços de instalações elétricas. Pagavam-lhe 40 dólares semanais para dirigir caminhões transportando materiais até os canteiros de obras industriais. Os proprietários da empresa, marido e esposa, gostavam dele por sua cortesia e seu comportamento respeitoso, e achavam engraçado que ele passasse tanto tempo diante de um espelho ajeitando o penteado.

Em maio de 1954, ele ficou sabendo de uma vaga em uma banda de música *country* que se apresentava no Hi Hat Club, grupo liderado por um vocalista e guitarrista chamado Eddie Bond. Elvis foi convidado a tentar a vaga. Nervoso o dia inteiro, ele aparou os cabelos para a ocasião e vestiu o que julgava ser um traje adequado para apresentar-se em público: uma jaqueta curta, ao estilo "toureiro", sobre uma camisa cor-de-rosa. O teste foi interpretar duas canções diante da plateia presente no clube, acompanhado de sua guitarra. Mais uma vez ele recebeu uma rejeição de fazer-lhe doer o coração. E mais uma vez ele foi dispensado com palavras que seu interlocutor, mais tarde, iria arrepender-se de haver pronunciado. Bond lhe disse para continuar a dirigir caminhão, "porque você jamais fará sucesso como cantor".[4]

Aquela muito aguardada e longamente ansiada ligação telefônica seria recebida no mês seguinte, no sábado, 26 de junho. Sam Phillips pediu a Marion Keisker para telefonar para aquele rapaz tímido que sempre retornava à gravadora. Ele havia recebido uma nova canção, intitulada "Without You", e achou que Elvis pudesse ter a voz certa para interpretá-la. Elvis iria sempre se referir a esse episódio dizendo que chegara à gravadora no momento em que Marion ainda desligava o telefone.

Phillips passou o restante do dia tentando arduamente obter de Elvis um desempenho que soasse convincente para a canção. Quando, afinal, decidiu que seus esforços haviam sido em vão, encorajou-o a cantar outras canções. Ele intuía que, bem no âmago, Elvis possuía uma autenticidade indefinível, uma espécie rara de inocência espiritual que o diferenciava de outros aspirantes a astro que entravam na gravadora. Se Sam ao menos conseguisse alcançar essas qualidades e fazê-las aflorar... Ele insistia para que Elvis relaxasse e cantasse alguma coisa que fizesse sentido para si mesmo. Quando achou que já havia extraído tudo o que podia de Elvis, disse-lhe que ele estava dispensado, por enquanto. Ele não fez promessas, mas Elvis soube, enfim, que tivera a oportunidade de impressionar a pessoa a quem precisava impressionar. E ele sentiu que algo bom resultaria daquilo.[5]

No fim de semana seguinte, Scotty Moore passou pela Sun Records. Guitarrista que possuía a própria banda de música *country*, Moore vinha frequentando regularmente a gravadora havia alguns meses. Ele e Sam Phillips gostavam de encontrar-se e conversar sobre o ramo musical. Antes, Sam havia prometido dar a Scotty o nome de um jovem cantor local, que buscava ansiosamente uma oportunidade e demonstrava possuir bom potencial. Dessa vez, ele fez com que Marion escrevesse as informações relativas ao jovem, e Scotty agendou para que fizessem um teste com ele no dia seguinte, um domingo. Elvis dirigiu até a casa de Scotty e, com Bill Black no contrabaixo apoiando a guitarra de Scotty, eles tocaram uma série de canções, no intuito de avaliar o que o jovem sabia fazer. Nem Scotty nem Bill ficaram muito impressionados com as habilidades vocais de Elvis, mas, a pedido de Sam Phillips, os três concordaram em se reunir novamente no dia seguinte, no estúdio da Sun.

Na segunda-feira, 5 de junho de 1954, eles se encontraram às sete horas da noite. A sessão foi mais um laborioso esforço coletivo em busca de um terreno comum, pelo qual todos se sentissem à vontade para transitar. Depois de vários inícios abortados de outras canções, eles conseguiram uma interpretação passável de "Harbor Lights" e acharam que a versão de "I Love You Because" deveria ser levada a sério. Phillips insistia em pedir que eles fizessem essa canção *take* após *take*, na tentativa de que Elvis relaxasse e se entregasse à música, mas, quanto mais ele enfatizava a importância disso, mais tenso Elvis ficava, perdendo a emotividade espontânea que Phillips achava ser essencial para a gravação. Passaram-se horas, e nada de concreto havia sido produzido. Todos estavam a ponto de desistir do trabalho por aquela noite, quando alguma coisa emergiu do subconsciente de Elvis e, apenas a fim de aliviar a tensão, ele começou a cantarolar uma letra de melodia bastante animada. Tratava-se de "That's All Right", canção de *rhythm and blues* composta e gravada oito anos antes por Arthur "Big Boy" Crudup. Esquecendo-se de toda a compostura profissional, Elvis rendeu-se à sonoridade que produzia e começou a rodopiar, de maneira saudavelmente juvenil, numa dança louca pelo estúdio. Reagindo à manifestação desse espírito livre, Bill Black também começou a agitar-se, marcando o ritmo com o contrabaixo. Scotty logo juntou-se aos dois, com a guitarra, e, sem qualquer objetivo determinado em vista, nem obstáculos mentais, eles começaram a divertir-se com aquilo, afinal.

Sam Phillips ainda estava trabalhando na cabine de controle, mas havia deixado a porta aberta, onde colocou a cabeça e perguntou: "O que é que vocês estão fazendo?". Nenhum dos três soube responder; eles estavam apenas se divertindo. Então Phillips lhes disse: "Bem, voltem a fazer isso. Encontrem um ponto de partida e voltem a fazer o que estavam fazendo".[6]

Até aquele momento, Phillips não fazia ideia de que Elvis pudesse estar familiarizado com a música de Big Boy Crudup ou, diga-se de passagem, com qualquer outra vertente da "música racial" que Sam achava tão empolgante. Mas havia algo muito diferente na versão que Elvis, Scotty e Bill improvisaram: uma forte tonalidade de música *country*. Nenhum dos quatro jamais ouvira nada que se assemelhasse àquilo. Quando Phillips tocou a gravação do melhor *take* que haviam obtido, todos adoraram o que ouviram, mas as "raízes negras" da canção eram evidentes. Scotty falou por todos quando disse: "Bom Deus! Eles vão nos expulsar da cidade quando ouvirem isso!". A música tocada pelas emissoras de rádio "brancas" da época apresentava um toque claramente artificial, pré-fabricado. A gravação que eles acabavam de ouvir tinha energia, vitalidade. Ela despertava em quem a ouvisse uma vontade de se *mexer*.

Phillips sabia que havia conseguido capturar e "engarrafar" algo mágico, e ele fez com que os três voltassem ao estúdio na noite seguinte para tentar repetir o feito. Eles sentiam-se cada vez mais à vontade trabalhando juntos, mas não conseguiram reproduzir o milagre. Na quarta-feira voltaram ao estúdio. Contudo, mais uma vez não conseguiram nenhum resultado. Mas Phillips não tinha dúvida de que "That's All Right" era algo especial, por isso telefonou para seu grande amigo Dewey Phillips e o convidou para ir ao estúdio naquela noite, após a apresentação de seu programa de rádio. Quando Dewey chegou, Sam tocou a fita para ele ouvir, sem nenhum interesse comercial. O *disk jockey* ouviu a gravação várias vezes, não demonstrando nenhuma reação muito entusiasmada. Apesar disso, Sam estava confiante de que Dewey ouvira o mesmo que ele. Dewey deixou o estúdio às duas ou três horas da manhã, dizendo a Sam que pensaria a respeito daquilo tudo. Na manhã seguinte, ele telefonou para Sam, disse que a canção não lhe saíra da cabeça a noite toda e pediu que lhe fossem enviados dois acetatos. Ele pretendia tocar a canção à noite, em seu programa *Red Hot and Blue Show*.[7]

Sam passou o dia produzindo e providenciando a remessa dos acetatos e, então, telefonou para Elvis, após o horário do expediente, a fim de contar-lhe as novidades. Porém, o júbilo de Elvis logo foi obscurecido pelo terrível temor de que a canção pudesse não agradar. Imediatamente ele passou a preocupar-se com a possibilidade de vir a ser o alvo dos risos de toda Memphis. Nervoso demais para ouvir a transmissão, sintonizou o rádio na WHBQ e pediu à mãe para não mudar de estação. Então ele saiu de casa e foi refugiar-se em um cinema. O *Red Hot and Blue Show* começava às nove horas da noite e, em algum momento entre as nove e meia e as dez horas, o casal Presley, diante do aparelho de rádio, ouviu o locutor anunciar uma nova canção, gravada apenas três dias antes por um jovem de Memphis chamado Elvis Presley. A gravação nem bem havia terminado de tocar, e Phillips começou a receber o retorno de sua iniciativa: 47 telefonemas e catorze telegramas chegaram até ele. Todos pediam-lhe para que tocasse a canção novamente. Visando satisfazer aos ouvintes, Dewey continuou a tocar a canção, uma vez após outra, pelo restante do programa, que tinha três horas de duração. Quando saiu do ar, ele a havia tocado catorze vezes e recebido cerca de quinhentas chamadas telefônicas. Após a primeira "saraivada" de telefonemas, ele ligou para a casa dos Presley, no intuito de convidar Elvis a comparecer ao estúdio da emissora e conceder uma entrevista. Seus pais tiveram de admitir que ele estava tão nervoso que tinha sido esconder-se em um cinema. Dewey insistiu para que eles o localizassem, e, às 23h20, a mãe dele o encontrou sentado na escuridão da plateia de um cinema nas proximidades. Elvis dirigiu imediatamente até a WHBQ, sentindo-se a cada momento mais oprimido pelo pânico, pois jamais havia sido entrevistado. Dewey deu-lhe as boas-vindas e disse-lhe para relaxar. Comentou que avisaria a Elvis quando estivessem prontos para começar. Phillips perguntou onde Elvis havia estudado, e logo passou a fazer outras perguntas. Depois de alguns minutos, o *disk jockey* agradeceu, e Elvis perguntou quando a entrevista iria começar. Dewey informou-o de que ela já havia terminado: Elvis estivera sentado diante de um microfone que transmitia ao vivo durante todo o tempo.[8]

Sam Phillips convocou o grupo de volta ao estúdio na sexta-feira, no sábado e no domingo; ao menos eles conseguiram produzir um lado B aceitável para o disco, com a canção "Blue Moon of Kentucky". A canção havia sido um grande sucesso de Bill Monroe quase uma década antes, embora Monroe jamais tinha imaginado tocá-la da maneira como eles o fizeram. Graças às impecáveis credenciais *country* da canção, no estágio inicial da carreira de Elvis, quando ele, Scotty e Bill se apresentavam em clubes de música *hillbilly* no mesmo rol de outros conhecidos grupos de música *country*, eles passaram a chamar a si mesmos de The Blue Moon Boys, e as plateias consideravam "Blue Moon of Kentucky" o lado A do disco.

Consciente de que Elvis — jovem, inexperiente e nada sofisticado — seria a presa perfeita para ser explorada pelos predadores que viviam da indústria musical, Sam Phillips sugeriu que Scotty Moore desempenhasse o papel de empresário. Moore já tinha feito esse mesmo trabalho para os Starlight Wranglers, grupo do qual ele e Bill Black eram integrantes. Um acordo foi redigido no dia 12 de julho, e Scotty começou a agendar apresentações.[9]

Cinco dias depois, eles se apresentaram no Bon Air Club. Elvis subiu ao palco para interpretar suas duas canções durante a apresentação dos Starlight Wranglers. A despeito do rosto cheio de espinhas e da estranha maneira de se vestir, ele foi bem recebido pela plateia, que insistiu que ele voltasse ao palco para cantar várias vezes. Otimista com a boa aceitação da banda, Sam Phillips telefonou para Bob Neal, da emissora WMPS, organizador de uma "quadrilha caipira" — uma grande apresentação de música *hillbilly* aberta ao público — a ser realizada no coreto do Parque Overton, no dia 30 de julho seguinte, evento cuja atração principal seria Slim Whitman. Baseando-se na resposta de Memphis ao disco de Elvis, Neal resolveu arriscar e agendar-lhe uma apresentação.

A essa altura, Dixie Locke retornou de duas semanas de férias na Flórida em companhia de seus pais. Antes de viajar, ela e Elvis haviam conversado *muito* seriamente sobre casamento — quase chegando ao ponto de apanharem o carro, em um dia qualquer, cruzarem a divisa do Estado e "fugirem" para um casamento secreto em Hernando, Mississippi. A ida dela para a Flórida havia partido o coração de ambos. Elvis estava em prantos quando eles se despediram, ao meio-dia, em 3 de julho. Porém, algumas horas depois, Scotty Moore telefonaria para ele, apresentando-se; e uma coisa levaria à outra, em uma sucessão de acontecimentos estontenante. O período da ausência de Dixie coincidiu com as duas semanas que mudariam a vida de Elvis. O único indício que ela possuía de que alguma coisa significativa havia acontecido foi um telegrama com sete palavras, recebido na casa de seus primos: "Volte logo. Meu disco está fazendo sucesso".[10]

Dixie estava lá, no Parque Overton, no dia 30 de julho, para testemunhar o lançamento da carreira de Elvis. Ele tinha estado uma pilha de nervos o dia todo. O evento, afinal, era uma grande "quadrilha caipira", e uma multidão havia se reunido ali para ouvir música *hillbilly*. Ninguém poderia prever como aquelas pessoas reagiriam à sonoridade híbrida que estavam prestes a ouvir. Elvis admitiu: "Eu estava morto de medo". Quando ele subiu ao palco, Scotty notou que seus joelhos se entrechocavam. No momento em que eles atacaram "That's All Right", o temor do palco acentuou a tremedeira natural de suas pernas, agitando-as no ritmo e fazendo tremular o tecido das pernas de suas calças muito largas. O andamento agitado da música fez percorrer uma onda de excitação pela plateia, e as calças tremulantes arrancaram gritinhos surpresos das mulheres. O efeito era intensificado durante a parte instrumental da canção, quando Elvis se afastava do microfone e "atacava" a guitarra, fazendo a base para o solo de Scotty. Ele se deixava abandonar, agitando-se energicamente ao som da música, e a multidão delirava.

Frank Sinatra pode ter feito mulheres gritarem e desmaiarem durante os anos 1940, mas o tipo de excitação liberado naquela noite no Parque Overton não tinha paralelo nas plateias de música *country*. Não tendo um ponto de referência, sentindo-se nervoso e inseguro, a princípio Elvis pensou que o estivessem ridicularizando. Porém não havia nada que ele pudesse fazer: uma vez que não conhecesse outra maneira de se apresentar, ele tinha de continuar. Então eles atacaram "Blue Moon of Kentucky", e a plateia reagiu com ainda mais entusiasmo. Dessa vez Elvis realmente "deixou rolar". Ele exagerou na agitação das pernas a fim de agradar à multidão, e esta tornou-se verdadeiramente turbulenta. Ele deixou o palco sob aplausos estrondosos.

Da plateia, Dixie assistia a tudo com um misto de emoções e sentimentos: ela estava feliz pelo sucesso de Elvis, mas também pressentia que estava assistindo ao começo do fim do que havia entre eles.[11]

Em Memphis, "That's All Right" tornou-se a canção mais tocada no rádio. Sam Phillips levou cópias do disco a diferentes cidades, tentando conquistar as ondas sonoras de outros lugares. Baseando-se no sucesso conquistado em Memphis, alguns *disk jockeys* concordavam em testá-lo com seus ouvintes, mas Sam também teve de enfrentar alguma resistência. A canção era muito *country* para os ouvintes de *rhythm and blues*, mas não suficientemente *country* para as audiências de *country and western*. O sucesso obtido com a música, porém, levou alguns dos detratores de Elvis a reconsiderarem suas opiniões. Por meio de um amigo comum, Eddie Bond enviou uma proposta: estaria Elvis interessado em apresentar-se à frente de sua banda?

Scotty havia começado a agendar apresentações para ele em um raio de quilômetros, distanciando-se cada vez mais do centro de Memphis. Nas noites de sexta-feira eles se apresentavam no Bon Air Club, mas ele preferia manter-se afastado de bares e clubes e concentrar-se em escolas, hospitais e agremiações sociais como os clubes Elks, Lions e Kiwanis. No final de semana do dia 10 de setembro, eles se apresentaram na grande inauguração do primeiro *shopping center* de Memphis, usando como palco a carroceria de um caminhão estacionado diante da Katz's Drug Store. Essa foi uma apresentação diferente, pois, pela primeira vez, a plateia era constituída em sua maioria por adolescentes — um sinal revelador do que estava por vir. Scotty recordou que "essa foi a primeira vez que pudemos ver o que realmente estava acontecendo. Porque havia um pátio de estacionamento inteiramente lotado com a molecada, que simplesmente foi à loucura".[12]

Sam Phillips foi apresentado a Jim Denny, empresário do Grand Ole Opry — o próprio *"Hillbilly Heaven"* [Paraíso Caipira]. Ele conseguiu agendar uma apresentação de Elvis, simplesmente usando como argumento a comoção que o disco dele havia causado em Memphis. Em geral, o Opry agendava somente os maiores nomes da música *country* e, até então, jamais havia escalado um artista com base no lançamento de um único disco — especialmente um sucesso de âmbito apenas local. No dia 3 de outubro, meros noventa dias após haverem apertado as mãos pela primeira vez, Elvis, Scotty e Bill amontoaram-se no Cadillac de Sam e empreenderam a viagem até Nashville, pela oportunidade de apresentarem "Blue Moon of Kentucky" na parte da programação comandada por Hank Snow. Elvis conheceu Snow, bem como Chet Atkins, Marty Robbins, Ernest Tubb e outros astros; mas ele estava nervoso mesmo diante da perspectiva de se encontrar com Bill Monroe. Elvis ouvira dizer que o velho profissional estava furioso com ele pelo que tinha feito de sua música. No final, porém, Monroe revelou-se tão gentil quanto elogioso. Cumprimentando os rapazes, revelou que havia regravado o antigo sucesso no novo estilo, e que o disco seria lançado na semana seguinte.

Eddie Bond encontrou-se brevemente com Sam Phillips após a apresentação. Com relutância, admitiu que o garoto não era de todo mau, mas reafirmou a opinião de que ele não servia para o Opry e, reservadamente, aconselhou Elvis a continuar dirigindo caminhão, pois ele não possuiria o talento necessário para a música.[13]

Talvez Elvis não tenha "incendiado" a casa, e ele tinha apresentado uma única canção, mas ninguém poderia negar o fato de que ele havia se apresentado no "templo" mais reverenciado da música *country* com apenas 19 anos de idade. Sam Phillips usou a credencial dessa apresentação para agendar outras, regularmente, no *Louisiana Hayride*, programa radiofônico transmitido diretamente de Shreveport, Louisiana. O dia 16 de outubro marcou a estreia. O trio apresentou suas duas canções diante da plateia em duas entradas distintas. Na primeira, Elvis estava tão amedrontado quanto se sentira no concerto no Parque Overton. Ele não fazia ideia de como seria recebido, e a multidão não fazia ideia de como recebê-lo. Sua animação e intensidade eram tão incomumente diferentes das dos outros artistas participantes, com os quais a plateia já estava acostumada, que alguns temeram que ele pudesse cair do palco. Na segunda entrada, a situação foi muito diferente. Tendo vencido o pior estágio do nervosismo, tanto ele quanto a plateia puderam apreciar mais relaxadamente a interpretação espirituosa dele. Além disso, os ouvintes mais velhos já tinham ido embora, e a média de idade da plateia era consideravelmente mais jovem. Todos deram livre curso à excitação, e a eletricidade permeou a transmissão radiofônica.

A apresentação foi tão boa que o trio foi convidado a tornar-se presença constante no programa. Finalmente eles todos puderam sentir-se à vontade para abandonar os empregos que tinham e fazer da música profissão em tempo integral. Os dias de Elvis como motorista de caminhão haviam terminado. Ele até mesmo sentiu-se confiante o bastante para gastar 175 dólares em uma guitarra nova: uma Martin D-18, adornada com o nome dele escrito em letras metálicas esmaltadas em negro. O vendedor concedeu-lhe 8 dólares de desconto em troca da guitarra velha – a qual, logo em seguida, foi atirada no lixo.[14]

Seu segundo disco saiu nos últimos dias de setembro de 1954. "Good Rockin' Tonight" era uma regravação da canção lançada em 1947 por Roy Brown, mas Elvis, Scotty, Bill e Sam retrabalharam o *blues* dançante com uma batida suficientemente *country* para conferir-lhe um apelo capaz de agradar às plateias brancas sulistas. Elvis continuava a dançar sobre uma corda bamba. Muitas emissoras de *rhythm and blues* mostravam-se resistentes em tocar a canção, porque ela soava demasiadamente *country*; e muitas estações de música *country and western* sentiam-se constrangidas de incluí-la na programação por causa das raízes profundamente fincadas no *blues*. Mas os ouvintes adoraram a gravação e continuaram a pedir que ela fosse tocada. As pessoas começaram a referir-se a essa contagiosa fusão de formas e ritmos como *rockabilly*.

Assim as coisas caminharam pelos meses seguintes. A princípio as multidões não sabiam como reagir àquilo, mas Elvis conquistava a todas. As emissoras de rádio resistiam à maré por algum tempo, mas logo cediam ao entusiasmo dos ouvintes. Um *disk jockey* de Corinth, Mississippi, disse: "Ele *era* o show, mesmo naquela época. Ele não se parecia com nada que você já tivesse ouvido". O filho de Hank Snow, Jimmie, comentou: "Eu jamais vi alguém como ele. Mesmo quando era apenas um garoto, havia alguma coisa nele... Alguma coisa *só dele*". A reputação de Elvis cresceu por todo o Sul: de Clarksdale, Mississippi, a Sikeston, Missouri, e a Lubbock, Texas. Ele escolheu o baterista D. J. Fontana, a quem havia conhecido nas apresentações no *Hayride*, para integrar a banda. Bob Neal, que tinha agendado a apresentação de estreia de Elvis no Parque Overton, também foi admitido em seu círculo de colaboradores. Depois de contribuir com o agendamento de outros compromissos, Bob percebeu que Scotty, como empresário, não era muito entusiasmado, preferindo tocar guitarra. Então, Neal passou a exercer a função de agente do grupo.[15]

Em janeiro de 1955 Elvis lançou "Milkcow Blues Boogie", outro enérgico exemplo de *rockabilly*, e, em junho, "Baby Let's Play House", que alcançou a quinta posição na parada de sucessos *country* da *Billboard*. Por meio de um amigo *disk jockey* em Cleveland, Bob Neal arranjou um teste para que Elvis pudesse aparecer no programa *Arthur Godfrey's Talent Scouts*, transmitido para todo o país nas noites de segunda-feira, pela CBS. Esse mesmo programa havia sido determinante para levar os Blackwood Brothers à fama nacional. No final de março, Elvis voou para Nova York, naquela que seria sua primeira viagem aérea. Depois de deslumbrar-se com as vistas da cidade, ele tomou o metrô rumo ao local do teste. A frieza do "olho" de uma câmera de televisão não podia ser comparada ao fervor de uma plateia ao vivo. Ele foi reprovado. A pessoa que tinha preparado o encontro relatou que ele compareceu mal vestido, muito nervoso e parecendo despreparado. Elvis recordou-se que ele, Scotty e Bill ouviram risinhos velados e, então, foram dispensados, com o aviso de que, *caso* fossem selecionados, seriam contatados por correspondência. Pelas duas semanas seguintes, um humilhado Elvis vasculhou atentamente a caixa de correspondência, à espera de uma carta que jamais chegaria.[16]

Na estrada, porém, a história era outra. Sua popularidade continuava a aumentar e, cada vez mais, ele era a atração principal, em vez de cantar no show de abertura para alguém mais famoso. Contudo ele não via *a si mesmo* do modo como os outros o viam. George Klein, amigo da Humes High School — o *disk jockey* que primeiro se referiu a ele como "Rei" —, certa vez cumprimentou-o dizendo que ele já começava a rivalizar com Hank Snow e Webb Pierce. Elvis sorriu e corrigiu-o: "Não, George. Meu objetivo é rivalizar com Bill Haley".[17]

Enquanto Elvis se esforçava para alcançar as paradas de sucesso *country*, uma revolução estava em curso. Em maio de 1955 — mesmo mês em que Elvis deflagrou o primeiro tumulto em uma de suas apresentações, em Jacksonville, Flórida —, "Rock Around the Clock" explodiu em âmbito nacional.[18]

Depois de gravar "Rocket 88", em junho de 1951, Bill Haley continuara a explorar o mesmo território musical. Em abril de 1953, depois de mudar o nome de sua banda de The Saddlemen para The Comets, ele gravou "Crazy Man, Crazy", que viria a ser a primeira canção de rock'n'roll a chegar às paradas de sucesso, alcançando a 12ª posição na *Billboard* em junho de 1953. Ele repetiria essa façanha um ano depois, com uma regravação do sucesso "Shake, Rattle, and Roll", de Big Joe Turner, que venderia 1 milhão de cópias.

Em abril de 1954, ele gravou "Rock Around the Clock", mas sua gravadora, a Decca, não soube apreciar o que tinha em mãos e relegou a canção ao lado B do disco que continha "Thirteen Women (and Only One Man in Town)". Mesmo assim, o disco chegou a figurar nas paradas da *Billboard*, antes de desaparecer. Contudo, naquele outono foi iniciada a produção do filme *Sementes da Violência* (*Blackboard Jungle*, 1955), que enfocava com seriedade o crescente problema de delinquência juvenil, explorando o mesmo tema de *Juventude Transviada* (*Rebel Without a Cause*, 1955), cujas filmagens começaram poucos dias depois do lançamento de *Sementes da Violência*. O diretor precisava de uma canção que captasse o espírito da juventude da época, para ser tocada como fundo, enquanto eram apresentados os créditos iniciais. O ator Glenn Ford vasculhou a coleção de discos de seu filho, Peter, e levou alguns ao estúdio, para serem avaliados — e "Rock Around the Clock" sobressaiu-se como a escolha perfeita. Quando o filme estreou, em março de 1955, a canção gerou mais furor do que o filme em si. Para desconcerto do restante das plateias, adolescentes pulavam e dançavam entre as fileiras de cadeiras dos cinemas, tão logo os créditos iniciais do filme surgiam na tela. Muitos desses adolescentes assistiam ao filme várias vezes em seguida, só por causa da música. Finalmente, reconhecendo a oportunidade, a Decca relançou o disco, em maio de 1955, dessa vez promovendo-o com "Rock Around the Clock" no lado A. A gravação "ressuscitada" voltou às paradas de sucesso, e começou a galgar posições. No dia 8 de julho, ela tornou-se a primeira gravação de rock'n'roll a conquistar a primeira posição na parada de música *pop* da *Billboard*. A era do rock'n'roll havia se iniciado, oficialmente, e o entusiasmo irreprimível demonstrado nas exibições do filme tornava-se a nova norma de comportamento para qualquer evento que envolvesse o rock'n'roll, em qualquer lugar.

O rock'n'roll desencadeou uma "tempestade de fogo". Pregadores, educadores, políticos, mestres e pais preocupados viam na desenfreada liberação de emoções que o ritmo provocava uma via expressa para a imoralidade e o crime. E, analisando-se o contexto, havia uma perceptível — particularmente no Sul — sugestão de mistura de raças. Ao ouvir Elvis pelo rádio, muitas pessoas brancas presumiram que ele fosse negro. A paixão incontida em sua voz e a ostensiva sexualidade demonstrada em seu desempenho no palco apavoraram muitos líderes brancos, que temiam que aquilo pudesse levar a um rompimento nas barreiras impostas pela segregação (um temor bem fundamentado, como se provou mais tarde). Porém ele era uma figura controvertida do outro lado da divisão racial também. Enquanto muitos negros adoravam vê-lo popularizar uma forma de música evidentemente afro-americana, muitos outros (incluindo Bo Diddley, Ray Charles e Chuck Berry) queixavam-se de que era sua pele branca que lhe permitia alcançar o mega-estrelato simplesmente por copiar *seus* sentimentos e *seus* estilos.

Enquanto Elvis percorria o Sul em turnê, Gladys preocupava-se constantemente com ele, mesmo antes da ocorrência do tumulto em Jacksonville. Elvis despertava emoções primitivas. (Ele fez apenas um comentário frívolo ao final da apresentação em Jacksonville: "Garotas, vejo todas vocês no meu camarim!".

E centenas delas o seguiram, como em um turbilhão. Quando a polícia conseguiu resgatá-lo, seu paletó e sua camisa rasgados — além de ele haver perdido o cinto, as botas e até mesmo as meias.) E as garotas não eram o único problema: os namorados ciumentos delas o consideravam uma séria ameaça. Ao término de uma apresentação em Lubbock, Texas, um rapaz o convenceu a acompanhá-lo até seu carro, pedindo a Elvis que autografasse uma fotografia para a namorada. Quando Elvis curvou-se sobre o parabrisa a fim de usá-lo de apoio para escrever, o rapaz o desequilibrou com um inesperado soco no rosto.[19] Mas a preocupação de Gladys não se limitava aos perigos físicos que pudessem advir dos fãs. Certa noite, ela despertou às duas horas da manhã, aterrorizada, dizendo a Vernon: "Estou vendo o nosso menino. Ele está em um carro em chamas!". De fato, ele dirigia um Cadillac nas proximidades de Texarkana, quando o motor superaqueceu e se incendiou, restando à banda apenas saltar do veículo e assisti-lo ser consumido pelo fogo. Na manhã seguinte, ele telefonou para a mãe e ficou atônito ante a clarividência dela — mas negou que houvesse acontecido alguma coisa, no intuito de não preocupá-la.[20] Em outra ocasião, ele viajava a bordo de uma aeronave fretada que quase caiu, no Arkansas.[21] A experiência o abalou, e ele adquiriu um temor pelas viagens aéreas que duraria vários anos. As comovedoras mortes de Buddy Holly, Ritchie Valens e The Big Bopper, ocorridas em fevereiro de 1959, viriam a reforçar esse temor. Ele passou a preferir viajar de trem, ônibus ou automóvel, e prometeu à mãe manter-se longe de aviões.

Bob Neal administrou a florescente carreira de Elvis por vários meses. Porém, no início de 1955, enquanto Neal agendava algumas apresentações inseridas na turnê de Hank Snow, eles conheceram um sujeito que trabalhava como agente de Snow: um espertalhão holandês, chamado Andreas Cornelis van Kuijk, que havia entrado clandestinamente nos Estados Unidos pouco antes da grande queda da Bolsa de Valores, em 1929. Porém, na época, Bob e Elvis não puderam descobrir a verdadeira identidade dele (aliás, ninguém pôde fazer isso até quatro anos após a morte de Elvis), pois van Kuijk apresentava-se sob a identidade falsa de "Coronel" Tom Parker, afirmando ser natural do Estado da Virgínia Ocidental. E mesmo o título de "Coronel" não era o que parecia ser. Tratava-se apenas de um título honorário, concedido pelo governador da

Louisiana, aplicável somente quando a corporação da Guarda Nacional daquele Estado tivesse de entrar em ação.²²

Depois de haver satisfeito as obrigações para com o Exército – por um breve período –, Parker trabalhou em circos e feiras itinerantes, adquirindo experiência como *showman*. Então ele mudou ligeiramente de ramo, passando a trabalhar com promoções e empresariando a carreira dos cantores Gene Austin, nos anos 1930, Eddy Arnold, nos anos 1940, e Tommy Sands e Hank Snow, na década de 1950.²³ Com Hank Snow, ele chegou a formar uma parceria. Todavia, quando Parker observou o frenesi que o jovem astro do *rockabilly* de Memphis provocava, onde quer que fosse, imediatamente se deu conta de que Elvis era um foguete na plataforma de lançamento, pronto para subir ao céu. A fim de apossar-se dele, realizou manobras gradativas no intuito de tirar Bob Neal de cena, bem como seu próprio parceiro, Hank Snow. (Snow foi pego de surpresa. Tendo ouvido as novidades enquanto estava em turnê, ele dirigiu-se a Parker, na primeira oportunidade, cumprimentando-o: "Ei! Acho que nos demos bem com aquele garoto, Presley, hein?". O Coronel replicou: "O que você quer dizer com 'nós', Hank?").²⁴

No entanto, legalmente Elvis ainda era menor de idade. Ele estava a cinco meses do seu vigésimo primeiro aniversário. Nenhum contrato que ele assinasse teria valor legal. Vernon, intuindo uma oportunidade de sucesso rápido para o filho, mostrou-se disposto a quaisquer medidas para isso. Gladys, porém, antipatizou imediatamente com Parker. Ele fez todos os esforços possíveis para mostrar-se simpático, mas ela jamais o considerou bem-vindo. Não obstante, no dia 15 de agosto de 1955, Vernon foi cossignatário, como representante legal, do acordo com Parker assinado pelo filho. A partir de então, Parker apropriou-se da carreira de Elvis.²⁵

As coisas estavam começando a acontecer. Elvis não esquecera do golpe ao ser rejeitado pelos Songfellows, nem da mágoa ao ouvir de Eddie Bond que jamais seria um cantor. Ele também ainda podia sentir a humilhação imposta por Eddie depois de se apresentar no Grand Ole Opry, que o aconselhou a voltar a dirigir caminhão; e ainda podia ouvir os risinhos da gente da cidade grande, enquanto se submetia a um teste para o programa de TV de Arthur Godfrey.

A despeito do desencorajamento, ele continuou avançando rumo ao horizonte longínquo que o chamava insistentemente.

Mas por que *ele*? Por que apenas *ele* ouvia esse chamado, e não as pessoas à sua volta? Por que não Lee Denton, que tinha uma bela voz e tocava guitarra mil vezes melhor do que ele; ou Red West, um sujeito extrovertido, com uma vivência adquirida nas ruas e um pendor natural para a composição musical? Nem mesmo os grandes talentos, com os quais esbarrara em Memphis — B. B. King, Howlin' Wolf, Junior Walker — e que viriam a tornar-se astros de reconhecimento nacional, jamais chegariam sequer perto das alturas que ele alcançou. Por que *ele*, e não qualquer outra pessoa, teria sido "pinçado" das massas para tornar-se ELVIS, o arquétipo, o Rei?

A pergunta o deixaria perplexo pela maior parte de sua carreira. Era como se trilhos invisíveis tivessem sido assentados especialmente para levá-lo no rumo desejado. Trilhos ali colocados pelo destino ou por alguma divindade benfazeja, sobre os quais ele, sozinho, havia caminhado, até sentir a aproximação de um trem misterioso, a bordo do qual subiu.

Apenas quando ele começou a olhar para si mesmo e para suas conquistas de uma perspectiva espiritual ele pôde compreender que a resposta a essa questão era irrelevante. Muito mais importante foi o que ele fez com a oportunidade que teve.

Música sugerida

"In My Father's House"

Parte Dois

FLAMING STAR — ESTRELA DE FOGO

4
Fenômeno

O senso de oportunidade do Coronel Parker era impecável. A tinta ainda secava no contrato assinado quando foi lançado o disco "I Forgot to Remember to Forget Her", com "Mystery Train" no lado B. A popularidade do disco cresceu consistentemente ao longo de vários meses, até Elvis alcançar — pela primeira vez — a primeira posição nas paradas da *Billboard*, obtendo tal distinção entre os lançamentos do gênero *country*.[1]

Elvis, então, assentava os primeiros "tijolinhos" na construção de uma carreira sólida. Porém o Coronel via que as condições financeiras muito modestas da Sun Records o prejudicavam. Uma gravadora maior, com mais recursos, poderia levar Elvis ao estrelato nacional da noite para o dia. Outras gravadoras já haviam sondado a Sun sobre a possibilidade de comprar o contrato dele, mas Sam Phillips havia resistido e recusado todas as ofertas. Parker, não obstante, insistiu para que Phillips firmasse um valor de negociação. Não desejando perder Elvis, Phillips estabeleceu o preço: 40 mil dólares — uma quantia absurdamente elevada e sem precedentes para um artista iniciante. (Mitch Miller, da Columbia, falou sobre uma oportunidade que tivera, anteriormente, de adquiri-lo por 18 mil dólares: "Ora, esqueça. Ninguém vale tanto assim".) Parker conhecia a RCA desde os tempos em que tinha trabalhado com Eddy Arnold, e exaltou o talento de Elvis para os executivos da gravadora. Ele enfatizou seu talento, sua originalidade e o efeito que causava sobre as plateias, tanto em apresentações ao vivo quanto pelo rádio. A princípio, a RCA hesitou, mas logo acabou cedendo à argumentação. Phillips sabia do que estava abrindo mão, mas não pôde resistir a uma quantia que resolveria suas dificuldades financeiras. E, assim, um contrato foi assinado no dia 21 de novembro de 1955. Pela parte que lhe cabia, Elvis recebeu um cheque de 5 mil dólares. O primeiro pensamento foi para a sua mãe, que havia trabalhado tão duramente por tanto tempo a fim de lhe garantir uma criação decente. Ele comprou para ela um Ford cor-de-rosa novo em folha — embora ela não soubesse dirigir.[2]

Onze dias antes da assinatura do contrato com a RCA, a compositora Mae Axton encontrou-se com Elvis no quarto em que ele se hospedava no Andrew Jackson Hotel, em Nashville. Ela levou a gravação *demo* de uma canção que havia composto em parceria com Tommy Durden, cuja letra tinha sido inspirada por uma notícia do diário *Miami Herald*. Um homem cometera suicídio ao saltar da janela de um hotel; a polícia encontrara um bilhete deixado por ele, com apenas uma linha: "Eu caminho por uma rua desolada" (*I walk a lonely street*). O *páthos* poético da história desse homem impressionou Mae e avivou sua criatividade. Ela imaginou que ao final de uma "rua desolada" deveria haver um "Hotel dos Corações Partidos" (*Heartbreak Hotel*).

Elvis ouviu a gravação e ficou extasiado. Ele pediu a Mae que a tocasse de novo, e de novo, memorizando a canção.

Sabendo que ele estava prestes a assinar um contrato com a RCA, Mae ofereceu-lhe um terço dos *royalties*, caso ele gravasse "Heartbreak Hotel" como o primeiro compacto lançado pela "nova casa". Ele interpretaria a canção em uma apresentação ao vivo, no dia 9 de dezembro, mas não a gravaria senão em sua primeira sessão na nova gravadora. A RCA estava arranjando para que essa sessão ocorresse por volta do vigésimo primeiro aniversário de Elvis, logo depois do início do Ano-Novo.

Elvis entrou pela primeira vez no estúdio da RCA, na Rua McGavock, em Nashville, no dia 10 de janeiro de 1956, acompanhado por Scotty Moore, Bill Black e D. J. Fontana. A fim de lhes proporcionar mais opções musicais, o produtor Steve Sholes também havia convocado o guitarrista Chet Atkins e o pianista Floyd Cramer. Todos estavam muito nervosos, exceto Elvis. Aquela era exatamente a maneira como ele imaginava que tudo aconteceria. Desde a primeira canção, "I Got a Woman", ele demonstrou perfeito domínio de si mesmo e de sua sonoridade. Chet Atkins, um veterano músico de estúdio que tocava havia mais de dez anos e costumava ser sempre relegado a fazer um "som de fundo", telefonou para a esposa e lhe disse para deixar o que estivesse fazendo e correr ao estúdio. "Disse-lhe que ela jamais veria uma coisa como aquela outra vez. Era tão incrivelmente excitante!"[3]

A canção seguinte foi "Heartbreak Hotel". Elvis tinha adorado a canção desde o momento em que Mae Axton havia tocado para ele, mas ele continuou a elaborá-la, infundindo-lhe seu próprio estilo (*"I feel sa lo-o-o-one-ly, ba-by"*). A RCA lançou "Heartbreak Hotel" em 27 de janeiro de 1956. No dia seguinte, Elvis fez sua estreia em um programa de TV de âmbito nacional – o *Stage Show*, na CBS; a primeira de quatro aparições que o Coronel havia arranjado. Ele pretendia apresentar a canção no programa, mas o diretor não gostou do que ouviu nos ensaios. Elvis foi novamente ao programa em 4 de fevereiro, mas apenas em sua terceira participação, no dia 11 de fevereiro, ele teve a chance de cantar "Heartbreak Hotel" para os Estados Unidos. Depois de três semanas, a canção figurou na lista do *Top 100* da *Billboard*, na 68ª posição. Isso impulsionou sua difusão pelo rádio, e a canção começou a ganhar maior aceitação, chegando a conquistar, finalmente, o topo das paradas no dia 3 de maio. Ela se manteria naquela posição por seis semanas e ultrapassaria a marca de 1 milhão de cópias vendidas, o que rendeu a Elvis o primeiro Disco de Ouro. No final do ano, "Heartbreak Hotel" foi reconhecido como o compacto mais vendido de 1956.

Pode parecer exagerado dizer que "Heartbreak Hotel" provocou uma "onda de choque" em todo o mundo, mas consideremos as canções que alcançaram a posição número 1 nas paradas imediatamente antes dela: "Memories are Made of This", de Dean Martin; "The Great Pretender", dos Platters; "Rock and Roll Waltz", de Kay Starr (que, de fato, era 80% valsa); e uma frívola peça instrumental de Les Baxter, intitulada "The Poor People of Paris". Com esse pano de fundo, "Heartbreak Hotel" chegou aos ouvidos do público com o mesmo impacto de um canhão disparado em uma noite calma. Os frequentadores habituais dos lugares onde se podia ouvir *rhythm and blues* a receberam com naturalidade, mas o público em geral jamais tinha ouvido uma canção ser interpretada com tamanha gravidade e assertividade. No que diz respeito à história da música popular, ela realmente provocou "ondas de choque".

Na Europa, a emissora "pirata" Radio Luxembourg transmitiu a gravação naquele verão. Um adolescente precoce de 15 anos de idade chamado John Lennon a ouviu, em Liverpool, e a canção mudou a vida dele. Tempos depois, ele diria: "Antes de Elvis, não havia nada". George Harrison era ainda mais jovem, ele tinha apenas 13 anos. Passeando de bicicleta pela vizinhança, certo dia, ele ouviu a canção no rádio de uma casa diante da qual passava. Ele parou onde estava, irresistivelmente atraído, para ouvi-la. A canção, disse ele, "alojou--se permanentemente no fundo da minha mente".[4]

Elvis tornou-se um fenômeno. Para cumprir seu contrato, ele continuou a apresentar-se no *Louisiana Hayride*, mas também passou a cruzar o país apresentando-se em cidades grandes e pequenas: Oklahoma City, Wichita Falls, Lubbock, San Antonio, San Diego, Saint Paul, La Cross, Detroit, Columbus, Oakland, Long Beach, Richmond, Miami. Em todos esses lugares, exceto um, ele deixou as plateias em transe. Somente em Las Vegas percebeu uma nota dissonante. O Coronel Parker havia agendado duas semanas de apresentações no New Frontier Hotel, em abril, incluindo-o em um show que contava com a presença do comediante Shecky Greene e da orquestra de Freddy Martin. Os fãs mais apaixonados de Elvis eram jovens demais para ser admitidos em um lugar como aquele, e as plateias mais maduras não apreciavam o tipo de música que estava agitando o país. Então, ao final de suas apresentações ele não recebeu mais do que aplausos muito discretos e bem-comportados.[5]

Porém as aparições no *Stage Show* começavam a ter efeito sobre a audiência da televisão. Os produtores do programa fizeram valer uma cláusula do contrato que tinha como opção uma quinta e uma sexta aparições. O empresário de Milton Berle — um comediante e apresentador de outro programa de televisão muito popular — assistiu a uma apresentação de Elvis e viu seu potencial. Berle lhe agendou uma apresentação em seu programa no dia 3 de abril — e, mais uma vez, no dia 5 de junho. Tornando-se cada vez mais confiante diante das câmeras, Elvis causava sensação com movimentos desinibidos. Para descrevê--los, os críticos empregavam termos como "primitivos", "vulgares" e "obscenos". Os movimentos convulsivos, os tremores e giros, na verdade, não eram assim *tão* escandalosos, mas como ocorriam durante os anos de rígido moralismo da administração Eisenhower, eles eram o que mais se assemelhava a uma ameaça às fundações da civilização ocidental.

Ed Sullivan, cujo programa de variedades que ia ao ar nas noites de domingo tinha mais audiência do que todos os outros, desprezava a falta de bom gosto de tais apresentações. Ele jurou que Presley *jamais* se apresentaria em seu programa.

Enquanto isso, as reações às aparições ao vivo de Elvis tornavam-se cada vez mais histéricas. Scotty, Bill e D. J. tinham dificuldades para ouvir Elvis, e mesmo seus próprios instrumentos, em meio à balbúrdia. Scotty comentou que "nós éramos a única banda na história a ser regida por um traseiro. Era como estar imerso em um mar de barulho".[6]

Ed Sullivan podia haver desdenhado o rapaz que provocava tumultos, mas Steve Allen, cujo programa competia "cabeça a cabeça" com o de Sullivan, agendou para Elvis uma aparição para 1º de julho. Encarando o rock'n'roll apenas como mais um modismo juvenil inconsequente, Allen pediu a Elvis que usasse um fraque com uma gravata branca ao cantar "Hound Dog" diante de um cão *basset* que usava uma gravata borboleta preta e uma cartola. A despeito disso, naquela noite a audiência do programa de Allen foi esmagadoramente superior à do programa de Sullivan.

Sullivan tinha jurado que Elvis jamais apareceria em seu programa, mas isso havia sido no "longínquo" mês anterior (junho). Em setembro, ele entraria em acordo com o Coronel, e, no dia 9 de setembro de 1956, Elvis alcançaria o ápice na televisão. Naquela noite, o *Ed Sullivan Show* entrou para a história ao obter um astronômico índice de audiência: 82,6% de todos os aparelhos de TV do país estavam sintonizados no programa. O número absoluto de telespectadores foi estimado em cerca de 60 milhões, o que significava que mais de um de cada três cidadãos dos Estados Unidos o estavam assistindo, marca ultrapassada apenas quando a Apollo 11 pousou na Lua.[7]

Elvis nem sequer teve de viajar para Nova York para a transmissão: a CBS televisionou-o remotamente de Los Angeles, onde ele estava envolvido com a produção de seu primeiro filme cinematográfico. Pouco antes da aparição no programa de Milton Berle, no dia 3 de abril, o Coronel havia-lhe arranjado um teste para atuar no cinema, com o produtor Hal Wallis. Elvis apresentou um desempenho tão consistente que Parker se sentiu à vontade para negociar um contrato que previa a participação dele em três filmes. O primeiro — um drama passado no final da Guerra de Secessão, estrelado por Richard Egan — tinha sido intitulado *The Reno Brothers* (*Os Irmãos Reno*). Porém Elvis havia se tornado um "material" tão valioso naquele verão, que o roteiro foi retrabalhado a fim de incluir algumas canções, e o título foi alterado para *Ama-me com Ternura* (*Love Me Tender*, 1956), para aproveitar a popularidade do disco.

Ao término das filmagens, Ed Sullivan levou Elvis de volta ao seu programa, no dia 28 de outubro e, mais uma vez, em 6 de janeiro de 1957, regozijando-se com os elevadíssimos índices de audiência e concluindo que, afinal, ele era "um rapaz bom e decente".

Um ano inteiro antes do Sputnik, Elvis já havia "entrado em órbita". No final de 1956 ele era responsável por cinco dos compactos mais vendidos nos Estados Unidos: "Heartbreak Hotel", "I Want You, I Need You, I Love You", "Hound Dog", "Don't Be Cruel" e "Love Me Tender". Naquele ano, ele ocupou a primeira posição nas paradas por 25 semanas, todas depois do dia 1º de maio.[8]

Ainda que tivesse apenas 21 anos de idade, Elvis dera a sorte de despontar em um momento favorável. Ele beneficiou-se da reavaliação em curso da cultura norte-americana no pós-guerra, durante os memoráveis e relativamente estáveis anos em que os filhos de pais marcados pela Grande Depressão e pela Segunda Guerra Mundial cresciam em um mundo que havia mudado. Os pais e mães contemplavam um passado no qual seus valores haviam sido consolidados em uma vida cotidiana mais simples; os dias de Calvin Coolidge e de Lucky Lindy.*
Mas, agora, os jovens amadureciam na era da televisão e dos filmes em 3D, dos mísseis de longo alcance e dos discos voadores, e, mais importante, na era atômica, com o aterrorizante espectro de uma guerra nuclear ameaçando aniquilar a humanidade. A incerteza dessa geração, bem como a natural inquietação e

---

* John Calvin Coolidge Jr. (1872-1933) foi um advogado Republicano de Vermont. Ele faria carreira política em Massachusetts, onde chegaria a ser governador do Estado. Mais tarde, ele se tornaria o 30º presidente dos Estados Unidos, tendo exercido seu mandato de 2 de agosto de 1923 a 4 de março de 1929. Charles Augustus Lindbergh (1902-1974), apelidado "Lucky Lindy" (Lindy Sortudo), foi um pioneiro da aviação americana que se tornou famoso por ter feito o primeiro voo transatlântico solitário, sem escalas, de Nova York a Paris, entre os dias 20 e 21 de maio de 1927, feito que lhe rendeu a mais alta condecoração militar do país, a Medalha de Honra. [N.T.]

rebeldia adolescente, ganhou expressão por meio de ídolos temperamentais e desajustados como Marlon Brando e James Dean. Elvis, porém, tornou-se um ídolo alternativo para a parte da psique juvenil que desejava livrar-se da depressão, esquecer-se da possibilidade de um futuro radiativo e desfrutar da vida *agora mesmo*. Suas canções permitiam aos jovens que agissem despreocupadamente, por alguns minutos, e eles o amavam por isso.

Em fevereiro de 1957, Elvis voltou a Hollywood para filmar *A Mulher que Eu Amo*. A premissa do roteiro não se distanciava muito da vida real, ao tratar de um jovem entregador cujo talento é descoberto e que se torna um astro, mas o filme não era o tipo de projeto com o qual Elvis gostaria de se envolver. Ele nutria a ambição de ser um ator sério e sonhava ocupar o lugar deixado vago por James Dean, que havia morrido em um acidente automobilístico em setembro de 1955. Elvis costumava dizer que Dean era seu ator favorito e que se encantara com a representação dele em *Juventude Transviada*, a ponto de memorizar grandes trechos dos diálogos. Quando foi a Hollywood, ele procurou pelo diretor do filme, Nicholas Ray, a quem impressionou com uma representação improvisada, recitando as falas de James Dean com absoluta fidelidade.[9]

Com o dinheiro que o sucesso lhe rendera, Elvis comprou uma casa em Memphis, onde moraria em companhia de Gladys e Vernon. Porém os fãs mais ardorosos logo descobriram o endereço e passaram a assolar a residência e toda a vizinhança. Então ele deu 100 mil dólares aos pais e lhes pediu que encontrassem um lugar melhor para viver. Eles encontraram uma mansão com 18 dormitórios, em uma propriedade de 5,3 hectares, em Whitehaven, um subúrbio a 13 quilômetros ao sul do centro de Memphis e a apenas 7 quilômetros ao norte da divisa com o Estado do Mississippi. O antigo proprietário, um editor, tinha batizado a propriedade como Graceland, em homenagem à sua filha. Elvis adquiriu a propriedade no dia 19 de março de 1957.[10]

Ele continuou a comandar as paradas de sucesso em 1957 e a agitar o mundo do entretenimento. Lançou quatro compactos que alcançaram a posição número 1: "Too Much", "All Shook Up", "(Let Me Be Your) Teddy Bear" e "Jailhouse Rock", e, além de *A Mulher que Eu Amo*, filmou *Prisioneiro do Rock* (*Jailhouse Rock*, 1957). Nesse último filme, ele interpretava um ex-presidiário que chega ao estrelato como cantor e proporcionava uma visão bastante perspicaz

— ainda que à maneira de Hollywood — das maquinações que acontecem nas indústrias da música e do cinema.

Elvis despertava paixões tremendas nas mulheres, e praticamente desde o início de sua carreira ele pôde usufruir das benesses de ser um símbolo sexual. No entanto, no outono de 1955, Dixie Locke decidiu que não esperaria mais pelo Elvis mudado e raramente disponível que ele havia se tornado, e ambos romperam o relacionamento. Por essa mesma época, ele conheceu uma estudante de Biloxi que estava para graduar-se no ensino médio, chamada June Juanico, e, por algum tempo, em meados de 1956, os dois chegaram a cogitar a possibilidade de um casamento. Em julho de 1957, George Klein apresentou Elvis a Anita Wood, de 19 anos de idade, vencedora de um concurso de beleza e apresentadora de um programa de televisão de Memphis dirigido aos adolescentes. Ela seria sua garota favorita por anos, embora ele continuasse "livre e desimpedido".[11]

Quanto aos outros aspectos de sua vida, Elvis continuava a ser uma pessoa muito espiritualizada. Embora a incrível popularidade significasse não poder mais frequentar uma igreja sem interrupção dos cultos, suas convicções religiosas jamais esmoreceram. Os críticos que viam no rock'n'roll um sintoma de decadência espiritual devem ter notado uma "pista" deixada por Elvis em sua terceira aparição no *The Ed Sullivan Show*, no dia 6 de janeiro (a última aparição na TV até o retorno do período em que serviria ao Exército). Com o acompanhamento vocal do grupo *The Jordanaires*, ele cantou a canção *gospel* "Peace in the Valley".

Em setembro de 1957, ele entrou em estúdio para gravar um álbum a ser lançado no Natal. A opção mais óbvia seria capitalizar seu sucesso, gravando quaisquer canções populares, mas, de maneira significativa, ele dedicou todo um lado do LP a canções religiosas. Duas delas eram melodias natalinas tradicionais — "O Little Town of Bethlehem" e "Silent Night" —, e outras quatro eram canções autenticamente *gospel*, entoadas com muito sentimento: "Peace in the Valley", "I Believe", "It Is No Secret (What God Can Do)" e "Take My Hand, Precious Lord". A afirmação simples e direta de sua fé ressoou entre os integrantes religiosos das plateias. Mais de meio século depois, o *Elvis' Christmas Album* permanece um dos discos natalinos mais vendidos de todos os tempos.

Elvis recebeu muitos adoráveis presentes de Natal naquele ano, mas também um "presente" indesejado, enviado por um tio muito reservado, mas também muito influente. No dia 20 de dezembro, Elvis recebeu a notificação de alistamento militar do "Tio Sam".

Com a idade ideal para o alistamento, ele foi convocado depois de ser submetido a um exame físico, em janeiro, quatro dias antes de seu vigésimo segundo aniversário. Ele já havia recebido e submetido para aprovação um questionário de alistamento no início de outubro, mas agora a convocação era oficial, e ele deveria se apresentar em janeiro de 1958. O Coronel Parker requereu uma prorrogação: Elvis estava preparado para atuar em seu quarto filme, *Balada Sangrenta* (*King Creole*, 1958), e o estúdio já tinha investido milhares de dólares. Todo o planejamento já fora feito, e compromissos haviam sido assumidos. A junta de alistamento concordou em conceder-lhe mais 60 dias.[12]

O papel desempenhado em *Balada Sangrenta* era o favorito de Elvis e, certamente, seu melhor. Baseado em um romance de Harold Robbins, o filme tinha sido considerado, anos antes, um "veículo" para James Dean. O desempenho exigiu verdadeira habilidade de representação da parte de Elvis, no papel principal. O filme contava com um roteiro e um elenco consistentes e era dirigido por Michael Curtiz, diretor indicado cinco vezes ao *Oscar* e que havia recebido a premiação pelo filme *Casablanca*. Curtiz soube trabalhar com as deficiências do jovem ator. Elvis, ocasionalmente, manifestava uma gagueira que Curtiz decidiu manter em alguns diálogos, pois tal "falha" pareceria natural no contexto de certas cenas.

Elvis "mergulhou de cabeça" no papel, saboreando a tênue conexão com James Dean e esperando entregar-se a uma carreira cinematográfica ao término dos dois anos de seu compromisso com o Exército. Ele sabia que música popular tinha vida curta e, por mais felizes que tivessem sido os tempos em que esteve no topo, Elvis tinha a preocupação de sua carreira de astro *pop* estar chegando ao fim. A RCA tomara a precaução de gravar algumas novas canções que pudessem ser lançadas, parcimoniosamente, ao longo dos meses seguintes, mas com a concorrência de Buddy Holly, dos Everly Brothers, de Jerry Lee Lewis, de Chuck Berry e de Little Richard e com um fluxo constante de "caras novas", garantias não poderiam ser dadas.

Temendo que tudo pelo que ele havia trabalhado pudesse, agora, estar se acabando, Elvis saboreou o momento tão plenamente quanto pôde. Tempos depois, ele admitiria que nas últimas semanas antes de iniciar o serviço militar teria mantido relações sexuais com tantas mulheres quanto lhe foi possível. Posteriormente, ele ponderaria mais filosoficamente seu frenesi carnal, compreendendo que precisara passar por aquela experiência para perceber sua carência de profundidade, que a luxúria pode facilmente ser levada longe demais e que as relações sexuais isentas de amor e afeição são vazias. A despeito da reputação como um "deus do sexo", muitas mulheres que passaram por sua vida surpreenderam-se ao descobrir que uma visita ao seu quarto — ou mesmo a companhia dele na cama, por uma noite — não implicava, necessariamente, manter relações sexuais.[13]

5
Patriota

Duas semanas depois de haver concluído os trabalhos no estúdio de filmagem de *King Creole*, Elvis dirigiu-se ao escritório da junta de alistamento militar, na Rua South Main, em Memphis, na manhã do dia 24 de março de 1958. Após três dias de orientações recebidas no Forte Chaffee, no Arkansas, ele foi designado para o Forte Hood, no Texas, para 22 semanas de treinamento especializado. O ônibus fretado Greyhound, no qual ele viajava, foi seguido ao longo de mais de 300 quilômetros por um comboio de fãs. Embora Elvis desejasse ser tratado como qualquer outro soldado, o Coronel Parker procurava gerar toda a publicidade possível sobre qualquer movimento que ele fizesse e providenciava para que a mídia desse ampla cobertura. Assim, Elvis era constantemente cercado por repórteres e fãs aonde quer que fosse.[1]

Depois de chegar ao Forte Hood, tão logo quanto pôde, Elvis providenciou para que sua mãe, seu pai e sua avó fossem residir nas vizinhanças. Gladys vinha sofrendo de cálculos biliares, mas recusava-se a receber tratamento e passara a abusar de pílulas na tentativa de perder peso. Por isso, ao chegar, ela parecia muito cansada e deprimida. Ela nunca mais se sentiu contente depois que o crescente sucesso de Elvis o levou a ausentar-se de casa, cada vez com maior frequência. O amor que nutria por ele era tão intenso que a distância lhe causava verdadeiro sofrimento. Raramente se passava um dia em que ele não lhe telefonasse e, quando ele não fazia isso, ela não conseguia sequer conciliar o sono. No intuito de amenizar a "dor no coração" por não tê-lo ao seu lado, ela começou a beber.²

A princípio, Gladys e Vernon foram morar em um pátio de estacionamento de *trailers*, próximo ao Forte Hood, e, mais tarde, transferiram-se para uma casa. Quando Elvis recebeu permissão para morar com eles, o desgosto de Gladys foi um tanto minimizado. Contudo, seu sofrimento tornou-se mais agudo quando ela soube que ele havia sido escalado para prestar serviço na Alemanha por 18 meses.

A carnificina dos anos 1940 ainda estava muito vívida na mente de todo mundo: milhões de mortos, outros milhões de mutilados pelo resto da vida, campos de extermínio, fome, doenças... E agora os comunistas pareciam dispostos a voltar aos campos de batalha, determinados a intimidar e dominar as democracias ocidentais enquanto estas ainda eram frágeis. Após o término da guerra, a Alemanha tinha sido dividida em quatro zonas de ocupação. As três primeiras foram controladas pelos Estados Unidos, a França e a Grã-Bretanha, e a quarta, pela União Soviética. Em 1949, as áreas controladas pelas potências ocidentais foram unificadas politicamente em um país denominado República Federal da Alemanha, enquanto o distrito sob domínio soviético passava a ser chamado de República Democrática Alemã. Na linguagem cotidiana, o primeiro país era conhecido simplesmente como Alemanha Ocidental, e o segundo, como Alemanha Oriental. Por causa das tensões sempre crescentes da Guerra Fria, ambas as Alemanhas constituíam-se de zonas altamente militarizadas e permaneciam em constante estado de preparação para batalhas. A Terceira Divisão Blindada do Exército dos Estados Unidos permanecia pronta para mobilizar seu armamento pesado e fazer frente a qualquer possível tentativa de invasão do Leste, mas poderia ser vulnerável a um primeiro ataque maciço. Então Elvis, que tinha recebido treinamento para pilotar tanques, foi enviado ao centro dessa situação espinhosa.

Isso foi demais para Gladys, que em seu frágil estado de saúde contraiu hepatite. A doença não foi diagnosticada senão até que ela fosse levada de volta a Memphis e examinada por um médico conhecido da família.³

A princípio, ela pareceu melhorar. Porém, certo dia, Elvis recebeu um telefonema que dava conta da crise: ela havia piorado severamente. Ele requereu uma licença emergencial e, ignorando a promessa que fizera a ela de evitar aviões, embarcou em um voo que o levaria diretamente a Memphis, tão rápido quanto possível. Ele chegou à cidade no fim da tarde do dia 12 de agosto. Trinta e seis horas depois, na manhã do dia 14 de agosto de 1958, Gladys sucumbiria a uma falência cardíaca, aos 46 anos de idade.

Elvis ficou arrasado, traumatizado, inconsolável. Os laços que os uniam eram extraordinariamente fortes e, mesmo quando ele já era um adulto, os dois chamavam-se por nomes usados apenas em família quando ele ainda era um bebê. Lamar Fike, amigo de Elvis, apanhou a mãe de Vernon para levá-la ao hospital e, lá, quando a porta do elevador se abriu no andar onde estava o corpo de Gladys, Fike pôde ouvir irromper lamentos primais. "Eu jamais ouvira prantos e lamentos como aqueles em toda a minha vida. Era inacreditável. Eles estavam uivando, quase como lobos. Aquilo me fez tremer de medo."[4]

O Exército concedeu a Elvis cinco dias adicionais de licença, e seus amigos tentaram distraí-lo, levando-o aos velhos lugares que costumavam frequentar, mas foi tudo em vão. Ele estava completamente paralisado pelo luto, quase a ponto de sofrer um colapso mental. A principal referência de sua vida havia partido. O sucesso, agora, lhe parecia vazio, pois a maior alegria estava em poder deleitar sua mãe dando-lhe coisas que ela jamais pudera ter.

Ele também era assolado pela culpa, pois sabia que, mesmo antes da convocação pelo Exército, as ausências motivadas pela carreira causaram grande sofrimento à mãe e contribuíram decisivamente para a deterioração da saúde dela.[5]

Ele retornou ao Forte Hood como uma pessoa mudada.

O grupo ao qual ele fora integrado começou a ser realocado para a Alemanha no final de setembro. Milhares de fãs compareceram para apoiá-lo quando ele embarcou no *USS General Randall*, no Brooklyn, e, no dia 22 de setembro de 1958, o navio partiu para a Europa. Elvis desembarcou no porto de Bremerhaven no dia 1º de outubro. Com uma mochila militar de lona dependurada no ombro direito, ele desceu pela prancha do navio cercado por uma multidão de centenas de fãs e repórteres. A aglomeração de pessoas fez com que a polícia tivesse de bloquear duas linhas ferroviárias atravessando patrulhas sobre os trilhos. Elvis abriu caminho por entre as pessoas e embarcou em um trem militar, no qual, sobre um dos vagões, alguém pintara as palavras "Bem-vindo à Alemanha, Elvis Presley". Então ele iniciou a viagem de 320 quilômetros até Friedberg, o novo posto para o qual havia sido designado. Ele juntou-se à Companhia D do Primeiro Batalhão da Terceira Divisão Blindada, Seção 32. Ao apresentar-se, ele esperava pilotar um tanque, mas, em poucos dias, seria redesignado para pilotar um jipe.[6]

A experiência com a rotina da vida na caserna durou poucos dias. Para fazer-lhe companhia, ele levara o pai à Europa, além da avó Minnie Mae e de dois amigos de Memphis, Red West e Lamar Fike. Logo ele receberia permissão para residir em companhia deles, em Bad Nauheim, uma cidadezinha a cerca de 5 quilômetros ao norte da base onde servia. Por alguns dias, ele hospedou-se no Hilbert Parks Hotel, antes de transferir-se para o Hotel Grünewald, na Terrassenstrasse.

Elvis ainda tentava recuperar-se psicológica e espiritualmente da perda da mãe, ocorrida sessenta dias antes. Ele mantinha uma Bíblia sobre o criado-mudo ao lado da cama e a lia com regularidade. Contudo, a angústia abriu-lhe a mente para novas possibilidades, e outro livro em cujas páginas ele encontrou conforto foi um que recebera de presente de Jane Juanico, em julho de 1956: *O Profeta*, de Khalil Gibran. O exemplar, com muitos trechos sublinhados e anotações feitas às margens das páginas, ainda existe e está em um museu dedicado a Elvis Presley na cidade alemã de Düsseldorf.[7]

Gibran publicou esse livro em 1923, após refinar-lhe o texto por cinco anos. Sua prosa enlevada e lírica faz eco ao estilo bíblico e concentra-se em Al-Mustafá, o "buscador de silêncios" e Profeta de Deus.

Quando um navio com homens vindos de seu país se aproxima, Al-Mustafá se dá conta de que, após uma ausência de doze anos, finalmente poderá retornar à sua ilha natal. Antes da partida, porém, as pessoas de Orphalese — que muito prezavam sua grande sabedoria — pedem-lhe para que discorra sobre várias questões da vida, a fim de poder transmitir suas opiniões às futuras gerações. Todos começam a indagá-lo sobre amor, trabalho, religião, morte e outros aspectos da existência humana, e ele responde com aconselhamentos tão esclarecedores quanto poéticos.

E não pense que você possa dirigir o curso do amor, pois o amor, se achar que você é digno, dirigirá seu curso.

Quando trabalha, você é como uma flauta, por meio de cujo coração o sopro das horas transforma-se em **música**.

A vida cotidiana é o seu templo e **a sua religião**.

E o que é cessar de respirar senão libertar a respiração de seus ciclos incessantes, de modo que ela possa expandir-se e **buscar o Deus revelado**?[8]

Na linguagem sublime e no intento inspirador do livro, Elvis pôde encontrar algum consolo após o estresse causado pela morte de Gladys. O *Profeta* se tornaria um de seus livros favoritos, ao qual ele recorreria constantemente ao longo da vida, e com exemplares do qual ele gostava de presentear os amigos.

Otto Schmidt, o proprietário do Hotel Grünewald, lembrava-se do jovem americano como uma pessoa de mente aberta em relação aos assuntos espirituais, como ele mesmo o era. Ele se recordaria de manter longas conversas sobre reencarnação com Elvis.

Contudo, a estadia de Elvis no hotel calmo e silencioso não se estenderia por muito tempo. Os hóspedes alemães de Schmidt incomodavam-se com a música que, tarde da noite, vinha do quarto ocupado pelo astro americano do rock'n'roll, bem como com a algazarra juvenil promovida por seus amigos do Tennessee. Em dezembro, foi solicitado ao soldado Presley e sua "companhia" que eles procurassem outras acomodações.

Elvis solicitou a Red e Lamar que batessem em algumas portas da vizinhança de Bad Nauheim à procura de uma casa que lhes servisse. Eles tiveram sucesso com Frau Pieper, a proprietária de uma habitação de três andares e quatro dormitórios, isolada das residências próximas, situada no nº 14 da Goethestrasse. Para Elvis, ela estipulou um aluguel mensal de pouco mais de mil marcos alemães (cerca de 800 dólares), desde que pudesse continuar a residir no mesmo endereço, em um dormitório no sótão, enquanto ele e seus acompanhantes ocupariam toda a parte inferior.[9]

Embora Elvis jamais tenha sido "apenas mais um soldado", sua vida logo se acomodou a certa rotina. Quando não estava em manobras, ele voltava para casa às 18h, jantava com os outros e, então, tocava algumas músicas na guitarra ou em um piano alugado, ou colocava discos para tocar no fonógrafo. Nos finais de semana, ele jogava futebol americano com colegas soldados ou com seus vizinhos alemães, caso não fosse ao cinema ou assistir a alguma apresentação musical. Passada a excitação inicial, os habitantes de Bad Nauheim souberam respeitar seu direito à privacidade. Porém, quanto mais tempo ele passava em um mesmo lugar, mais fãs descobriam onde o encontrar, e alguns viajavam até lá vindos de outras partes da Alemanha ou mesmo de lugares tão distantes quanto a Inglaterra a fim de localizá-lo e obter seu autógrafo, ou mesmo somente para vê-lo a distância. A fim de escapar do assédio, ele passou a sair de casa por uma porta nos fundos da residência e, saltando sobre uma cerca, ir ao encontro de Lamar Fike, que o esperava em seu carro, estacionado longe dali. Não demorou muito para que os fãs descobrissem sua "rota de fuga", e ele teve de traçar uma nova, saltando sobre várias cercas e atravessando o quintal de muitos vizinhos para chegar até o carro que o aguardava. Para tentar conter o incessante fluxo de fãs que tocavam a campainha na porta da frente, ele providenciou um cartaz informando que autógrafos seriam concedidos somente das 19h30 às 20h30.[10]

Certa vez, quando estava em manobras, Elvis mostrou-se preocupado em relação à sua capacidade de permanecer alerta em um turno de vigilância, e um sargento o apresentou às anfetaminas. Tal "descoberta" teria consequências muito duradouras. Elvis, que não bebia álcool e raramente fumava — mesmo assim, limitando-se a cigarrilhas muito suaves, cuja fumaça ele inalava apenas ocasionalmente —, não viu nada de potencialmente danoso na Dexedrina, por se tratar de um medicamento desenvolvido e produzido por laboratórios farmacêuticos legítimos e receitado por médicos. Ele tornou-se um entusiasta da droga, com fervor quase evangélico, instando outras pessoas de seu círculo mais imediato para que também a tomassem, a fim de obterem mais energia e se beneficiarem do efeito colateral proporcionado, a perda de peso. Ele teria feito um arranjo na intendência para ser abastecido com um suprimento constante de pílulas. Após seu retorno aos Estados Unidos, ele continuaria a tomar Dexedrina regularmente, no intuito de perder peso e ficar em forma para desempenhar papéis no cinema e conseguir levar seu frenético estilo de vida.[11]

Também por meio do Exército Elvis foi apresentado ao karatê, que, à época — quase uma década antes de Bruce Lee popularizar as artes marciais na América —, era uma disciplina exótica e praticamente desconhecida. O karatê atraiu a atenção de Elvis graças a uma confrontação arrepiante ocorrida em Memphis, um ano antes. Elvis e George Klein passeavam de carro pela Main Street, à procura de garotas que quisessem ser convidadas para uma festa. Elvis parou o carro para George saltar e se aproximar de outro veículo que seguia um pouco atrás, cheio de garotas. Mas, por acaso, Elvis estacionara bem diante da entrada de um clube recreativo exclusivo para militares em serviço ativo e, quando George voltou, encontrou-o cercado por cinco *marines*. Um deles acusava Elvis de "bancar o engraçadinho" com a esposa dele. Klein tentou argumentar que Elvis estivera fora da cidade, filmando A *Mulher que Eu Amo*, mas o *marine* não se mostrou interessado em explicações. Klein resignou-se a levar uma surra de todo o grupo, mas então Elvis sacou uma pistola de dentro da jaqueta. Quando ele encostou a arma na cabeça do *marine* que o acusava, o sujeito passou, repentinamente, a desculpar-se sinceramente por sua atitude. Elvis e Klein saltaram para dentro do carro e afastaram-se dali. Quando estavam a uma distância segura, Elvis mostrou a pistola a Klein: um simulacro usado no estúdio de filmagem, que disparava somente tiros de festim.[12]

Em consequência desse incidente e de encontros similares com maridos e namorados ciumentos, Elvis passou a levar o karatê extremamente a sério. Ele estudou sob a orientação de Jürgen Seydel, conhecido como o "Pai do Karatê Alemão". Seydel possuía sua própria academia em Bad Homburg, mas ia à casa de Frau Pieper três ou quatro noites por semana para ministrar aulas particulares a Elvis, às vezes na sala de estar, outras na garagem, sobre um grande tapete. Ele dizia que Elvis era um de seus discípulos mais talentosos e arranjou para que ele fosse apresentado ao mestre Murakami Tetsuji, quando, em licença, Elvis visitou Paris, em janeiro de 1960. Após o término do serviço militar na Alemanha, Elvis continuou a treinar nos Estados Unidos, onde conquistou a faixa preta de primeiro grau naquele mesmo ano.[13]

Como fazia com Otto Schmidt, Elvis falava sobre parapsicologia e assuntos similares com Seydel, em conversas que, frequentemente, estendiam-se até a meia-noite. Sua visão da espiritualidade, baseada na Bíblia, expandia-se de maneira evidente.[14]

Ter seu pai, Vernon, por perto, dava-lhe alguma estabilidade na vida privada, mas isso tinha um preço. Vernon também sentia falta de Gladys, porém buscava consolo de outras maneiras, as quais Elvis achava constrangedoras.

Davada "Dee" Stanley, uma mulher casada, com três filhos, aproximara-se primeiro de Elvis, quando ele se hospedou no Hotel Grünewald. "Conterrânea" nativa do Tennessee, ela o convidou a ir à sua casa, para um jantar caseiro típico. Precavido em relação às verdadeiras intenções dela, ele sugeriu que, em vez disso, ela viesse ao hotel para jantar e, então, enviou o pai em seu lugar. Vernon achou Dee uma pessoa muito agradável e atraente e, sem deixar-se deter pelo estado civil dela, sugeriu que ambos voltassem a se encontrar. Ela aceitou o convite e, acompanhada do marido, Bill, encontrou-se com Vernon algumas vezes, para alguns drinques. Pouco tempo depois, o casamento dela com Bill se desfez e, quando Vernon a convidou a se hospedar na casa dos Presley em Bad Nauheim, ela enviou os três filhos de volta para os Estados Unidos. Em vez de confrontar seu pai, ou afastar-se dele, Elvis tolerou a situação, embora o incomodasse saber que Vernon se envolvera com outra mulher tão pouco tempo depois da morte da mãe.[15]

Então Elvis conheceu Priscilla Beaulieu. O pai dela era um oficial da Força Aérea designado para servir em Wiesbaden no verão de 1959. Em 1956, quando ainda viviam em Austin, no Texas, Paul Beaulieu chegou atrasado para o jantar, certa noite, e surpreendeu a filha Priscilla com um presente. Ele explicou que tivera de ficar em uma longa fila para comprá-lo: o primeiro álbum de um novo cantor que parecia ser a grande sensação do momento. Seu nome era Elvis Presley.[16]

Embora tivesse apenas 14 anos, Priscilla era muito bonita e parecia mais madura do que sua idade real. Uma vez um amigo de Elvis aproximou-se dela e lhe perguntou se ela gostaria de conhecer o astro. No dia 13 de setembro de 1959, depois de o pai de Priscilla se convencer de que aquele seria um encontro inocente, ao qual ela compareceria acompanhada, o amigo de Elvis e sua esposa levaram Priscilla até a casa dele, em Bad Nauheim.

Elvis cumprimentou-a calorosamente e mostrou-se surpreso ao saber que ela era tão jovem. Ele passou as horas seguintes tocando canções ao piano e conversando sobre amenidades. Ele queria saber qual era a opinião da juventude americana sobre Fabian, Ricky Nelson e outros ídolos adolescentes que haviam "tomado o seu lugar", desde que ele fora servir o Exército. Algumas noites depois, ele a convidou para visitá-lo novamente. Dessa vez, a conversa se deu no andar de cima, no dormitório dele, pois ele queria conversar mais à vontade com Priscilla. Ela se preocupou com o que ele pudesse ter em mente, mas, durante todo o tempo, ele mostrou-se um perfeito cavalheiro, desejando apenas conversar com ela. No quarto encontro entre os dois, o pai de Priscilla insistiu que ele e a mãe dela precisavam conhecer Elvis. Então, Elvis dirigiu até a casa da família, levando consigo o próprio pai. Elvis impressionou positivamente o Capitão Beaulieu com atitude respeitosa para com os mais velhos, dirigindo-se ou referindo-se a estes sempre por "senhor". Tendo convencido os Beaulieu de suas intenções honradas e se comprometido a levar Priscilla de volta para casa, de carro, após cada encontro, os pais concordaram em permitir que ele continuasse a ver a filha.[17]

Embora tenha se encontrado regularmente com Priscilla pelo restante da permanência na Alemanha, Elvis também saía com outras mulheres. Vera Tschechowa, que vivia em Munique, era a mais conhecida. Uma atriz de cabelos muito negros e 18 anos de idade, eleita como a *"pinup* número um" da Alemanha, Vera era neta de Olga Tschechowa, uma das atrizes favoritas de Adolf Hitler e Joseph Goebbels. Revelações sobre a namorada mais recente de Elvis sempre foram um grande atrativo para os tabloides e revistas sobre cinema, e, pouco antes de sua partida da Alemanha, repórteres descobriram o relacionamento com Priscilla. Sua fascinação por ela era algo potencialmente explosivo, uma vez que menos de dois anos antes o casamento de Jerry Lee Lewis com sua prima de 13 anos de idade suscitou um escândalo que quase destruiu a carreira do pianista e cantor para sempre.[18]

Os companheiros de farda atestaram o desejo de Presley de ser visto como um soldado capacitado e comum, a despeito da fama, e enfatizaram sua natureza generosa. Ele doava integralmente o soldo recebido do Exército a instituições de caridade, comprara vários aparelhos de televisão para a base e fardamentos sobressalentes para todos os integrantes de seu grupo que fossem designados a realizar alguma tarefa não militar fora dos limites do quartel. Todavia, ele não era exatamente como os outros soldados. A apenas seis semanas de sua desmobilização do serviço na Alemanha, sua divisão foi enviada para realizar manobras em campo aberto. Era um janeiro congelante e, no dia seguinte à sua partida, uma nevasca abateu-se sobre a divisão. Abruptamente, ele desenvolveu uma amigdalite aguda e foi levado às pressas do campo para um hospital em Frankfurt. Imediatamente, Priscilla viajou para visitá-lo no hospital. Ele esperou até que a enfermeira deixasse o quarto, acendeu um palito de fósforo e posicionou-o sob o termômetro que lhe havia sido colocado. Quando retornou, a enfermeira comentou — com um sorriso de cumplicidade — que, com aquela temperatura, provavelmente ele teria de passar uma semana inteira no hospital.[19]

Ao aproximar-se o término do serviço militar, Elvis estava feliz por haver cumprido sua obrigação para com seu país como um soldado comum. Ele se orgulhava das três promoções recebidas: de soldado de primeira classe, em 27 de novembro de 1958; de especialista de quarta classe (posto equivalente ao de cabo), em 1º de junho de 1959; e de sargento, no dia 20 de janeiro de 1960. Como o Coronel Parker previra, haver cumprido de bom grado seu dever para com a Pátria desarmara os críticos que afirmavam estar ele subvertendo o modo de vida americano. Ao "pagar suas dívidas", ele se tornara uma parte aceitável do *establishment*; e, agora, estava livre para voltar e retomar a carreira.[20]

Às 17h do dia 2 de março de 1960, um Elvis Presley elegantemente fardado embarcou para os Estados Unidos, em um avião que decolou da Base Aérea Rhein-Main, em Frankfurt.

Cinco meses depois, um bando de garotos de Liverpool, vestindo roupas surradas, desembarcava em Hamburgo com pouco dinheiro e ainda menos experiência, mas transbordantes de sonhos.

6
Astro

Elvis reingressou na vida civil no dia 5 de março de 1960. Pouco depois ele entrou em um estúdio para gravar o primeiro álbum posterior ao serviço militar, *Elvis is Back!* No final de março, ele interrompeu as sessões de gravação para fazer uma aparição no programa de televisão *The Frank Sinatra Timex Special*, que seria transmitido no dia 12 de maio seguinte. Então, em meados de abril, ele embarcou em um trem para Hollywood, para filmar *Saudades de um Pracinha* (G. I. Blues, 1960).

Como muitos jovens atores no final dos anos 1950 e início dos anos 1960, Elvis sonhava tornar-se o novo James Dean. Dean experimentara sua própria ascensão meteórica à fama ao chegar a Hollywood, em 1954, para estrelar *Vidas Amargas* (*East of Eden*, 1955). (Elvis certamente deve ter achado interessante que o personagem de Dean no filme, Cal Trask, tivesse um irmão gêmeo chamado Aron.) Porém seria o segundo papel importante representado por Dean que faria dele um ícone: Jim Stark, em *Juventude Transviada*. Os adolescentes estabeleciam imediatamente uma conexão empática com o personagem perturbado e desorientado, e com o próprio Dean. No dia 30 de setembro de 1955 — a menos de um mês do lançamento do filme — ele morreria em um acidente automobilístico em uma autoestrada da Califórnia. Assim, as plateias assistiram ao desempenho do belo e intenso ator na tela sabendo de algo que ele mesmo jamais poderia ter sabido: que estava a um passo de ser excluído da vida antes de poder desfrutar de seu sucesso. Ao final daquele ano, ele já havia sido transformado em uma lenda.

De um momento para outro, produtores lançaram-se em busca de um novo James Dean. Três de seus atores coadjuvantes em *Juventude Transviada* — Sal Mineo, Dennis Hopper e Nick Adams — esperavam "herdar o manto" e seguiram suas carreiras interpretando papéis de jovens desajustados. (Adams chegou a estrelar um seriado de televisão intitulado *The Rebel*.) Os papéis que Dean estava escalado para interpretar — o de Rocky Graziano em *Marcado pela Sarjeta* (*Somebody Up There Likes Me*, 1956) e o de Billy the Kid em *Um de Nós Morrerá* (*Left-Handed Gun*, 1958) — foram repassados a outro jovem ator, igualmente belo e intenso, chamado Paul Newman. O papel escrito para uma atuação de Dean que acabou sendo arrebatado por Elvis, em *Balada Sangrenta*, foi ajustado para retratar o personagem Danny Fisher como um cantor de clubes noturnos, em vez de um boxeador que lutava por dinheiro, como havia sido originalmente concebido.

Embora não muito entusiasmado com *G. I. Blues*, Elvis aceitou interpretar o papel de Tulsa McLean para agradar aos fãs e porque fazer isso encerraria um capítulo de sua vida e lhe reabriria uma porta em Hollywood. Porém, para a atuação seguinte, ele escolheu o filme *Estrela de Fogo* (*Flaming Star*, 1960), um *western* dramático lançado no Natal de 1960. Ele interpreta o papel de Pacer Burton, um jovem e conflituoso indígena Kiowa, que cresce em meio à cultura do homem branco. A fim de capitalizar a fama de Presley, quatro canções foram compostas para serem incluídas no filme, mas Elvis insistiu para que duas delas fossem eliminadas (e uma das outras duas restantes é tocada apenas durante a sequência dos créditos iniciais). Ele pretendia que o foco da atenção dos espectadores se concentrasse em sua atuação. Porém, infelizmente os fãs de Elvis o acharam menos atraente como um ator sério do que como cantor, e o filme foi um fracasso de bilheteria.[1]

Após o término das filmagens de *Estrela de Fogo*, em outubro, ele dedicou-se a um projeto que havia muito acalentava no coração. Ele começara a cantar aos 2 anos de idade, motivado pelo coro de uma igreja. Quando adolescente, ele se candidatara a integrante de um quarteto *gospel*. E, quando já era um astro consagrado, costumava "aquecer-se" cantando hinos religiosos nos bastidores, antes das apresentações de rock'n'roll. Além disso, ele gostava de dizer que conhecia quase todas as canções religiosas compostas. Em seu quinto disco, ele afastou-se completamente do rock'n'roll e gravou um álbum inteiro apenas com canções *gospel*.²

Ele deu ao álbum o título de *His Hand in Mine*, o mesmo da faixa de abertura, com a qual pretendia fazer seu próprio testemunho musical:

I will never walk alone, he holds my hand
He will guide each step I take
And if I fall, I know he'll understand

("Eu jamais caminharei sozinho, ele segura a minha mão
Ele me guiará a cada passo que eu der
E, se eu cair, sei que Ele compreenderá")

Ele incluiu outras canções no disco graças ao significado especial das letras:

I'm gonna tell my mother howdy
Howdy when I get home

("Vou dizer à minha mãe 'como vai?'
'Como vai?', quando eu chegar em casa")

Outras, ainda, foram incluídas por seus ritmos enaltecedores: "I'm Gonna Walk Dem Golden Stairs", "Joshua Fit the Battle" e "Working on the Building".

Todo o trabalho foi um ato de amor. Uma das canções gravadas, "Crying in the Chapel", acabou sendo considerada uma faixa tão "forte" que foi poupada para ser lançada como um compacto. Quando o compacto finalmente saiu, por ocasião da Páscoa de 1965, tornou-se uma de suas canções mais vendidas da década de 1960.

Em novembro, ele voltou a Hollywood para filmar *Coração Rebelde* (*Wild in the Country*, 1961). O filme é um drama literário, que conta com um roteiro do aclamado dramaturgo Clifford Odets. Nele, Elvis interpretou um jovem e desajustado escritor iniciante e apresentou um desempenho bastante crível ao contracenar com atores profissionais experientes como Hope Lange e John Ireland.

Uma das atrizes coadjuvantes, Millie Perkins, dedicou-se a observar Elvis mais atentamente e ficou impressionada com a espiritualidade que ele infundira a *His Hand in Mine*; e com sua humildade genuína e o "refinamento de seu coração e sua alma". Embora desapontado com alguns diálogos e com a direção do filme, ele não se utilizou do considerável poder que detinha por ser o astro principal para exigir mudanças ou conduzir eventos, e permaneceu sendo cortês, solícito e "uma pessoa tão boa quanto eu jamais conheci".[3]

Por insistência do Coronel, preocupado com as vendas do disco com a trilha sonora, quatro canções foram inseridas no roteiro. Mesmo assim a bilheteria do filme foi decepcionante, e Parker utilizou essa resposta modesta como argumento para convencer Elvis de que se ele não desse aos fãs o que desejavam, não demoraria a perdê-los.[4]

Em seguida, o Coronel negociou para que fosse rodado um filme ambientado no Havaí, em que ele vislumbrara a oportunidade de praticar um gesto de "boa vontade" enquanto todos estivessem lá. Por anos, várias instituições e partidos políticos clamaram pela construção de um memorial nacional em Pearl Harbor, mas ninguém tivera iniciativa suficiente para iniciar uma campanha que levantasse os fundos necessários. Elvis fez um show em Honolulu, no dia 26 de março de 1961, doando toda a receita ao projeto. A apresentação trouxe 62 mil dólares para os cofres da campanha, e a publicidade resultante impulsionou novos esforços e atraiu a atenção do país para que novos recursos fossem arrecadados. Assim, o memorial em Pearl Harbor pôde ser inaugurado em 1962.[5]

Depois do concerto, Elvis entrou no estúdio de filmagem para iniciar os trabalhos em *Feitiço Havaiano* (*Blue Hawaii*, 1961). Esse seria seu filme de maior sucesso, rendendo mais de 10 milhões de dólares, com um orçamento de apenas 2 milhões. O álbum com a trilha sonora do filme vendeu mais de 5 milhões de cópias. Baseado no sucesso de *Feitiço Havaiano*, Parker começou a assinar contratos com os quais outros atores podiam apenas sonhar. Uma condição constante de todos eles previa que os filmes teriam de ser otimistas e que Elvis deveria cantar durante a história, a fim de alavancar as vendas dos álbuns com as trilhas sonoras. Elvis, portanto, teve de adiar o sonho de se tornar um ator sério.[6]

Ainda que ele tenha gostado de Feitiço Havaiano, o sucesso do filme o fez mergulhar mais e mais profundamente em um redemoinho de comercialismo. Em 1962, ele estrelaria em Em Cada Sonho um Amor (Follow that Dream), Talhado para Campeão (Kid Galahad) e Garotas e Mais Garotas (Girls! Girls! Girls!). Em 1963, ele repetiria a dose em Loiras, Morenas e Ruivas (It Happened at the World's Fair) e O Seresteiro de Acapulco (Fun in Acapulco); e, no início do ano seguinte, em Com Caipira não se Brinca (Kissin' Cousins). A fórmula dos filmes — um rapaz, garotas, música e diversão — não exigia grandes esforços, mas rendia lucros imensos. Porém, depois de quase dez anos de uma bem-sucedida carreira cinematográfica, Elvis via a si mesmo não como o novo James Dean, mas sim como um novo Bing Crosby.

Ele caiu em um padrão rotineiro: permanecia em Hollywood apenas pelo tempo necessário às filmagens e, então, voltava o mais rapidamente possível a Memphis, a fim de refugiar-se em Graceland, até que um novo projeto fosse iniciado. Como não gostava de voar, ele costumava fazer essas longas viagens de trem. Porém, logo ficou aborrecido com isso e contratou os serviços de George Barris, o "ás" da personalização de automóveis, para que remodelasse um *motor home* Dodge 1962 de acordo com suas necessidades. Ele adorava dirigir ele mesmo o veículo, parando apenas ocasionalmente para que um dos membros da comitiva assumisse o volante por algum tempo.[7]

Kissin' Cousins foi um dos filmes que mais o deixaram constrangido. Rodado com um orçamento de apenas 800 mil dólares, as filmagens foram concluídas em meros quinze dias de trabalho. Elvis interpretava dois papéis, sendo um deles o de um caipira loiro do Tennessee. Ele se sentia tão ridículo ao usar uma farsesca peruca loira que nem sequer saía do *trailer* que lhe servia como camarim durante os intervalos das filmagens. No momento em que o filme foi concluído, ele pegou a estrada para Memphis. As últimas tomadas foram filmadas em uma locação a leste de Los Angeles, às margens do lago Big Bear, em uma região montanhosa. Mal havia começado a descer as íngremes e sinuosas ladeiras em seu Dodge, ele sentiu que os freios do veículo falharam. O grande *motor home* começou a ganhar aceleração, ladeira abaixo, e ele acionou a buzina freneticamente no intuito de alertar o carro que ia à sua frente, levando vários técnicos, cinegrafistas e equipamentos cinematográficos, e começou a reduzir as marchas furiosamente. Finalmente, depois de alguns minutos de uma experiência arrepiante, ele conseguiu parar o veículo.[8]

A fórmula dos filmes funcionava tão bem como uma "máquina de fazer dinheiro" que o Coronel passou a assinar contratos cada vez mais inacreditáveis: contratos que fizeram de Elvis o astro cinematográfico mais bem pago do mundo. A partir da filmagem de *Amor a Toda Velocidade* (*Viva Las Vegas*), em 1963, ele recebia 1 milhão de dólares por filme, além de uma garantia de 50% dos lucros. E ainda havia o benefício adicional de encontros íntimos com as mais belas mulheres do *show business*. Uma delas foi Ann-Margret, com quem ele coestrelou em *Amor a Toda Velocidade*. Nascida em Estocolmo, ela se mudara com a família para os Estados Unidos quando ainda era criança. Tendo-se destacado como cantora e bailarina, ela foi descoberta por George Burns, em Las Vegas. O romance que Elvis mantém com ela no filme estendeu-se para além dos estúdios de filmagem. Tímida e reservada quando não estava atuando, ela foi uma das poucas atrizes com quem ele iniciou um relacionamento sério ("Nós éramos almas gêmeas", escreveu ela em sua autobiografia; "tímidos por fora, mas irrefreáveis por dentro"). Os dois chegaram a conversar sobre casamento, mas Ann-Margret estava muito focada na carreira para abrir mão dela como preço por assumir o relacionamento. Quando, algumas semanas após a conclusão das filmagens de *Amor a Toda Velocidade*, a mídia noticiou que ela e Elvis estariam noivos, ele pôs fim ao romance.[9]

Elvis possuía uma visão antiquada do casamento. A mulher ideal desistiria de tudo por ele e permaneceria em casa. Para ele, a única mulher que parecia "encaixar-se" nesse molde era Priscilla Beaulieu. Ele a deixara na Alemanha, mas sem jamais perder o contato com ela, telefonando-lhe regularmente e reafirmando que o relacionamento que mantinham era especial e que sobreviveria a distância. Contudo, ele não a viu pessoalmente de março de 1960 até junho de 1962, quando persuadiu os Beaulieu a permitirem que ela viesse visitá-lo em Los Angeles. A fim de obter a aprovação deles, Elvis teve de assegurar-lhes que ela teria uma acompanhante em tempo integral. Na verdade, depois de haver passado uma noite na mansão dele em Bel Air, o casal viajou de carro até Las Vegas, hospedou-se no Sahara Hotel, assistiu a shows e jogou em cassinos. Os dois até mesmo partilharam da mesma cama, mas Elvis recusou-se a manter relações sexuais com Priscilla, embora ela desejasse.[10]

No Natal daquele ano, Elvis pediu aos Beaulieu que deixassem Priscilla vir a Graceland para passar as festas de fim de ano. Ele assegurou ao pai da moça que ela seria permanentemente acompanhada e passaria as noites na vizinhança, na casa em que viviam Vernon, Dee e os três filhos dela. (Ao retornar da Alemanha, Vernon casara-se com Dee, no dia 3 de julho de 1960, pretendendo levá-la para viver em sua companhia em Graceland, no mesmo quarto que ocupara com Gladys. Elvis não apenas deixou de comparecer à cerimônia de casamento, mas também se recusou a permitir que o casal residisse em Graceland, comprando-lhe uma nova casa.) Elvis conseguiu que as coisas fossem feitas à sua maneira, e Priscilla passou o Ano-Novo com ele.[11]

Priscilla finalmente se mudou para Memphis na primavera de 1963, quando estava para completar 18 anos de idade. Elvis persuadira os Beaulieu ao argumentar que Priscilla, assim, poderia manter-se em contato com suas raízes americanas e que ele, pessoalmente, arranjaria para que ela concluísse sua educação formal na escola da Igreja da Imaculada Conceição, em Memphis. Mais uma vez, ela moraria com Vernon e sua nova família — o que ela realmente fez por algum tempo. Todavia, ela jamais se sentira à vontade na casa de Vernon e, por isso, ela se transferia para a casa de Elvis quando ele estava em Memphis, e voltava a viver com Vernon e Dee quando Elvis retornava à Costa Oeste para trabalhar em uma nova filmagem.[12]

À medida que sua vida se acomodava, cada vez mais, à rotina de Graceland, Priscilla foi testemunha de hábitos que acabariam por minar a saúde de Elvis. Ainda na Alemanha, ela já ficara assombrada ao ver a avó cozinhar para ele os lanches que gostava de consumir como jantar: cinco enormes sanduíches com muitas fatias de *bacon* frito, regadas por uma farta quantidade de mostarda. Ela também conhecera a predileção dele por sanduíches de manteiga de amendoim com fatias de banana fritas na manteiga. Agora ela o via acordar todas as tardes para tomar o "café da manhã": suco de laranja, café, batatas fritas, uma avantajada omelete espanhola e quase um quilo de *bacon* frito.

Ela também testemunhou a grande quantidade de drogas receitadas que ele tomava todas as noites: Placidyl, Seconal, Quaalude e Tuinal, para afastar o temor à insônia, e o uso cotidiano de Dexedrina para ter energia e manter o peso relativamente baixo. Ele havia se tornado um farmacologista amador, mantendo — ao lado de uma Bíblia — um exemplar de um guia médico de referência no criado-mudo, que ele consultava para conhecer detalhes relativos a dosagens, interações medicamentosas e efeitos colaterais dessas drogas.[13]

Desde que começara a fazer com que os fãs dessem vazão a sentimentos muito fortes, Elvis tornara-se um priosioneiro da própria fama. Mais do que *uma* celebridade, ele era *a* celebridade de seu tempo. Frank Sinatra, Elizabeth Taylor, Marilyn Monroe ou John Wayne podiam causar alvoroço quando apareciam em público, mas nenhum deles era capaz de desencadear grandes agitações e tumultos. E nenhum deles contava — permanentemente — com multidões de fãs que acampavam diante de suas casas, nutrindo apenas a esperança de vê-los por um breve instante. Somente os Beatles, quando vieram a tornar-se assim, souberam compreender o isolamento em que ele vivia.

Com planejamento e alguns cuidados, Elvis às vezes se aventurava a sair, dirigindo pelas ruas de Hollywood ou de Memphis. Ele tinha um velho caminhão com os vidros escuros em Graceland e, ocasionalmente, com um boné de navegação preto e óculos de sol, arriscava uma escapada. Mas ele raramente saía sozinho, exceto a altas horas da madrugada. Quase sempre ele levava consigo algum membro da sua comitiva para que se interpusesse e o ajudasse a fugir, caso a situação ficasse fora de controle.

Para fazer-lhe companhia, ele recorria, com frequência, aos integrantes de seu círculo mais próximo: homens que eram, ao mesmo tempo, amigos, assistentes, guarda-costas, auxiliares técnicos e o que quer que ele viesse a precisar. Coletivamente, eles eram conhecidos por um apelido que receberam em novembro de 1962, durante visita a Las Vegas. Elvis queria assistir ao show de Johnnie Ray, no Hacienda Hotel, e, quando uma fila de limusines negras estacionou diante da porta de entrada e doze homens saltaram delas, todos vestindo ternos pretos e usando óculos escuros, um transeunte admirado perguntou, em voz alta, se eles pertenciam à máfia. Ao lado do homem, por acaso, encontrava-se um repórter da imprensa escrita, que respondeu: "Sim. Eles são da Máfia de Memphis".[14]

Elvis fez-se rodear pelos membros de sua "máfia" de várias maneiras ao longo dos anos. Billy e Gene Smith eram seus primos; Red e Sonny West, além de Jerry Schilling, eram amigos de infância; Marty Lacker fora seu colega na Humes High; Charlie Hodge e Joe Esposito haviam sido camaradas dele no Exército; Lamar Fike era um fã do Tennessee que fora agraciado com sua integração ao grupo; e Alan Fortas fora apresentado a Elvis por outro seu amigo de infância, George Klein. O "quadro de pessoal" mudou várias vezes: pessoas foram adicionadas, pessoas foram subtraídas, e algumas que haviam abandonado a equipe a ela retornaram. Mas sempre houve uma "turma" de dez ou mais amigos chegados com os quais Elvis podia contar se quisesse companhia ou para que algumas coisas fossem feitas. Embora o número variasse, ele jocosamente referia-se a eles como "os Doze".[15]

A Máfia de Memphis ajudou-o a preencher o tempo quando ele abandonou as apresentações ao vivo para fazer filmes e sua vida tornou-se cada vez mais insular. Ele disputava partidas improvisadas de futebol americano com eles, praticava karatê, jogava bilhar, travava duelos com pistolas de água, organizava corridas de *kart* no terreno atrás da mansão de Graceland e armava verdadeiras batalhas com fogos de artifício no feriado do Dia da Independência. Uma vez, Jerry Schilling chegou pilotando uma nova motocicleta Triumph que acabara de adquirir. Elvis, então, comprou motocicletas Triumph para todos os outros e, tarde da noite, eles saíam fazendo rugir os motores pelo entorno de Los Angeles, subindo até a costa pela autoestrada Pacific Coast, com Elvis na dianteira do grupo, exatamente como Marlon Brando no filme O *Selvagem* (*The Wild One*, 1953). A imprensa, fazendo um trocadilho com o nome de uma famosa agremiação de motociclistas, não tardou a apelidá-los de "El's Angels".[16]

Em Memphis, impossibilitado de sair em público sem ser esmagado por uma multidão, ele alugava inteiramente as instalações do Parque de Diversões Fairgrounds, da meia-noite até a aurora, para uso exclusivo dele e de seus acompanhantes. Às vezes ele fazia a mesma coisa com o rinque de patinação Rainbow, onde os integrantes da sua máfia jogavam uma versão própria de *Roller Derby*.[17]

Ele também alugava cinemas fora do horário normal de funcionamento. Os funcionários do estabelecimento, então, retornavam aos postos de trabalho para abrir o balcão de guloseimas e operar o projetor. Elvis chegava por volta da meia-noite, acompanhado por seu grupo de amigos, e sentava-se no centro da sala de exibição, com Priscilla à sua esquerda, Joe Esposito à direita e todos os outros nos assentos imediatamente atrás dele. Fãs que eventualmente descobrissem seu paradeiro, após ouvir algum comentário furtivo que se espalhasse, apinhavam-se no lado de fora do cinema, na esperança de poder vê-lo por um instante, ao sair dali. Às vezes, ele os convidava a entrar também — desde que se comprometessem a sentar-se nas fileiras do fundo da sala e a respeitar a privacidade dele. Todos assistiam aos filmes que o Rei quisesse assistir. Caso o filme não lhe atraísse a atenção, a um sinal dele a projeção seria interrompida. Ele mandou parar o filme *Festa no Gelo* (*Ski Party*, 1965), com Frankie Avalon, depois de apenas dez minutos de projeção. No extremo oposto, se ele desejasse ver algo novamente, todos eram obrigados a aturar a reexibição do filme. Certa vez, ele assistiu a *Dr. Fantástico* (*Dr. Strangelove*, filme dirigido por Stanley Kubrick, 1964) três vezes seguidas e, depois, pediu para que o rolo final fosse projetado outras seis vezes.[18]

Em casa, ele promovia as próprias "aulas" de estudos bíblicos, postando-se sobre uma mesa e proferindo trechos das Escrituras como um "Moisés dos Últimos Dias", mostrando-se tão familirizado com os textos quanto a maior parte dos clérigos. Dependendo da disposição, ele podia colocar discos para tocar na *jukebox* ou assistir à televisão, frequentemente com o volume quase totalmente abaixado. Ele costumava sentir-se desconfortável em ambientes muito silenciosos. Parte da rotina, quando ele ocupava um novo quarto de hotel, previa que os acompanhantes caminhassem pelo ambiente ligando todos os aparelhos de televisão disponíveis. "Eles me fazem companhia", explicava ele. "Quando estão ligados, sinto como se houvesse pessoas ao meu redor."[19]

Ele pode ter levado uma vida insular, mas sob todos os aspectos materiais sua vida era boa. Elvis ganhava mais dinheiro do que podia gastar, e sua carga de trabalho anual consistia de quatro ou cinco meses de memorização de diálogos e representação diante de câmeras cinematográficas, intercaladas por algumas semanas de frequência a um estúdio de gravação para cantar diante de um microfone. No restante do tempo, ele era livre para fazer o que bem quisesse. Além disso, por fazer essas coisas, ele era uma das personalidades mais adoradas por todo o planeta. Ele era O Rei.

Porém, como costuma acontecer às pessoas que repentinamente se veem alçadas ao topo do mundo, Elvis achou que sua existência não era completa ali.

A sucessão de filmes frívolos, que lhe proporcionavam a maior parte dos rendimentos, acabou por corroer impiedosamente a imagem que ele fazia de si mesmo. Ele tinha um desejo profundo de conquistar coisas e, embora pudesse racionalizar que proporcionar a outras pessoas 90 minutos de fuga da realidade banal de suas vidas era uma forma digna de gastar o próprio tempo, ele também sabia muito bem que isso não passava de uma simples racionalização. Não importando quanto o mundo material pudesse reverenciá-lo e recompensá-lo, ele sempre manteve uma profunda ligação com Deus. Teria o Senhor das Hostes estendido a mão na direção das multidões e escolhido Elvis — entre todos os outros — e lhe concedido fama e influência sem precedentes apenas para que ele estrelasse filmes fúteis em Hollywood?

Assim, ele não sabia mais o que fazer. Ele se sentia à deriva em meio ao "mar de sargaços" do sucesso, incerto quanto ao rumo em que deveria remar.

Foi então que ele leu uma entrevista concedida a um jornal por Hal Wallis, o produtor de vários dos filmes que estrelara, incluindo *Garotas e Mais Garotas* e o seu mais recente, *Carrossel de Emoções* (*Roustabout*, 1964). Em um momento de sinceridade, Wallis deixara escapar a verdade. Ao mencionar seu envolvimento com a produção do filme britânico *Becket* — um drama instigante, estrelado por Richard Burton, Peter O'Toole e John Gielgud —, ele sentenciou: "Para poder fazer filmes artísticos, é preciso fazer os filmes comercialmente bem-sucedidos de Presley". Rapidamente ele acrescentou — embora já fosse tarde demais: "Isso não significa que um filme de Presley não possa ter suas qualidades também".

O comentário fortuito de um homem a quem Elvis respeitava o atingiu até mesmo em nível físico. Wallis anunciara ao mundo que Elvis era apenas a "máquina de fazer dinheiro" que possibilitava a outros atores, sérios, fazerem trabalhos significativos. Segundo Red West, membro da Máfia de Memphis, aquela insignificância, dita de maneira não intencional, fez com que Elvis caísse em um profundo e ensimesmado silêncio por vários dias. Priscilla notou que, nesse período, além dos medicamentos habituais, ele passou a tomar antidepressivos.[20]

Contudo, apesar de encalhado em um "mar de sargaços", sentindo-se insatisfeito e ardendo com um intenso anseio espiritual, ele estava para receber uma "corda de salvação"... Uma "corda de salvação" que lhe seria atirada de uma direção muito inesperada.

Músicas sugeridas

"Peace in the Valley"
"I Believe"
"His Hand in Mine"
"Working on the Building"

Parte Três

MANY MANSIONS — MUITAS MORADAS

7
Despertar

Em abril de 1964, o cabeleireiro particular de Elvis decidiu abandonar o emprego no intuito de abrir um salão próprio em Hollywood. Para substituí-lo, o homem recomendou um cabeleireiro que conhecia, e Elvis pediu a um dos integrantes de seu pessoal para falar com ele. No dia 30 de abril, Larry Geller encontrava-se em seu posto de trabalho, no salão de cabeleireiros de Jay Sebring, em Los Angeles, cortando os cabelos do cantor Johnny Rivers, quando recebeu um telefonema de Alan Fortas perguntando-lhe se ele poderia ir à casa de Elvis, às quatro horas da tarde.[1]

Geller exultou com a oportunidade. Ele abriu caminho pela multidão de fãs que mantinham vigília permanente diante dos portões da casa do Rei e entrou. Foi apresentado ao ídolo e já terminava sua sessão de trabalho quando Elvis assumiu uma expressão séria. Ele ouvira de seu cabeleireiro anterior que Geller era uma pessoa que lera muito sobre assuntos espirituais e místicos. Elvis desejava saber mais. Geller, prudentemente, passou a falar sobre a própria busca espiritual e suas vastas leituras e experiências com meditação, tai-chi e yoga. Elvis encorajou-o: "Eu realmente preciso ouvir isso. Você não faz ideia do que isso significa para mim".[2]

Geller ficou mais à vontade para falar e admitiu que, anos antes, sentira-se compelido a encontrar o propósito da própria vida. Elvis fez eco às palavras dele, dizendo-lhe que experimentava o mesmo tipo de questionamento intenso em relação à sua vida e ao sucesso – sentimento que o atormentava em segredo, especialmente à noite. Geller ficou desconcertado ao ver que lágrimas rolavam pelo rosto de Elvis. "Juro por Deus: ninguém sabe quão solitário eu me tornei. E quão vazio eu realmente me sinto."[3]

Esses não eram pensamentos que o Rei pudesse compartilhar habitualmente com seu "séquito". Certa vez, ele se encontrava em um píer no porto de Biloxi com sua namorada, Jane Juanico. Juntos eles contemplavam o céu noturno. Ele a induziu a relaxar e, então, a imaginar-se flutuando pelo espaço entre a Lua e as estrelas. Se ela conseguisse ficar suficientemente relaxada, disse ele, poderia mesmo chegar lá, próxima dos astros. Intrigada, ela perguntou há quanto tempo ele vinha fazendo aquilo. "Desde que eu era um garotinho. Mas há muito tempo aprendi a não falar sobre isso. As pessoas acham que você é maluco se falar de coisas sobre as quais elas não entendem."[4]

Com Geller, porém, as coisas eram diferentes. Ali estava, finalmente, um espírito semelhante. Com ele, Elvis podia compartilhar a convicção de que havia mais em uma existência espiritual do que a mensagem de "fogo do inferno e danação eterna" que ele ouvira enquanto crescia. Ele podia compartilhar a crença secreta de que havia algum significado por trás de tudo o que acontecia — e de que não existia algo como "simples coincidência".

Elvis deixou-se envolver mais e mais pela conversa que ambos mantinham. Depois de três horas, membros da equipe foram bater à porta do banheiro a fim de perguntar se ele estava bem. Ele lhes assegurou de que tudo estava bem e continuou a conversar com Geller por mais uma hora.[5]

Geller lera centenas de livros sobre assuntos espirituais, mas concentrou-se particularmente em um deles: *A Vida Impessoal*, de Joseph Benner. Elvis ficou fascinado, e Geller disse que lhe levaria um exemplar da próxima vez. Naquela noite, ele deixou a casa como o mais novo membro do "séquito" de Elvis.

Em sua segunda visita, como prometera, Geller levou consigo um exemplar de *A Vida Impessoal*, mas, além desse, também levou exemplares de *Autobiografia de um Iogue*, *A Iniciação do Mundo* e *Além dos Himalaias*. Elvis mergulhou no novo material e começou a ler vorazmente. Quanto mais discutiam sobre esses assuntos, Geller lembrava-se de mais livros que havia lido, os quais Elvis pediu para que também lhe fossem levados.[6]

Por anos, Elvis se desapontava cada vez mais com a vacuidade do estilo de vida que levava. Ele possuía um forte instinto religioso e lia a Bíblia regularmente, e sempre sentira, intimamente, que Deus tinha um motivo para havê-lo escolhido entre os outros, destinando-o à grandiosidade. Mas qual seria esse motivo? Fazer filmes desprovidos de profundidade? Viver permanentemente isolado da vida no mundo exterior? Satisfazer todos os seus caprichos e gastar quanto dinheiro quisesse? Agora, com o surgimento de Larry Geller em sua vida, ele sentia que dera um passo no caminho certo. Ele sentia que começava a florescer espiritualmente.

Como a outros homens fabulosamente bem-sucedidos e com mentes inquietas (John Lennon e George Harrison, para citar apenas dois), a fama e a fortuna pareceram-lhe vazias uma vez que Elvis as conquistou. Sem mais "alturas" para alcançar, a verdadeira satisfação provinha somente do fato de ter um propósito. Em *A Vida Impessoal*, Elvis leu: "Quando tiver encontrado O Reino, você também encontrará o seu lugar Nele, percebendo [...] que seu trabalho lhe foi designado desde o princípio, e que tudo o que aconteceu antes não foi mais do que uma preparação e uma adequação da sua personalidade humana para esse trabalho".[7]

Ao ler essas palavras, Elvis deve ter reconhecido que a fascinação pela música afro-americana, a evolução como um não conformista, a habilidade para remodelar a música que ouvia, a autocriação em cena e até mesmo os traços de sua personalidade, que se evidenciavam nas boas maneiras e no respeito por seus pais, apenas o preparavam para vir a ser ELVIS, a entidade capaz de comover milhões de ouvintes, do modo como ninguém jamais fizera.

A Vida Impessoal tornou-se seu livro favorito. Ele adquiriu uma centena de exemplares e distribuiu-os aos amigos, quase sempre com alguns trechos sublinhados. Quando esses exemplares se esgotaram, ele adquiriu mais. Como esse livro o tocou tão profundamente, vale a pena explorá-lo em busca das "pistas" acerca da maneira de pensar de Elvis em meados da década de 1960.

Joseph Benner escreveu *A Vida Impessoal* depois de assumir um compromisso pessoal com Deus e oferecer-se humildemente a si mesmo como um canal de comunicação. O livro foi publicado — anonimamente — em maio de 1917, e grande parte de sua força deriva da abordagem narrativa. O "autor anônimo" dirige-se ao leitor não da perspectiva das palavras impressas nas páginas, mas como se fosse a voz da consciência mais íntima do próprio leitor; o "EU SOU" que reside não apenas por trás da personalidade que ele (ou ela) projeta para o mundo, mas que, pelo âmago do ego, assume o verdadeiro ser. Essa entidade chamada EU SOU – a voz que emana das profundezas interiores – incita o leitor de *A Vida Impessoal* a despertar e a deixar de aceitar o mundo somente por sua aparência exterior.[8]

A voz interior se esforça para despertar no leitor uma espécie de entendimento de que Deus permeia tudo o que há no universo: *todas as coisas*, animadas e inanimadas. Como fragmentos egocêntricos de consciência, nós contemplamos esse vasto quadro de moléculas como se fosse algo dissociado de nós mesmos. Segundo a entidade EU SOU, nossas vidas são preenchidas pelo autoengano e por lutas constantes enquanto tentamos manter essa ficção. Na verdade, nós não somos indivíduos, mas sim células no corpo de Deus, e deveríamos aprender, ao fazermos uma analogia com as células dos nossos próprios corpos, que não há outro propósito senão o de fazer o trabalho que é designado a elas. Em outras palavras, se trabalharmos para o bem comum, em harmonia com o objetivo estabelecido por Deus, nós estaremos cumprindo o nosso propósito. Se tentarmos conduzir as coisas em nosso próprio rumo, expressando-nos como indivíduos, seremos como células aberrantes em um corpo humano, responsáveis pelo sofrimento e pelas doenças do todo.

No livro, a entidade EU SOU afirma que apenas *aparentemente* se origina do interior do leitor. Na verdade, como Deus, ela está em todos os lugares, falando a tudo e a todos no universo ao mesmo tempo, orquestrando cada momento. Em vez de ser um indivíduo, o leitor é, de fato, um fragmento da divindade: uma pequena parte dirigida pela divindade.

Imagine Elvis lendo a seguinte passagem: "Eu posso expressar por seu intermédio belas sinfonias de sons, cores ou idiomas, que irão manifestar-se como música, artes visuais ou poesia [...], que, assim, afetarão aos outros e os farão aclamar você como um dos grandes nomes do seu tempo". A entidade prossegue advertindo que toda aclamação recebida será vazia, a menos que utilizemos nossos dons para elevarmos os espectadores e permitamos que o poder de Deus flua, por meio de nós, para o coração deles. Desde o princípio de sua ascensão explosiva para a fama e o sucesso em 1956, o rapaz simples de Tupelo questionara por que a "coroa" havia sido conferida a *ele* em meio a toda gente, mas também desde o princípio ele sentira que deveria usar seu poder para elevar as pessoas.[9]

O enfoque de A *Vida Impessoal* é gnóstico e visa despertar o indivíduo para um *insight* de que nenhum mediador (ou seja, nenhum "mestre" ou "pastor") é necessário, uma vez que a divindade e a sabedoria encontram-se em seu interior. Tudo o que qualquer pessoa tem a fazer é olhar para dentro de si mesma a fim de obter respostas às suas perguntas. Afinal, todas as pessoas são unas com Deus, fragmentos da divindade. A entidade EU SOU afirma que Jesus foi o primeiro indivíduo escolhido para despertar e expressar a grande verdade, mas que ele não era o único a possuir a capacidade de despertar. Ao descobrir a Consciência de Cristo dentro de si, qualquer pessoa pode juntar-se à Grande Fraternidade do Espírito. "Pois Cristo reside em todos os homens, e EU SOU seu único e verdadeiro ser."[10]

A questão é ir além do ponto de vista pessoal. A pessoa desperta aprende a viver uma vida *impessoal* e descobre o amor *impessoal*: um amor dissociado de quaisquer interesses humanos e pessoais. A pessoa iluminada sente um amor *altruísta*: uma necessidade de eliminar o sofrimento, curar as mazelas e levar felicidade aos outros, sem motivações ulteriores.

Imagine Elvis, entusiasmado com o que lia, deparando-se com a seguinte afirmação: "Onde quer que você se encontre quando se der o despertar, o que quer que você venha treinando [...] ali estará, talvez, a sua melhor oportunidade para servir, pois ali você já saberá a melhor maneira de agir e conhecerá o caminho para chegar". E imagine-o, há muito convencido de ter sido escolhido por Deus, lendo acerca da recompensa que existe em voltar-se para dentro de si mesmo no intuito de encontrar a sabedoria: "Se você, honesta e sinceramente, fizer isso, descobrirá que eu o elegi Sumo Sacerdote de uma religião, cuja glória e grandiosidade estarão para todas as outras [...] como a luz do Sol para o luzir da estrela mais distante".[11]

Uma vez comprometendo-se a viver uma vida impessoal, "seu caminho, *então*, será uma incessante sucessão de bênçãos. Aonde quer que vá, Minha

Luz brilhará e Meu Amor se irradiará a partir de você, criando Paz, Concórdia, Unidade".[12]

A imersão na metafísica foi, gradualmente, modificando Elvis. Ele tornou-se mais circunspecto, mais maduro. Sua própria transformação refreou as atividades costumeiras da Máfia de Memphis, pondo fim ao comportamento ginasiano pelo qual os membros ganharam notoriedade nos estúdios de filmagem: brincadeiras físicas, batalhas com creme de barbear, lançamento de bombinhas e fogos de artifício etc.[13]

Ele sempre fora generoso, mas agora se esforçava para agir da mesma maneira, embora de modo *impessoal*: altruisticamente, tentando não visar motivações ulteriores. Ele dera como presente automóveis, motocicletas, joias e mesmo objetos pessoais apenas porque achara que tais coisas pudessem trazer felicidade a alguém. Cada passo que dava em seu novo caminho de descoberta espiritual o energizava ainda mais. Ele sentia que entrava em uma nova fase de sua vida, e que algum segredo estava prestes a lhe ser revelado. Sentindo a necessidade de sobrepujar as tentações mundanas e purificar-se, física e espiritualmente, ele passou a meditar todos os dias, ordenando que um jardim de meditação fosse construído nos terrenos de Graceland. No ponto central desse jardim havia uma estátua de Jesus: um presente que demonstrava a sensibilidade dos integrantes de seu círculo mais restrito. Ele decidiu que precisava ser sexualmente mais reservado, e sentia-se culpado por ter desejos carnais. Ele sentia que, se pudesse dominar os desejos materialistas, poderia avançar para um estágio de desenvolvimento mais elevado.[14]

Naturalmente, ele não estava sozinho nas ousadas explorações espirituais. Em meados da década de 1960, um verdadeiro "terremoto de juventude" abalava a sociedade, em si mesmo um subproduto do número desproporcional de adolescentes que amadureciam para a idade adulta, frutos do *baby boom* do final da década de 1940. Estimulada pelos "descontentes culturais" dos anos 1950 – Brando, Dean, Kerouac, Ginsberg, os *beatniks* etc. –, a rebeldia natural desse grupo etário foi potencializada. Sob a ameaçadora sombra de uma guerra nuclear que poderia aniquilar a civilização a qualquer minuto, eles se encheram de coragem para questionar os antigos padrões e valores e saíram em busca de novas respostas aos seus anseios espirituais. Somada a isso, a melhoria das comunicações globais — por meio de satélites como o Telstar, por exemplo — gerava uma consciência planetária. Nos anos 1960, o espírito da época era marcado pelo que parecia ser a aurora de uma nova era. Muitos astrólogos caracterizaram esse período como o início da Era de Aquário. Quanto mais as pessoas discutiam e especulavam, mais claramente esse acontecimento entrava em foco.

Livros que, no passado, haviam sido relegados às prateleiras de livrarias especializadas em "ocultismo", repentinamente se tornaram mais amplamente conhecidos. Elvis soube da existência deles por meio de Larry Geller. Ao longo dos anos seguintes ele leria mais de mil livros sobre assuntos metafísicos. Basta um simples exame de alguns dos títulos para termos uma ideia do que interessava a Elvis e da profundidade de sua busca espiritual. Ele leu *Ísis sem Véu* e *A Doutrina Secreta*, de Helena Blavatsky; *Encontros com Homens Notáveis*, de George Gurdjieff; e *O Quarto Caminho*, de P. D. Ouspensky. Ele leu *O Livro de Urantia*; *O Cristo Místico*, de Manly Palmer Hall; *Os Ensinamentos Secretos de Todas as Eras* e *Os Chakras*, de C. W. Leadbeater; e *You Are the World*, de Jiddu Krishnamurti. E ainda: *Pyramidology: The Science of the Divine Message of the Great Pyramid*, de Adam Rutherford; *The Holy Kabbalah*, de A. E. Waite; e *Sidarta*, de Hermann Hesse.

Como dedicado estudante da Bíblia por toda a vida, ele ficou fascinado por livros que lhe proporcionavam novas visões sobre as Escrituras. Ele leu *A Sabedoria Oculta na Bíblia Sagrada*, de Geoffrey Hodson; *O Evangelho Aquariano de Jesus, o Cristo*, de Lévi; e *Old Testament Wisdom*, de Manly Palmer Hall. E também apreciou muito os livros que ampliaram sua visão do Cristianismo, como *The Gospel According to Thomas* e *The Lost Books of the Bible and the Forgotten Books of Eden*, de Rutherford H. Platt.

Com o passar do tempo, ele continuou a pedir a Geller mais e mais indicações de livros, os quais ele gostava de manter sempre à mão. Para onde quer que ele viajasse, a Máfia de Memphis tinha de encarregar-se do transporte de uma biblioteca particular de duzentos volumes.[15]

8
Revelação

Embora espiritualmente tivesse ganho um novo alento, Elvis ainda tinha de encarar a deprimente realidade de sua carreira cinematográfica. O Coronel Parker, aparentemente não demonstrando interesse na satisfação criativa e artística de seu cliente, continuava a concentrar-se no aspecto financeiro dos contratos que firmava para os filmes. No final de 1964, Elvis apresentou-se nos estúdios da MGM para iniciar as filmagens de outro "abacaxi" descerebrado, intitulado *Louco por Garotas* (*Girl Happy*, 1965).

Em um episódio que evocava a lembrança da entrevista de Hal Wallis, George Klein recordou-se como, certo dia, enquanto a Máfia de Memphis saía do Rolls-Royce de Elvis no pátio do estúdio, ouviu uma voz chamando a todos: "Olá, rapazes! Olá, Elvis! Como vão vocês?".

Eles olharam para uma janela no segundo andar de um edifício, na qual se debruçava o ator Steve McQueen. Todos retribuíram a saudação, exceto Elvis, que se limitou a fazer um meneio com a cabeça. Enquanto Elvis ia rumo ao camarim — o mais prestigioso de todo o estúdio, o mesmo que fora utilizado pelo antigo "rei", Clark Gable —, um dos homens da equipe perguntou a McQueen se eles poderiam ir ao seu encontro. McQueen fez um gesto para subirem, e eles passaram a hora seguinte conversando, enquanto o ator se exercitava no ginásio esportivo que havia no segundo andar. Ele estava se preparando para o papel que interpretaria no filme *The Cincinnati Kid* (*A Mesa do Diabo*), e, quando os homens já faziam menção de sair, disse que era um grande fã de Elvis e que gostaria de encontrar-se pessoalmente com ele. Os homens concordaram em comunicar-lhe, sabendo bem que Elvis também era um admirador do trabalho de McQueen. Em companhia dele, todos haviam assistido a várias sessões de projeção do filme *Fugindo do Inferno* (*The Great Escape*, 1963).

Quando saíam pela porta da frente do edifício, os homens avistaram Elvis caminhando de volta para o Rolls-Royce, vindo do camarim, lendo um livro. Eles o interceptaram e lhe falaram sobre o pedido de McQueen. Para desapontamento geral, Elvis nem sequer olhou para cima quando eles passaram novamente sob a janela a caminho do carro, continuando a leitura. Dois dos homens encolheram os ombros sob o olhar de McQueen, constrangidos pela rudeza não característica demonstrada por Elvis — especialmente para com alguém que eles sabiam ser admirado por ele.

Essa frieza com McQueen repetiu-se em outras ocasiões, sempre que ele e Elvis estavam nas dependências do estúdio ao mesmo tempo. Klein finalmente pôde deduzir o motivo. Elvis ainda sentia-se magoado com Ann-Margret, que viera vê-lo no estúdio de filmagem de *Louco por Garotas*. Ela coestrelaria em *A Mesa do Diabo* (*The Cincinnati Kid*, 1965) ao lado de McQueen, protagonizando inclusive algumas cenas "de cama" com ele. Tão incômodo quanto isso, *A Mesa do Diabo* era exatamente o tipo de filme que Elvis ansiava por fazer. O elenco contava com alguns nomes "pesos-pesados", como Edward G. Robinson, Karl Malden e Rip Torn; o filme tinha um enredo de temática adulta e um roteiro brilhante, de autoria de Terry Southern e Ring Lardner Jr. Para piorar as coisas, Elvis desejara ardentemente o papel principal em *Errando pelo Caminho* (*Baby, the Rain Must Fall*, 1965); e com esse e outros filmes, como *O Inferno é para os Heróis* (*Hell is for Heroes*, 1962) e *Fugindo do Inferno*, McQueen estava construindo exatamente o tipo de carreira cinematográfica que Elvis almejava construir para si mesmo. Quando via McQueen, ele via o ator que ansiava ser, e deve ter-lhe ferido o fundo da alma a consciência de que McQueen sabia que ele estava no estúdio filmando *Louco por Garotas* e que seu próximo filme seria intitulado *O Cavaleiro Romântico* (*Tickle Me*, 1965), no qual ele interpretaria "um *cowboy* domador de cavalos que sabia cantar e trabalhava em um rancho que funcionava como retiro de férias... só para garotas!"[1]

Elvis falara sobre seus anseios ao Coronel Parker desde a primeira vez que fora para Hollywood, mas, depois da decepção de *Coração Rebelde*, Parker jamais voltou a insistir em lhe conseguir um papel sério. Uma vez que Parker trabalhava para ele e podia ser demitido, desde aquela época foi objeto de conjecturas a razão pela qual Elvis nunca forçou a questão a fim de resolver as coisas. Alguns especularam que Parker exerceria alguma influência oculta sobre Elvis, possivelmente por conhecer aspectos embaraçosos da vida da mãe ou do pai dele. Contudo, é mais provável que o verdadeiro motivo tenha sido somente a lealdade. Elvis já havia dado um passo no caminho para o sucesso antes de conhecer o Coronel, mas, no período de um ano após assinar um contrato com Parker, ele havia sido colocado "em órbita". Parker conhecia as pessoas e sabia como fazer as coisas acontecerem. Ele também possuía a coragem necessária para tomar decisões desagradáveis. Ele podia ser brutal com os outros, mas jamais com o seu cliente. Além disso, ele se limitava a permanecer em seus domínios – o lado financeiro – e nunca interferia na música ou no desempenho cênico de Elvis.

Infelizmente, a "estrela-guia" de Parker era um cifrão. Ele não conhecia outra maneira de mensurar o sucesso. Em seus dias de charlatão de feiras itinerantes, ele soldara uma moeda de 25 centavos à parte de um anel que ficava voltada para a palma de sua mão; assim, ele surripiava um quarto de dólar ao "apresentar" a moeda sempre que tinha de devolver troco em moedas a alguém. Ele pintava pardais com um *spray* de tinta amarela e cobrava ingresso dos matutos que quisessem ver uma "raça exótica" de "canários". Ao trabalhar em um cemitério para animais de estimação, ele cobrava para decorar as tumbas dos bichinhos com arranjos de flores que apanhava do lixo das floriculturas locais. Essa atitude não mudou quando ele passou a lidar com negócios muito mais vultosos e rentáveis. Acreditando exercer influência sobre a dupla de compositores Jerry Lieber e Mike Stoller, certa vez ele enviou a Lieber um "contrato" para ser assinado com apenas folhas de papel em branco e uma linha para a assinatura na última delas. Logo em seguida, Lieber, que estava sofrendo de pneumonia à época, recebeu um telefonema e teve de se esforçar para atender à ligação. Lieber disse que deveria ter havido um erro. "Não há erro nenhum", respondeu o Coronel, avaliando o desejo que a dupla demonstrara de trabalhar com o Rei. Lieber e Stoller jamais voltariam a trabalhar com Elvis.[2]

Uma vez, George Klein conseguiu alguns minutos a sós com Parker, no escritório que este ocupava nas dependências dos estúdios da MGM, e decidiu insistir no velho assunto. Ele perguntou ao Coronel por que ele não permitia que Elvis recebesse papéis mais consistentes, como os que eram interpretados por Steve McQueen, Paul Newman e James Coburn. O Coronel recostou-se em sua cadeira e disparou: "George, George... Francamente, nós não ligamos a mínima. Nós não temos de fazer isso. Meu garoto recebe 1 milhão de dólares adiantadamente, mais 50% da bilheteria de cada filme que faça. Nenhum desses sujeitos sequer chega perto de ganhar isso". Klein continuou a pressioná-lo, dizendo que Elvis estaria em posição de exigir participar de filmes melhores, com melhores diretores, e Parker retorquiu: "Se ele exigir tudo isso e o filme fracassar, ele será colocado 'na geladeira'. Se fizermos as coisas à nossa maneira e o filme fracassar, será problema deles. E Elvis ainda sairá 'por cima'".[3]

No início de 1965, Elvis ouviu dizer que seu próximo papel lhe proporcionaria a oportunidade de representar um personagem ao estilo de Valentino. Ele ficou muito empolgado, pois sentia ter uma conexão com Rodolfo Valentino: pelo efeito que exercia sobre as mulheres, por sua mística, pela "eletricidade" que gerava e por uma suposta semelhança física que Elvis enxergava, especialmente quando via seu rosto de perfil. Ele começou a fantasiar com um filme como O Sheik, e Priscila disse que ele ficara tão entusiasmado que, por uns tempos, quando passava as noites em casa, usava calças bufantes e um turbante na cabeça, como se estivesse em um harém. Porém ele acabou por perceber que Feriado no Harém (Harum Scarum, 1965) seria apenas mais uma criação pobremente inspirada, feita segundo os mesmos moldes de seus filmes anteriores.[4]

Desanimado, ele adiava as partidas para Hollywood tanto quanto pudesse, encontrando sempre alguma desculpa para permanecer em Memphis. Por fim, chegava-se a um ponto em que todos os integrantes da Máfia de Memphis sabiam que seria necessário dirigir praticamente sem paradas pelo caminho a fim de não chegarem atrasados, alternativa que irritava sobremaneira o Coronel. Pouco antes de reunir a todos para embarcarem no motor home Dodge personalizado e iniciar a viagem, Elvis chamou Larry Geller a um canto a fim de pedir-lhe um favor. Havia mais de um ano que os homens se ressentiam das novas explorações espirituais de Elvis e resistiam às tentativas dele de envolvê-los em discussões sobre espiritualidade. Segundo o modo de pensar deles, Geller era uma espécie de Svengali* da Costa Oeste, determinado a encher com bobagens a cabeça do chefe e amigo. Todavia, Elvis desejava compartilhar o que considerava importante e alimentava a esperança de que algum dos membros do grupo chegasse a ficar suficientemente intrigado e quisesse saber mais. Uma vez que eles seriam uma plateia cativa por dois dias inteiros, ele pediu a Geller apenas para falar sobre Deus e as diferentes maneiras de encontrá-Lo. Elvis o questionaria continuamente, mas os ouvintes a quem pretendia atingir seriam os companheiros de viagem de ambos.

Geller concordou com ele e manteve o estratagema em funcionamento pelas primeiras horas da viagem, embora percebesse, cada vez mais claramente, que todos sabiam estar sendo ludibriados. Até que cada um acomodou-se o melhor que pôde e todos passaram a ouvir música pelo rádio ou pelo então moderníssimo toca-fitas de oito pistas.

Elvis, enquanto isso, ficava cada vez mais taciturno, isolando-se dos outros. Pouco depois de deixarem o perímetro urbano de Amarillo, ele abruptamente fez com que o Dodge saísse da via, entrando no estacionamento de um motel à beira da estrada. Joe Esposito, então o líder da Máfia de Memphis, tentou dissuadi-lo, achando que ele pretendesse dormir em uma cama por algumas horas. Elvis assegurou-o de que desejava apenas lavar-se e refrescar-se, e solicitou a Esposito que lhe arranjasse um quarto e outro para os homens, para que também pudessem descansar um pouco.

Mal todos haviam se acomodado e o chefe já chamava ao telefone. Ele pediu a Esposito que enviasse Geller ao seu encontro.

Geller, como assinalamos no prólogo, encontrou Elvis exasperado. Ele implorou a Larry para que dissesse o que estava fazendo de errado. Por mais de um ano ele estudara os livros que Geller lhe recomendara. Ele meditara. Ele rezara. Ele praticara exercícios espirituais. Nada disso parecia levá-lo mais próximo de uma comunhão com Deus. Ele continuava a achar que estava prestes a ter uma

---

* Svengali é um personagem de ficção do romance *Trilby*, de George du Maurier, publicado em 1894. Trata-se do estereótipo de um hipnólogo de mau caráter que manipula a vida e as apresentações da cantora Trilby, a personagem-título. Svengali resistiu ao tempo, tendo sido citado várias vezes em manifestações da cultura popular e retratado em diversas versões cinematográficas da história desde a época do cinema mudo. [N.T.]

revelação, mas esta nunca chegava. "Tudo o que eu quero é conhecer a verdade", disse Elvis. "Conhecer e experienciar **Deus**. **Eu** sou um buscador, isso é tudo o que eu sou." Contudo, seu **ardente comprometimento** não lhe trouxera nada, sequer uma simples experiência.

Geller mostrou-se compreensivo, sugerindo a Elvis que se tornasse mais "leve" e deixasse que as coisas acontecessem, **assegurando-lhe** que não havia nada de errado com ele. Simplesmente ele havia tentado "digerir" informação demais muito rapidamente. Ele contou a Elvis uma anedota sobre um mestre zen japonês que, certa vez, recebera um discípulo com uma queixa semelhante. Enquanto o mestre ouvia pacientemente ao apelo que vinha do coração, começou a encher de chá a vasilha do discípulo. Quando este notou que o chá transbordava da vasilha espalhando-se sobre a mesa, interrompeu as lamentações a fim de apontar o que era evidente: a vasilha não podia conter mais chá. "Exatamente", replicou o mestre. "E, como a vasilha, *você* está transbordando." Como ele poderia demonstrar zen ao discípulo se a mente deste estava tão cheia que não poderia absorver mais coisa alguma?

Elvis compreendeu a mensagem, e logo todos estavam novamente rumando para o Oeste.[5]

Mais tarde, naquele mesmo dia, eles alcançaram o norte do Arizona, dirigindo pela Rota 66 nas imediações de Flagstaff. Uma modorra dominava os passageiros do veículo, como resultado de muitas horas passadas na estrada. De repente, Geller ouviu Elvis romper o silêncio, exclamando sobressaltado: "Ô!"

Os olhos dele fitavam o céu diante de si. Geller olhou na mesma direção e também viu uma nuvem estranha.

"Você está vendo o mesmo que eu vejo?", perguntou Elvis.

Geller via. Uma nuvem solitária havia assumido a forma de um rosto humano — mas não um rosto qualquer. Imediatamente, os dois reconheceram o bigode encorpado e as sobrancelhas grossas do falecido líder da União Soviética, Joseph Stalin. Embora tivesse morrido doze anos antes, Stalin ainda representava a própria encarnação do mal. Ele ordenara centenas de milhares de execuções durante as décadas em que deteve o poder; causara a morte de outras centenas de milhares de pessoas ao realocar populações inteiras; encarcerara 14 milhões de pessoas nos *gulags*; enviara milhões para o exílio na Sibéria; provocara a fome, em consequência da qual outros milhões morreram; e conduzira genocídios contra grupos étnicos, como os ucranianos.

Atônitos, eles contemplavam a nuvem. Elvis dizia para si mesmo, incessantemente: "Por que Stalin? Por que Stalin?".

Então o rosto modificou-se. A nuvem alterou-se, perdendo a semelhança. Geller olhou para Elvis, pretendendo fazer algum comentário, mas, por algum motivo, ele ainda parecia paralisado. Elvis tinha a mesma aparência e o mesmo olhar de Juan Diego, em Guadalupe, ou o de Bernadette, em Lourdes.* Geller hesitou em interrompê-lo.

Então Elvis freou bruscamente e estacionou no acostamento da estrada. Ele saltou do veículo, chamando Geller para segui-lo, e correu pela vastidão do deserto. Quando o alcançou, Geller foi abraçado por Elvis, que balbuciava alguma coisa sobre Deus ser amor. Ele repetia a Geller que o amava, dizendo sentir-se preenchido pelo amor divino. Ele também repetia continuamente que Deus era o próprio amor. À medida que se tornava mais coerente, ele esclareceu a Geller o que acontecera quando estava extático ao volante.

Elvis se perguntava por que a nuvem havia assumido a forma de Stalin. Estaria Deus tentando enviar-lhe uma mensagem? Deus estaria mostrando-lhe uma projeção de seu próprio eu interior? Elvis contorceu-se. Em sua mente, ele clamara a Deus, dizendo que se aquela face do mal destinava-se a representar a *ele mesmo*, então ele preferiria que Deus o destruísse. Ele desejava ser preenchido apenas por Deus e pelo amor.

"Então aconteceu!", disse ele a Geller. "O rosto de Stalin transformou-se no rosto de Jesus, e ele sorriu para mim. Um sorriso que senti em cada fibra de

---

* Juan Diego Cuauhtlatoatzin (c. 1474, Tlayacac, México – 30 de maio de1548, Tenochtitlán) foi um índio mexicano da tribo nahua, a quem a Virgem Maria teria aparecido, em Tepeyac, a noroeste da Cidade do México, em 9 de dezembro de 1531. No local da aparição foi erigida uma igreja, consagrada como Nossa Senhora de Guadalupe, considerada a santa madrinha do México. Juan Diego foi beatificado em 1990 e canonizado em 2002, como São Juan Diego Cuauhtlatoatzin, tornando-se o primeiro santo católico indígena-americano. Marie-Bernard Soubirous – ou Maria Bernada Sobeirons, em occitano – (7 de janeiro de 1844, Lourdes – 16 de abril de 1879, Nevers) foi uma religiosa francesa que, ainda na infância, também teria testemunhado uma aparição da Virgem Maria, em um local onde, mais tarde, seria erigida uma igreja. Ela foi canonizada em 8 de dezembro de 1933 como Santa Bernadette de Lourdes, depois de várias curas milagrosas lhe terem sido atribuídas. [N.T.]

mim mesmo. Pela primeira vez em minha vida, Deus e Cristo tornaram-se uma realidade palpável!"

Geller não vira o segundo rosto formar-se. Apenas Elvis o havia visto.

Os dois estavam ali, parados, atônitos, quando Red West aproximou-se correndo na direção deles. Ele queria saber se Elvis estava bem.

Elvis lhe assegurou de que estava perfeitamente bem.

Todos caminharam de volta para o veículo. Desejando apenas revisitar suas lembranças vezes e vezes seguidas, Elvis tomou um assento na traseira e deixou que Red assumisse o volante. Ele iria regozijar-se com a epifania religiosa pelo resto daquela noite.

Geller o acompanhou, em espírito. Nas primeiras horas da manhã seguinte, ele finalmente admitiu para Elvis que, cinco anos antes, naquela mesma região do Arizona, tivera a própria experiência religiosa. Ele, um judeu, recebera uma mensagem confirmando que Jesus era, de fato, o Cristo. Mais uma vez, Elvis sentiu-se maravilhado: exatamente naquele mesmo local ambos haviam tido profundas experiências místicas.[6]

Porém ainda havia mais.

Elvis experienciara uma revelação tão intensamente particular que sentira não poder compartilhá-la com *ninguém*; nem mesmo com Geller. Ele carregaria o fardo dessa revelação, profundamente oculta em seu coração, pelos nove anos seguintes.

9
Missão

Para frustração de Elvis, nenhuma das pessoas que participavam da vida cotidiana dele — exceto Larry Geller — sabia apreciar sua busca espiritual. A Máfia de Memphis não tinha interesse em nenhuma espécie de distanciamento do *status quo*. Seus integrantes ressentiam-se de Geller por haver arruinado uma coisa boa e por roubar o tempo e as atenções que costumavam ser dedicados a eles. Todos referiam-se a ele como "Swami", "Rasputin" e, graças ao fato de ele ser judeu, "Lawrence de Israel". Nenhum deles hesitava em empregar esses termos diante de Geller, mas jamais faziam isso quando Elvis os pudesse ouvir.[1]

O Coronel Parker via-o como uma ameaça. A "máquina de fazer dinheiro" que ele construíra vinha funcionando muito bem. Por que Geller tinha de desviar as atenções de Elvis das coisas importantes, das coisas que faziam a "máquina" funcionar? Descontando a hipótese de que as motivações de Geller pudessem ser bem-intencionadas e inocentes e, sem dúvida, concordando com a noção de que é preciso conhecer bem a uma pessoa para julgá-la, ele concluiu que o cabeleireiro usava o acesso de que dispunha para manipular Elvis com truques psicológicos. Ele considerava o "fervor religioso" de seu cliente como nada mais do que o resultado do controle mental exercido sobre Elvis e, por isso, convocou-o para uma reunião em seu escritório, nos estúdios da MGM, a fim de dizer-lhe isso. Quando Elvis recusou-se a dar ouvidos à "voz da razão", o Coronel persuadiu o líder da Máfia de Memphis, Joe Esposito, a informar-lhe secretamente o estado de sanidade psicológica de Elvis. Tão logo ficou sabendo da traição perpetrada por um de seus próprios homens, Elvis imediatamente demitiu Joe Esposito, mas posteriormente voltou atrás na sua decisão.²

Priscilla também criticava as buscas espirituais de Elvis — pessoalmente e diante dele. Ela se exasperava com as constantes tentativas dele de arrastá-la ao seu estranho mundo. Desejando comparecer às palestras ministradas por Manly Palmer Hall, mas sabendo que sua presença poderia ser desagregadora, Elvis encorajou Priscilla para que fosse em seu lugar. Ela achou as palestras "difíceis de compreender e um sofrimento para aturar". Ela tentava interessar-se pelos assuntos tratados porque ele os considerava muito importantes, e por considerar Elvis sua "alma gêmea", à qual desejava agradar. Porém uma das maneiras pelas quais ele pretendia "purificar" a si mesmo e tornar-se mais espiritualizado previa a subjugação das tentações da carne — enquanto Priscilla ansiava por envolver-se intimamente com ele. Quanto mais firmemente ele se comprometia com a vida espiritual, mais ela era afastada do cotidiano dele.³

Durante as filmagens de *Feriado no Harém*, ele estava imerso na leitura de *Autobiografia de um Iogue*, que, com *O Profeta* e *A Vida Impessoal*, tornara-se um dos seus livros favoritos. O livro conta a história da vida de Mukunda Lal Ghosh, um místico indiano que ficaria famoso com seu nome religioso, Paramahansa Yogananda. Quando ainda era apenas um garoto, Yogananda sentira-se atraído pela vida espiritual e partira em busca de um "guru" que lhe fosse adequado. Aos 17 anos de idade, ele juntou-se ao Swami Yukteswar Giri, um mestre do Kriya Yoga. O swami possuía habilidades fantásticas, as quais ele demonstrou a Yogananda ao longo dos anos, incluindo o poder de materializar-se em mais de um lugar ao mesmo tempo. Ele mesmo fora iniciado no Kriya Yoga em 1884, por Lahiri Mahasaya, um homem santo que, em 1861, foi incumbido da tarefa de reapresentar a antiga disciplina ao mundo por uma figura enigmática, a quem Lahiri chamava de Babaji. Um simples contabilista que trabalhava para o governo, Lahiri caminhava pelo sopé do Himalaia certo dia, quando "por acaso" encontrou-se com Babaji. Depois de conversar com ele por algum tempo, Lahiri teve a estranha sensação de que conhecera anteriormente aquele personagem que vivia recluso, até finalmente conseguir reconhecê-lo como seu guru em encarnações anteriores. Com o passar do tempo, ele concluiria que o misterioso Babaji era, na verdade, um avatar do próprio Senhor Krishna.

Depois de vários dias recebendo instruções de Babaji, Lahiri voltou para casa e dedicou o resto da vida à difusão do Kriya Yoga. Diferentemente de muitos homens santos, ele aconselhou a maioria de seus discípulos a continuar vivendo suas vidas cotidianas exatamente como faziam antes. Para ele, viver um estado de iluminação não requer renunciar ao mundo e tornar-se um asceta. Ele não fazia distinção entre seguidores hindus, muçulmanos, cristãos ou judeus e recebia de maneira igualmente calorosa mesmo aos membros da casta mais inferior como se fossem marajás.

Yogananda tornou-se um adepto do Kriya Yoga e viajou para os Estados Unidos em 1920. Naquele ano representou a Índia no Congresso Internacional de Liberais Religiosos. Exceto por uma turnê mundial empreendida entre 1935 e 1936, permaneceu nos Estados Unidos pelo resto da vida. Ele fundou a *Self--Realization Fellowship* ainda em 1920, estabelecendo a sede da instituição em Los Angeles, em 1925. Ministrou inúmeras palestras e difundiu a sabedoria das crenças hinduístas e os benefícios do Kriya Yoga por onde passou. Em 1946, publicou sua autobiografia, da qual constam as histórias de muitos homens santos e os poderes que possuíam – alguns tão fantásticos como a clarividência e a levitação.

Elvis ficou muito impressionado com as histórias de Yogananda, bem como pelo universalismo de sua abordagem. Certo dia, num intervalo nas filmagens de *Feriado no Harém*, ele interrompeu a leitura do livro e informou a Larry Geller que achava estar pronto para a iniciação no Kriya Yoga. Para o estupefato Geller, aquilo seria quase o mesmo que dizer que ele achava ser um bom momento para o Papa o nomear cardeal. Geller sabia quanto o treinamento era exigente, pois ele mesmo já havia se submetido ao programa por dois anos. A primeira etapa consistia de um ano inteiro de rigorosíssima rotina diária de exercícios físicos, conscientização da saúde e sessões pré-agendadas de meditação.

Não obstante, Geller telefonou para a sede da SRF em Los Angeles e agendou um encontro para Elvis poder falar pessoalmente com a dirigente, Sri Daya Mata. Como Faye Wright, de Salt Lake City, ela se tornara discípula de Yogananda em 1931 e trabalhara com ele até a morte, em 1952. Rapidamente, ela concordou em receber o Rei do rock'n'roll, e, na tarde do dia seguinte, ao término de mais um dia de filmagem, Elvis e Geller dirigiram-se ao *ashram* da SRF, no Monte Washington.

Elvis adorou as instalações campestres e sentiu uma empatia imediata com Daya Mata. Por seus traços fisionômicos e seus gestos, ela o fazia recordar-se da mãe. Quanto mais detalhadamente ela descrevia os objetivos da Associação, mais entusiasmado ele ficava. Ele afirmou estar pronto a voltar as costas para a carreira e ingressar em um mosteiro, ou fundar uma comunidade. Ela o aconselhou a ir devagar: seu desenvolvimento deveria dar-se por meio de um processo evolucionário. Eles discutiram sobre o processo de treinamento e meditação, e ela deu-lhe seus livros de uso pessoal para ele os estudar. Ele os aceitou alegremente, embora mal pudesse ocultar o vibrante entusiasmo de noviço. "Este nível mais elevado de espiritualidade é aquilo pelo que estive buscando minha vida inteira", ele disse a ela. "Agora que sei onde ele está e como alcançá-lo, quero ensinar como chegar a ele. Quero ensinar isso a todos os meus fãs. Ao mundo inteiro!" No decorrer dos meses seguintes, ele retornou várias vezes ao *ashram* — frequentemente, em busca de consolo. Ele lia e meditava, mas, como a maioria dos buscadores, esperava encontrar um atalho para o seu objetivo, o que jamais aconteceu. O cosmos não se importava com o fato de ele ser Elvis Presley. Mesmo assim, ele continuava a retornar àquele lugar. Ele também gostava de visitar o "retiro" de propriedade da Associação, situado em um terreno de mais 56.000 m² à beira-mar, em Pacific Palisades, onde Yogananda escrevera a maior parte de sua autobiografia. (George Harrison, outro admirador de Yogananda, também gostava de visitar o "retiro" sempre que viajava a Los Angeles.)[4]

Daya Mata enfatizou que o objetivo dos ensinamentos de Yogananda era estabelecer a harmonia entre o espírito, a mente e o corpo de cada pessoa. Elvis empreendeu um esforço sincero para meditar e transformar-se a si mesmo segundo as sugestões que recebera. Ele continuava a atentar para os sinais de que estaria desenvolvendo poderes especiais e, à medida que o tempo passava, encontrava mais evidências de que estava sendo bem-sucedido.

Certa vez, Elvis conduziu George Klein a um ponto remoto nos terrenos de Graceland e pediu-lhe que observasse atentamente alguns arbustos, sobre os quais ele posicionou a mão, mantendo-a firmemente suspensa no ar. Em poucos instantes, os arbustos começaram a movimentar-se. Então Elvis pediu a Klein que olhasse para determinada nuvem no céu. Ele começou a fazer gestos com as mãos e, para surpresa de Klein, a nuvem parecia mover-se acompanhando-o. Embora conservasse certo ceticismo, achando que tudo não seria consequência senão da sua própria imaginação, Klein jamais pôde esquecer-se do ocorrido.[5]

Priscilla convencera-se de que Elvis possuía um toque curativo. "Ele era capaz de promover curas espirituais. Apenas um toque de suas mãos sobre minhas têmporas fazia desaparecer as dores de cabeça mais agudas." Jerry Schiling também convenceu-se disso, ao passar duas semanas em um hospital após um acidente de motocicleta. Ele começou a preocupar-se com a possibilidade de não recuperar os movimentos do corpo. Ainda que se recusasse a pensar nas circunstâncias como manifestações de algo místico, as dores excruciantes que sentia passavam quando Elvis lhe administrava seu "tratamento". A avó de Elvis, Minnie Mae, também se convencera, permitindo que Geller e seu neto famoso tratassem de sua artrite e de outros males ao longo dos anos.[6]

Sonny West confirmou a crença de Elvis em suas próprias capacidades, embora ele mesmo questionasse essas capacidades: "Elvis afirmara possuir poderes psíquicos de cura e ser capaz de curar um resfriado comum e outros males com um simples toque de mãos. Ele também acreditava poder fazer com que as folhas das árvores se movessem e ligar ou desligar o sistema de irrigação dos gramados do clube de campo de Bel Air por meio da telecinesia". Contudo, anos depois, quando o filho de West — ainda um bebê — teve uma febre alta, Elvis perguntou-lhe se poderia ir até a casa dele para orar pela criança. Ao chegar lá, Elvis usava um turbante e, após envolver o bebê em uma echarpe verde, começou a rezar enquanto fazia movimentos circulares com as mãos sobre o menino. A temperatura do bebê logo baixou para menos de 37º C, não tornando a subir. West admitiu que ele e sua esposa ficaram "atônitos".[7]

Ainda mais impressionado ficou um anônimo motorista de ônibus que parara à beira da estrada nas cercanias de Nashville. Acometido por uma intensa dor no peito, ele estacionara o veículo que dirigia a fim de dar passagem aos outros automóveis. Ao passar por ele, Elvis ordenou ao seu motorista que parasse e correu em socorro do homem. Ele posicionou um braço em torno dos ombros e sua outra mão sobre o coração dele, confortando-o. Alguns momentos depois, o homem estava sentindo-se bem, ainda que muito espantado por haver sido socorrido por Elvis Presley em pessoa. Depois de certificar-se de que uma ambulância estava a caminho, Elvis embarcou novamente no ônibus em que viajava e seguiu seu caminho.[8]

Como parte de seu treinamento espiritual, Elvis gostava de sair de casa no meio da noite e passar horas contemplando a movimentação dos astros. Ele sentia que ondas de energia emanavam dos planetas e das estrelas por todo o universo e que essas ondas poderiam ser vistas por alguém adequadamente sintonizado. Certa noite ele avistou um óvni. Ele apontou o objeto para Sonny West, que, a princípio, pensou tratar-se de um aeroplano ou um helicóptero, mas a nave não emitia nenhum som. Eles observaram a aproximação dela por entre três galhos de uma árvore, e então a nave sobrevoou a casa, na direção do gramado que havia na frente. Elvis solicitou a Sonny que fosse chamar Jerry Schilling, para que ele também pudesse vê-la. Quando os dois saíram atabalhoadamente pela porta da frente da casa, Elvis não podia mais ser visto. Por um instante, eles se preocuparam diante da possibilidade de ele haver sido abduzido. Então eles o avistaram a três casas de distância, rua abaixo, olhando fixamente para o Sul, na direção em que a aeronave desaparecera.[9]

Geller deu a Elvis um livro sobre o assunto. Uma semana depois, logo após terminar a leitura, Elvis e alguns integrantes do grupo estavam dirigindo pelo Novo México pela Rota 66. Eles viram um disco brilhante rasgando o céu escuro em trajetória descendente. De repente, o objeto estacou e, desviando-se de sua trajetória em ângulo reto, acelerou até desaparecer de vista. Elvis disse: "Aquilo, definitivamente, não era uma estrela cadente, ou um meteoro. É claro que se tratava de algo diferente". Jerry Schilling comentou: "Nós não fabricamos nada que se mova como aquilo". Geller verbalizou o que todos estavam pensando: "Aquele objeto manobrava como um disco voador". Tempos depois, Elvis avistou um óvni em Graceland, quando estava com seu pai. A experiência assustadora fez com que Vernon se recordasse da luz azul que vira em Tupelo, na noite em que Elvis nasceu.[10]

Em meados dos anos 1960, a busca pela expansão da mente geralmente levava — mais cedo ou mais tarde — a algum tipo de experimentação envolvendo drogas ilícitas. Priscilla recordou-se de que ela e Elvis experimentaram maconha algumas vezes, mas nenhum dos dois fez disso um hábito. Ambos reagiram à ação da droga sentindo-se "cansados e tontos", e o efeito colateral bem conhecido de uma fome voraz fez com que eles viessem a ganhar um peso indesejado.[11]

Depois de ler *As Portas da Percepção*, de Aldous Huxley, e *A Experiência Psicodélica*, de Timothy Leary, Elvis resolveu experimentar LSD — embora o tenha feito apenas uma vez. Primeiro ele persuadiu Red e Sonny West a tomar a droga em Los Angeles, tendo Larry Geller, Charlie Hodge e ele mesmo como assistentes durante todo o tempo, a fim de garantir-lhes que o experimento transcorreria em segurança. Então ele e Priscilla experimentaram a droga alguns meses depois, durante a folga do Natal, em Graceland. Os dois convidaram Geller, Lamar Fike e Jerry Schilling para acompanhá-los na "viagem", enquanto Sonny West tinha sido destacado para "ficar de olho" em todos.

Eles começaram sentando-se a uma mesa de reuniões no escritório que Elvis mantinha no pavimento superior da casa. Depois de algum tempo, eles viram o rosto uns dos outros se distorcer e desataram a rir. Priscilla testemunhou a camisa multicolorida do marido ficar cada vez maior, expandindo-se até um ponto em que parecia prestes a explodir. Depois de cerca de noventa minutos, todos ficaram em pé, a fim de distender um pouco os músculos, e deram-se conta de que Jerry Schilling, de algum modo, havia desaparecido. Todos passaram a procurar por ele, até o encontrarem debaixo de uma pilha de roupas no *closet* de Elvis. Então eles ficaram fascinados com um grande aquário que lhes pareceu um imenso oceano, repleto de peixes, embora, na verdade, contivesse apenas dois ou três peixes. Alguns momentos depois, Priscilla rompeu em prantos. Ela prostrou-se de joelhos diante de Elvis e disse: "Você não me ama de verdade. Você apenas diz que me ama". Então ela acusou a Larry e Jerry de não gostarem dela e de a haverem chamado de "feia". Gradualmente o estado alterado de consciência foi passando. A televisão transmitia o filme *A Máquina do Tempo*, e Elvis ficou extremamente interessado pela projeção. Ele pediu uma pizza e passou a maior parte da "viagem" comendo e assistindo ao filme, observando ocasionalmente os companheiros.

Ao amanhecer, todos foram para o exterior da casa. O sol nascente criava arco-íris na umidade do ar, deixando-os maravilhados, enquanto detinham-se para examinar as gotas de orvalho pendentes das folhagens. Em seguida, eles deitaram-se no chão, sobre o gramado, para melhor observarem individualmente a cada uma das folhas de relva. Era possível ver cada veio das lâminas e perceber o modo como a grama "respirava" lentamente, inalando e exalando. Todos disseram uns aos outros como eram afortunados por serem tão amigos. A experiência foi fascinante para Elvis e Priscilla, mas ambos jamais a repetiram, por acharem os efeitos do LSD demasiadamente potentes.[12]

A capacidade de Elvis de experimentar e abandonar a maconha e o LSD certamente contribuiu para reforçar a própria sensação de domínio sobre tais tentações. Como regra geral, ele abominava o uso de drogas e, com frequência, externava assombro pelo fato de Hank Williams haver morrido em consequência de uma *overdose*. Para ele, era algo incompreensível alguém tão inteligente e bem-sucedido ter caído vítima das drogas. A verdade tristemente irônica, porém, era que, em meados dos anos 1960, ele começava a trilhar o mesmo caminho descendente, que o levaria ao mesmo destino. Ele não podia enxergar o processo pois *suas* drogas eram consumidas na forma de medicações legais, prescritas por médicos. Ele também sofria da típica forma de autoilusão dos viciados em drogas de que poderia tomar ou deixar de tomar as medicações no momento que quisesse, pois possuiria força de vontade suficiente para abandoná-las, se assim desejasse.

Entre as lideranças que impulsionavam a expansão da mente nos anos 1960 destacavam-se os Beatles (*I'd love to... tur-r-rn... y-ou... on-n-n-n...* — algo como "eu adoraria fazer você ficar 'ligado'"). Em agosto de 1965, tanto John Lennon quanto George Harrison já haviam iniciado as próprias buscas espirituais. Os dois já haviam sentido os efeitos relaxantes da maconha, e ambos haviam experimentado LSD.

Elvis e os Beatles ocupavam posições no ápice do mundo da música, compartilhando a vida em um nível ao qual somente eles tinham acesso. Quando os Beatles estiveram em turnê pelos Estados Unidos, em agosto de 1965, Brian Epstein manifestou ao Coronel Parker sua intenção de promover um encontro entre eles e Elvis. Os quatro rapazes ingleses idolatravam Elvis, e ele era a única pessoa que estavam ansiosos por conhecer. Quando a banda viajou a Los Angeles, para apresentar-se no Hollywood Bowl, Epstein e Parker acertaram os detalhes para que um encontro entre seus clientes acontecesse.

A ocasião deu-se na noite da sexta-feira, 27 de agosto. Às 22h, três limusines que transportavam os Beatles e integrantes de sua comitiva pararam diante dos portões da casa de Elvis na Perugia Way, em Bel Air. Elvis esperava por eles sentado em um longo sofá na sala de estar. John e Paul sentaram-se a um dos lados dele, e Ringo sentou-se no lado oposto. George Harrison acomodou-se no chão, de frente para Elvis.

A conversa começou timidamente. Nervosos por estarem diante de seu ídolo, os Beatles haviam fumado um pouco de maconha a caminho da casa de Elvis. Agora o grupo estava tão intimidado pela presença dele quanto os próprios fãs se sentiriam diante deles. Elvis rompeu a atmosfera de veneração dizendo: "Olhem, rapazes, se vocês pretendem apenas ficar sentados aí, olhando para mim, eu prefiro ir dormir".

Então eles começaram a falar sobre o aparelho de televisão em cores que havia na sala. A transmissão de televisão em cores ainda não havia chegado à Inglaterra. Elvis, porém, apanhou um contrabaixo que estava à mão e começou a acompanhar uma canção que pusera para tocar na *jukebox*: "Mohair Sam", de Charlie Rich. Ele ofereceu instrumentos aos rapazes, e logo todos improvisavam versões de "You're My World", "Johnny B. Goode" e, de autoria dos próprios Beatles, "I Feel Fine", de autoria dos próprios Beatles. Sem uma bateria disponível, Ringo logo cansou-se de batucar sobre o sofá e retirou-se da sala, indo jogar bilhar com os integrantes da Máfia de Memphis. A certa altura, George também deixou a sala e dirigiu-se ao exterior da casa para acender um "baseado". Larry Geller veio ao seu encontro, e os dois passaram a discutir sobre religião hindu e filosofia. Em seguida, Elvis conduziu a todos para a garagem, a fim de mostrar-lhes seu novo Rolls-Royce, quando, no caminho, foram avistados por centenas de fãs que se aglomeravam nos portões frontais. Isso provocou uma espécie de competição entre coros de vozes que gritavam "Elvis! Elvis!" e "Beatles! Beatles!". Por fim, os Beatles deixaram a casa por volta das duas horas da manhã.

Os cinco jamais voltariam a encontrar-se, embora Ringo tenha visitado Elvis no período de suas apresentações em Las Vegas, e John Lennon tenha falado com ele várias vezes, por telefone, na década de 1970, acerca dos problemas com o governo norte-americano que Lennon teve de enfrentar.[13]

Ao longo dos meses seguintes, Elvis aprofundou-se na numerologia, a "ciência" dos números. Intrigava-o, por exemplo, que o número sete aparecesse tão frequentemente no simbolismo religioso: sete céus, sete tronos, sete selos, sete igrejas etc. Ele tornou-se fascinado pelo filósofo grego Pitágoras, que, cinco séculos antes de Jesus, fundara uma universidade baseada nos aspectos esotéricos da Matemática.[14]

Geller trouxe-lhe um exemplar do *Livro dos Números de Cheiro* (pronuncia-se "Quíro"), que foi juntar-se a *O Profeta*, *A Vida Impessoal* e à *Autobiografia de um Iogue* na lista dos livros mais consultados de sua biblioteca particular.

"Cheiro" era o nome profissional de um irlandês batizado como William Warner. Quando jovem, ele passara algum tempo na Índia, onde afirmava haver estudado um antigo livro sobre quiromancia e aprendido todas as lições nele contidas. Retornando à Europa, ele tornou-se um quiromante e leu a sorte nas palmas das mãos de pessoas tão célebres quanto Mata Hari, Oscar Wilde, Thomas Edison e Mark Twain.

Embora tenha se tornado mais conhecido por causa da quiromancia, Cheiro também publicou textos sobre astrologia e numerologia. O *Livro dos Números de Conde Hamon Cheiro* (pseudônimo do astrólogo irlandês William John Warner) foi editado pela primeira vez em 1926. Nele o autor demonstra como o nome de uma pessoa e sua data de nascimento podem ser reduzidos a um número que traduz informações essenciais sobre o caráter de cada indivíduo e sobre seu destino. O número obtido também indica quais dias de cada mês serão favoráveis ou desfavoráveis para certas atividades.

Elvis, segundo o livro, seria um "número oito". Ele ficou fascinado ao reconhecer-se a si mesmo na descrição de Cheiro das pessoas "número oito":

Essas pessoas são, invariavelmente, muito incompreendidas em sua vida e, talvez por esse motivo, sintam-se intensamente solitárias, no fundo de seu coração...

Elas possuem natureza profunda e muito intensa, e individualidade extremamente forte; geralmente elas desempenham papéis importantes no palco da vida, porém estes costumam tratar-se de papéis fatalistas; ou tendem a atuar como instrumentos do Destino de outras pessoas...

Um dos lados da natureza desse número representa a sublevação, a revolução, a anarquia, os caprichos e as excentricidades de todos os tipos. O outro representa o pensamento filosófico, uma acentuada inclinação para os estudos ocultistas, a devoção religiosa, a concentração em um propósito, o zelo por qualquer causa abraçada e uma aparência fatalista que colore todas as suas ações.[15]

Elvis achou intrigante que James Dean e Peter Sellers — ambos homens e artistas a quem ele admirava muito — também fossem "oito". Ele também achou significativo o fato de tanto ele mesmo quanto o Coronel serem "oito". Além disso, seu signo astrológico era Capricórnio, enquanto o do Coronel era Câncer — opostos diametrais no Zodíaco. Elvis via isso como um indicativo de que eles representavam diferentes polaridades. A sua era a área criativa, enquanto a do Coronel era a comercial.[16]

Outro livro que ele achou cativante foi A Iniciação do Mundo, de Vera Stanley Alder. Nele, a autora discorre sobre a Grande Fraternidade Branca — um grupo enigmático, cuja existência foi revelada aos nossos tempos por Helena Blavatsky e outros teosofistas —, integrada por seres espiritualmente avançados que secretamente dirigem o desenvolvimento da humanidade. Segundo Larry Geller, Elvis passou a acreditar que desempenhava seu papel no mundo sob a orientação desses mestres, um dos quais seria Jesus.[17]

Ele também ficou fascinado pelos significados esotéricos de seu próprio nome. Afinal, "Elvis" era um nome tão exótico. Qual seria sua origem? Com a ajuda de Geller, ele descobriu que a origem da partícula "El" podia ser rastreada até a antiguidade remota, como um fonema transcultural que encerrava o significado de "luz" ou "iluminado", empregada em hebraico, por exemplo, para conotar Deus (como em *Beth-El*, "Casa de Deus", e em *Elohim*, o plural de "Deus"). A partícula "Vis" conteria o significado de "o poder de Deus".[18]

A descoberta de uma conexão com o hebraico encerrou uma profunda significação para Elvis, por razões que ele não revelaria a Geller (nem a ninguém) senão até o ano de sua morte. Ele passou a usar um *chai* — o símbolo judaico para a vida e o viver — pendente de uma corrente ao pescoço, junto ao seu crucifixo habitual. (Quando um repórter perguntou-lhe sobre a estranha justaposição, ele replicou: "Não quero ser impedido de entrar no Paraíso apenas por um detalhe técnico"). Ele doou 12.500 dólares para um fundo destinado à construção de um centro comunitário judaico em Memphis. Certo dia, ele levou Geller consigo a uma visita ao túmulo de sua mãe. Sem nenhuma explicação, comentou que planejava mandar engastar uma estrela de davi na lápide, ao lado da cruz que ali já se encontrava.[19]

Enquanto isso, ele continuava a trabalhar em sua carreira cinematográfica. *Entre a Loira e a Morena* (*Frankie and Johnny*, 1966) revelou-se um filme de qualidade ligeiramente superior aos que ele fizera pouco antes. Como um bônus bastante agradável, ele descobriu que seu diretor, Frederick de Cordova, e sua coestrela, Donna Douglas, gostavam de envolver-se em discussões filosóficas durante as folgas. Douglas — muito diferente da personagem mais famosa que interpretou, Elly May Clampett, em *The Beverly Hillbillies* (série de TV veiculada nos Estados Unidos entre 1962 e 1971, no Brasil chamada *A Família Buscapé*; em 1993, foi lançado um longa metragem cinematográfico com o mesmo título, chamado em nosso país de *Os Caipiras de Beverly Hills*) — era, na verdade, uma mulher muito inteligente e espiritualizada, que deixou Elvis ainda mais profundamente impressionado ao revelar que era filiada à *Self-Realization Fellowship* e que conhecia Daya Mata muito bem.[20]

Ele também estabeleceu uma conexão espiritual com Deborah Walley, sua coestrela em *Minhas Três Noivas* (*Spinout*, 1966), filmado e lançado em 1966. Católica não praticante, ela admitiu: "Eu não estava em bons termos com Deus. Havia um vazio em não me sentir [bem] nem de um modo, nem de outro". Elvis lhe dava caronas na garupa de sua Harley e a convidava, todos os dias, para almoçar em seu *trailer*, onde ambos mantinham conversas profundas. "Nós falávamos sobre budismo, hinduísmo e todos os tipos de religião. Ele me ensinou como meditar. Ele me levou ao centro da *Self-Realization* e apresentou-me a [...] Yogananda." Elvis parecia ansioso por compartilhar com ela as novas visões que se haviam descortinado para ele; e sentia-se tão confortável que deixou de lado as inibições em relação a revelar-se intimamente. "Eu não sou um homem", ele disse a ela. "Eu não sou uma mulher. Eu sou uma alma, um espírito, uma força. Não tenho nenhum interesse em nada que seja deste mundo. Eu desejo viver em outra dimensão, inteiramente." Walley sentia-se igualmente ansiosa por "ingerir" tudo o que ele tivesse a dizer. "De maneira estranha, Elvis foi um guru para mim. E eu fui uma discípula muitíssimo receptiva." Ela considerou o encontro com Elvis como um ponto de mutação em sua vida.[21]

Por sorte, a RCA encorajou Elvis a gravar canções religiosas em seu novo álbum. Seu primeiro disco *gospel*, *His Hand in Mine*, vendera razoavelmente bem no lançamento em 1960, e uma das canções produzidas durante aquelas sessões de gravação, "Crying in the Chapel", havia sido reservada para um compacto. Involuntariamente, a espera por esse lançamento estendera-se até 1965. Porém, quando a gravação foi finalmente lançada na Páscoa daquele ano, o disco alcançou um sucesso surpreendente, chegando à terceira posição nas paradas de sucesso *pop*. Reconhecendo esse sucesso e comparando-o com as vendas cada vez mais decepcionantes dos álbuns com as trilhas sonoras dos filmes, a RCA decidiu capitalizar a bem conhecida espiritualidade de Elvis.

O projeto o revigorou. Ele escolheu pessoalmente cada canção que figuraria no disco, selecionando com cuidado cada uma das composições submetidas à sua aprovação por sua editora musical, a Hill and Range, e as que lhe eram trazidas pelos bons amigos Red West e Charlie Hodge, além de "garimpar" material significativo em sua vasta coleção de discos de música *gospel*. Ele queria que cada canção do álbum fosse especial. Ele via o projeto como uma maneira de *alcançar* as pessoas, sumarizando o amor profundo que ele próprio sentia por Deus, para todos que o ouvissem. Ele foi extremamente criterioso ao selecionar os cantores que fariam as vozes de fundo e o acompanhamento, convidando os velhos amigos do grupo vocal Jordanaires, bem como um novo quarteto estelar reunido por Jake Hess, um de seus ídolos de infância. Com a inclusão de três vocalistas femininas, ele formou um coro de onze vozes: uma potente "força *gospel*".

As pessoas que estiveram presentes às sessões de gravação puderam perceber que algo extraordinário estava acontecendo ali. Quando Elvis cantou a faixa-título, "How Great Thou Art", Jerry Schilling ficou estupefato. "Quando ele chegou ao dramático final da canção, fez-se um estranho silêncio no estúdio. Ninguém queria 'quebrar o encanto'. Eu tenho estado em muitos estúdios de gravação desde os tempos em que trabalhei com Elvis, mas jamais presenciei um intérprete passar por uma espécie de transformação física como aconteceu com ele naquela sessão de gravação. Quando terminou de gravar aquele *take*, ele estava branco como um fantasma, completamente exausto e como se estivesse em uma espécie de transe."[22]

Das vibrantes e vivamente ritmadas "So High" e "By and By" à meditativa "I Come to the Garden Alone" e a profundamente reverente e dolorosamente suave "Farther Along", Elvis criou uma obra-prima de sonoridade e espiritualidade. O álbum rendeu-lhe seu primeiro *Grammy*, como Melhor Performance de Música Sacra, em 1967.

Contudo, muito mais importante do que qualquer prêmio conferido pela indústria fonográfica foi o impacto causado pelo álbum na vida de seus ouvintes. Anos depois, Larry Geller caminhava pelo *lobby* de um hotel, em St. Petersburg, na Flórida, onde Elvis daria um concerto, quando ouviu alguém chamá-lo. Tratava-se de uma mulher que aparentava cerca de 25 anos de idade, a quem ele reconheceu como uma das fãs que costumavam viajar de cidade em cidade, seguindo Elvis nas turnês. Curioso para entender a ligação apaixonada que desenvolvera com ele, Geller perguntou à mulher por que ela fazia aquilo. A resposta o deixou atônito: "É simples: porque ele salvou a minha vida. Agora é a minha vez de retribuí-lo". Com a curiosidade ainda mais aguçada, ele acompanhou a mulher à cafeteria, para uma conversa.

Ela contou-lhe que era epiléptica e que, certa vez, sofrera uma queda e rolara sobre um lance de escadas, ferindo a parte inferior das costas. Então ela passou a padecer com dores excruciantes, que nenhum remédio conseguia aliviar. Uma noite ela decidiu que não poderia mais viver daquela maneira. Ela despejou todo o conteúdo de um frasco de pílulas para dormir sobre o criado-mudo e escreveu um bilhete para seus familiares, explicando-lhes a decisão que tomara. Lançando um último olhar para seu quarto, notou que o rádio permanecia ligado e estendeu a mão a fim de desligá-lo. No exato momento desse gesto, a voz de Elvis surgiu, cantando "How Great Thou Art". A profunda reverência na voz dele paralisou a alma da mulher, soerguendo-lhe o espírito. "Era o jeito que ele cantava. Todo o amor de Deus parecia emanar por intermédio dele... Então, ali mesmo, eu jurei dedicar minha vida a Elvis, no intuito de ajudá-lo e protegê-lo."[23]

Músicas sugeridas

"Crying in the Chapel"
"How Great Thou Art"
"So High"
"Farther Along"

Parte Quatro

RESTLESS EXILE — EXÍLIO INQUIETO

10
Retorno

Em seu próprio círculo de amizades, a busca espiritual de Elvis continuava a enfrentar a silenciosa hostilidade de todos. Larry Geller, por sua vez, experimentava uma sutil — embora crescente — pressão: ele praticamente podia sentir um alvo afixado às suas costas.

Ressentindo-se da influência que Larry exercia sobre Elvis, o Coronel Parker insinuava frequentemente que ele era um mestre hipnotista. Certa vez, Parker veio sentar-se ao lado de Geller no estúdio de filmagem e, dando-lhe um livreto, disse que estava fazendo dele um membro do clube. A capa do livreto mostrava a figura de um homem de neve, sob o título *American Snowmen's League*. Na primeira página do livro havia um sumário, com títulos que indicavam maneiras de "botar numa fria" certos tipos de pessoa, porém o restante do livro tinha apenas páginas em branco. Geller agradeceu-lhe, embora sem compreender imediatamente a ironia contida no gesto. Analisando-o, tempos depois, ele deu-se conta de que o Coronel — o "Potentado Imperial" da tal "liga" — o reconhecia como um companheiro na arte da mistificação e da enganação, "cumprimentando-o" por suas habilidades.

Em outra ocasião, um conhecido do Coronel insistiu para que Geller jantasse em sua companhia. Após uma hora de conversa casual, o homem passou a fazer comentários muito elogiosos em relação à boa forma física que Geller aparentava, e sobre como ele deveria ficar bem usando roupas de banho. Então Geller sentiu a mão do homem sobre a coxa dele por debaixo da mesa. Conseguindo manter a compostura, Geller recusou polidamente um convite para nadarem juntos mais tarde. Refletindo sobre o incidente, concluiu que Parker enviara o homem a fim de certificar-se sobre sua orientação sexual. Por várias vezes o Coronel manifestara em voz alta a desconfiança pelo fato de Elvis e Geller passarem tanto tempo juntos no banheiro, com a porta trancada.

Certo fim de semana, Parker praticamente exigiu que Geller, sua esposa e seus familiares fossem até a casa dele em Palm Springs para jantar, no domingo. Geller já tinha sido convidado antes, mas sempre encontrara uma forma de recusar educadamente; dessa vez, no entanto, ele achou mais prudente aceitar o convite. A visita, em si mesma, transcorreu sem incidentes dignos de nota — exceto por um momento em que Parker atendeu a um telefonema enquanto os dois encontravam-se sozinhos no estúdio. Geller teve a estranha sensação de ser, ele mesmo, o assunto da conversa, pois a certa altura o Coronel olhou furtivamente em sua direção. Quando Geller e seus familiares retornaram para casa, descobriram que ela havia sido saqueada. Além de algumas peças de roupa, pouca coisa de valor havia sido furtada — exceto algumas fitas com gravações de áudio e os mapas numerológicos e astrológicos de Elvis.

Após o término das filmagens de Meu Tesouro é Você (*Easy Come, Easy Go*, 1967), Elvis levou todos os integrantes de sua comitiva para passar uma semana de folga em Palm Springs. Geller foi usufruir dos serviços e das instalações de um *spa* do qual o Coronel era frequentador habitual. Quando disse seu nome, a garota da recepção indagou, visivelmente excitada: "Então você é o Larry?! O Coronel Parker falou-me de você. É verdade que você é um mago?".

Quando Geller voltou ao quarto, vindo do *spa*, Elvis telefonou, dizendo que queria vê-lo. Aparentemente enfrentando um novo acesso de frustração, ele disse que, mesmo parecendo fazer progressos em seu próprio desenvolvimento, não conseguia ajudar as outras pessoas como desejava fazer. Ele indagou se Larry teria algumas ideias sobre como poderia cumprir sua missão.

O que parecia ser um pedido sincero era, ao que tudo indica, uma armadilha astuciosamente preparada pelo Coronel. Parker gostava de plantar sementes de suspeita na mente de Elvis, e essa era uma maneira sutil de fazer com que Geller divulgasse seus planos de ação ocultos, os quais o Coronel achava que ele deveria ter. Parker deve ter instruído Elvis para realizar o pedido, sabendo que ao ouvir a resposta do próprio Geller ele se tornaria mais cético em relação às motivações deste.

Geller "mordeu a isca". Acreditando na sinceridade de Elvis, mencionou uma conjectura que vinha alimentando em sua mente e que achava que Elvis consideraria estimulante: a fundação de um "centro metafísico", dedicado à propagação das ideias que tanto entusiasmavam a ambos. Implicitamente, estava claro que ele administraria o "centro" para Elvis. Elvis mostrou-se pouco interessado, e, achando que ele quisesse ser convencido da viabilidade do empreendimento, Geller começou a fazer ligações telefônicas e a levantar orçamentos. O projeto, porém, não foi levado adiante; e, tal como o Coronel Parker certamente esperava e pretendia, pela primeira vez em dois anos pôde ser notado um ligeiro distanciamento entre Elvis e seu "guru".[1]

Do ponto de vista de Priscilla, a ocasião em que ela viu Elvis mais feliz foi em fins de 1966, quando ele manifestou uma grande paixão por cavalos. Certa vez ela mencionara que gostaria de possuir um cavalo. Duas semanas depois, Elvis conduziu-a para fora da casa, no intuito de mostrar-lhe um novo presente: um cavalo quarto de milha, inteiramente negro, ao qual ela não tardou a chamar de Domino. Logo depois, Elvis adquiriu um cavalo baio para si mesmo, ao qual chamou Rising Sun ("Sol Nascente"). Então ele passou a adquirir cavalos para todos. Diante da falta de espaço e de um lugar adequado nos terrenos de Graceland, ele mandou demolir uma casa que havia nos fundos, a fim de alojar os animais. Ele também providenciou a remodelação geral do antigo celeiro que havia na propriedade, rebatizando o edifício para *House of the Rising Sun* (A Casa do Sol Nascente, título de uma canção tradicional, que se tornou muito conhecida na interpretação do grupo inglês The Animals, em meados da década de 1960), no qual mandou criar um escritório privativo para seu uso. Em seguida, ele e Priscilla "descobriram" um rancho com cerca de 65 hectares a 16 quilômetros de Graceland, logo depois da divisa com o Estado do Mississippi. Elvis adquiriu o rancho no dia 22 de fevereiro de 1967, por 437 mil dólares, batizando a propriedade como Circle G (em homenagem a Gladys). Em pouco tempo, ele transferiria todo o pessoal da Máfia de Memphis para o novo endereço, presenteando a cada um dos integrantes com um *trailer* e uma *pick-up*. Em poucas semanas, ele gastara outro meio milhão de dólares, parecendo-se menos com um proprietário rural do que com um senhor feudal. Vernon, um sobrevivente da Grande Depressão que tinha a incumbência de supervisionar as finanças, estava apoplético. Segundo Priscilla, "Vernon literalmente implorou a ele para que parasse com aquilo, mas Elvis replicou: 'Eu estou me divertindo, papai. Pela primeira vez em muito tempo. Eu tenho um *hobby*; algo que me faz ansiar por acordar, a cada manhã'".[2]

Ele estava tão apaixonado pelo novo estilo de vida que adotara que mal podia suportar a ideia de voltar a Hollywood para fazer mais um filme que logo seria esquecido por todos. Dessa vez, para a filmagem de *O Barco do Amor* (*Clambake*, 1967), ele havia sido escalado para interpretar o papel do filho de um magnata do petróleo que troca de lugar com um instrutor de esqui aquático. O filme, é claro, incluía muita música e garotas. Enquanto isso, Steve McQueen preparava-se para atuar no filme *Crown, o Magnífico* (*The Thomas Crown Affair*, 1968) – depois de haver acrescentado ao currículo o desempenho em *O Canhoneiro do Yang-Tsé* (*The Sand Pebbles*, 1966), pelo qual arrebatara uma indicação ao *Oscar*. Elvis sentiu-se tão deprimido pelo caminho edulcorado que trilhava que cedeu à sua tendência natural para a lassidão. Seu peso "inflou" de 77 para 90 quilos, e o estúdio ordenou que ele emagrecesse para interpretar o papel.

Ele continuava a adiar sua partida até receber um telefonema do enfurecido Coronel avisando-lhe de que ele estava prestes a incorrer em uma violação de contrato. Elvis alegava problemas médicos. Na verdade, ele padecia de um caso sério de assaduras, decorrente da prática de equitação, e desejava ser examinado por um médico. A namorada de George Klein, que trabalhava em um centro médico em Memphis, sugeriu o nome do dr. George Nichopoulos, que, coincidentemente, estava disponível para atendimento em domicílio naquele dia. Elvis pediu a Charlie Hodge que telefonasse para ele, e Hodge persuadiu o médico a cruzar a divisa estadual para tratar de Elvis no rancho. O "dr. Nick" tratou as áreas inflamadas com um linimento e prescreveu um antibiótico. Elvis convenceu-o a informar ao Coronel Parker, por telefone, que teria de adiar a viagem por alguns dias, e, a partir daquele momento, o dr. Nick tornou-se o médico "particular" de Elvis.[3]

Muito relutantemente, Elvis retornou à Califórnia e apresentou-se no estúdio de filmagem. Ele havia adotado sua costumeira dieta "de choque", combinada com o "auxílio" proporcionado pelo generoso consumo de Dexedrina, submetendo, dessa vez, seu organismo a um nível de estresse demasiadamente elevado. Durante a fase de pré-produção, pouco antes do alvorecer do dia 9 de março de 1967, ele perdeu o equilíbrio ao tropeçar no cabo de energia de um aparelho de televisão que havia no banheiro de sua mansão em Bel Air. Ao cair, bateu com a cabeça na borda da banheira. Assim, o sempre bem-disposto Elvis tornou-se atipicamente combalido, sofrendo da concussão e de espasmos musculares.[4]

O Coronel Parker, levado ao seu limite, abriu caminho e assumiu o comando da situação. Ele insistiu para que Elvis pudesse ter um período de repouso antes do início das filmagens. Enquanto a "crise" transcorria, Parker utilizou-a como desculpa para intervir na vida pessoal de Elvis, sob o pretexto de protegê-lo. Ele atribuiu o declínio da popularidade de Elvis ao descontentamento que ele demonstrava com sua carreira e às suas digressões espirituais em companhia de Larry Geller. Parker insistiu para ele voltar a concentrar-se em sua música e seus projetos cinematográficos. Ele também insistiu para Elvis deixar de dedicar tanto de seu tempo e de comprometer-se mentalmente com os assuntos religiosos. As pessoas que viviam ao redor de Elvis saudaram entusiasticamente essa diretiva, uma vez que — segundo a opinião delas — ele havia se transformado de um sujeito que adorava divertir-se em um indivíduo taciturno, que não encontrava satisfação no que estava fazendo e passava a maior parte do tempo lendo enfadonhos tratados e tentando fazer proselitismo das crenças recém-adquiridas.

Parker continuava a cultivar em Elvis a suspeita de que Geller o estivesse manipulando com o emprego de técnicas de controle mental. Com o passar do tempo, Elvis começou a acreditar que era esse o caso. Quando iniciou sua busca espiritual, ele estava desesperado para encontrar o significado de sua existência. Geller fez com que a resposta parecesse próxima. Tudo o que ele tinha a fazer era mergulhar no material esotérico que Geller lhe proporcionava. Anos haviam se passado, e a verdade e a satisfação prometidas continuavam a escapar-lhe. Mesmo depois da "revelação" que tivera no Arizona, quando se sentira seguro de estar avançando na direção certa, as dúvidas voltavam a assombrá-lo. Seria possível que Geller o estivesse manipulando durante todo o tempo?

O Coronel capitalizou a situação, estabelecendo uma nova "lei" para o grupo. Segundo ele, os custos haviam fugido ao controle; por isso, temporariamente, os salários de todos teriam de sofrer cortes. (Uma das implicações referia-se à vazão desmedida que Elvis dera à sua generosidade, supostamente provocada por seu ímpeto religioso. Tal alegação pretendia tachar Geller como culpado na mente de todos.) Parker "decretara" que Elvis deveria ser deixado a sós, para que pudesse se recuperar. Os membros do grupo deveriam evitar levar problemas ao conhecimento de Elvis, passando, em vez disso, a levá-los a Joe Esposito, o líder de fato da Máfia de Memphis. No intuito de alienar Geller ainda mais, Parker solicitou a Joe para não o deixar passar muito tempo a sós com Elvis de novo. Quando ele fosse aparar os cabelos de Elvis, alguém mais teria de estar presente todo o tempo. O Coronel instruiu especificamente a Geller a parar de discutir sobre os livros que recomendasse, pois isso fazia com que as atenções de Elvis se dispersassem. E, uma vez que, durante esse episódio, o próprio Elvis esteve sentado na mesma sala sem manifestar objeção, Geller procedeu como havia sido instruído.[5]

Que Parker tivesse plantado suspeitas em Elvis – e, finalmente, feito com que elas florescessem – tornou-se evidente por meio de um comentário descortês feito, certo dia, por Elvis a Geller: "Esses seus mestres têm motivações ocultas. O que eles querem é controlar os outros e usá-los para seus próprios malditos propósitos".[6]

Seis semanas depois, sentindo-se enjeitado aos olhos de Elvis, Geller demitiu-se e foi embora.

Assim, Elvis voltava as costas ao crescimento espiritual durante a primavera do *Sgt. Pepper* e o "Verão do Amor". Mais do que qualquer outra pessoa, ele fora responsável pelo despertar da rebelião da juventude, em 1956, mas, agora que a onda das mudanças alcançava o auge, em meados da década de 1960, ele "caía fora". Em meio à revolução cultural que acontecia – refletida em cabelos longos, saias curtas, experimentações com drogas, estilos de vida alternativos e explorações das religiões orientais –, ele se identificava mais com a América do passado. Os Beatles chegavam até o espaço exterior com "A Day in the Life", e os poucos adolescentes que não os ouviam estavam ouvindo os Rolling Stones e The Doors. Enquanto isso, Elvis filmava cenas para *O Barco do Amor* e voltava ao camarim para colocar a versão de Charles Boyer de "Softly as I Leave You" no toca-discos. Ao menos os rapazes da Máfia de Memphis estavam felizes, e as farras voltavam à "ordem do dia": pistolas de água, guerras de comida, fogos de artifício, brincadeiras físicas... Os bons velhos tempos "rolavam" outra vez.[7]

Desde que Priscilla completara 21 anos de idade, em maio de 1966, o Coronel Parker sistematicamente passou a pressionar Elvis para que fizesse dela uma mulher honesta. Elvis não apenas a pedira em casamento, mas também fizera isso ao pai dela; e o Coronel achava ruim para a imagem de seu "garoto" mantê-la em sua casa depois que ela se tornara legalmente adulta. Às altas horas de uma noite, pouco antes do Natal de 1966, Elvis ajoelhou-se diante de Priscilla e renovou o pedido de casamento, presenteando-a com um anel incrustado com um diamante de 3,5 quilates.

As rodas haviam sido postas para girar, mas ainda seriam necessários alguns meses para que ele se acostumasse com a ideia de abandonar definitivamente a vida de solteiro. Nesse meio-tempo, Larry Geller havia patido. Certa vez, Elvis convidara Geller para ser um de seus padrinhos de casamento, mas, depois de sua separação do grupo, o "swami" teve de inteirar-se das novas pelas manchetes da imprensa: "Elvis é um Homem Casado".[8]

O Coronel cuidou para que tudo fosse arranjado, com sua característica obsessão pelo sigilo. Ele instruiu a Elvis e Priscilla a dirigir de Los Angeles até a casa que haviam alugado em Palm Springs, pois se alguma informação sobre o que estava acontecendo "vazasse", os repórteres presumiriam que a cerimônia ocorreria ali.

Pouco depois da meia-noite do dia 1º de maio, os dois deixaram a casa pela porta dos fundos. Eles pularam a cerca da propriedade e esconderam-se no interior de um carro que os esperava para, velozmente, levá-los ao aeroporto. Frank Sinatra permitira a Elvis utilizar seu jatinho particular. Os noivos voaram para Las Vegas, onde um carro os apanhou e os conduziu ao fórum do Condado de Clark, para obterem uma licença de casamento pouco antes do amanhecer. Então eles foram levados ao Aladdin Hotel, a fim de aguardar pelo grande evento. Às 11h41 da manhã, um oficial de justiça da Suprema Corte de Nevada conduziu a cerimônia, por oito minutos, na suíte do proprietário do hotel. Após uma entrevista coletiva à imprensa e uma recepção aos convidados, eles voaram de volta a Palm Springs a bordo do jato de Sinatra, cujo piloto era o comediante Danny Thomas. De volta à sua casa, Elvis atravessou a soleira da porta carregando Priscilla nos braços, enquanto cantava "The Hawaiian Wedding Song", a canção nupcial havaiana.[9]

Depois de alguns dias em Palm Springs, eles retornaram a Graceland, onde as centenas de livros que Geller e Elvis passaram tanto tempo lendo e discutindo ainda estavam, como recordações de sua jornada espiritual. Quando Elvis questionou o que fazer com eles, Priscilla disse-lhe que ficaria feliz se eles sumissem de vista. Ela queria o antigo Elvis de volta. Certa noite, às três horas da manhã, ela e Elvis atiraram os livros e as revistas no fundo de um poço abandonado nos confins da propriedade de Graceland, derramaram gasolina sobre todo o material e o incineraram.[10]

Enquanto ele iniciava a vida de casado, sua carreira cinematográfica encaminhava-se para o fim. *Meu Tesouro é Você*, lançado em março de 1967, não rendeu o suficiente para cobrir os custos de produção. *Canções e Confusões* (*Double Trouble*, 1967), lançado em abril, não obteve resultado muito melhor; e, então, a renda da bilheteria de *O Barco do Amor*, lançado em outubro, provou-se tão desalentadora que Elvis jamais voltou a receber 1 milhão de dólares adiantados por um filme. A MGM completou a vigência de seus cinco anos de contrato em 1968, com os lançamentos de *Joe é Muito Vivo* (*Stay Away, Joe*), *O Bacana do Volante* (*Speedway*) e *Viva um Pouquinho, Ame um Pouquinho* (*Live a Little, Love a Little*), mas esses últimos renderam, juntos, apenas 1,5 milhão de dólares.[11]

O Coronel, enquanto isso, iniciara negociações com a emissora de televisão National Broadcasting Corporation (NBC). Elvis não se apresentava na televisão desde uma aparição no programa de Frank Sinatra, ao retornar do serviço militar. A NBC e o Coronel chegaram a um acordo relacionado à realização de um programa especial, que incluiria a exibição de material promocional do lançamento de um futuro filme cinematográfico — *Ele e as Três Noviças* (*Change of Habit*, 1969) onde, curiosamente, a tradução literal do título — *Mudança de Hábito* — seria utilizada, em 1992, para rebatizar outro filme, chamado *Sister Act*, estrelado por Whoopi Goldberg), o último filme estrelado por Elvis. A proposta para o especial de TV era a realização de um programa "aberto", sem roteiro ou mesmo um conceito. A NBC visava unicamente uma alta pontuação nos índices de audiência, ao transmitir para todos os lares norte-americanos, com exclusividade, o retorno do maior astro popular do país, pela primeira vez em quase uma década. Para o Coronel, aquilo significava apenas a realização de um programa especial de Natal convencional, com Elvis no palco cantando canções natalinas e hinos religiosos. Porém o resultado final não poderia ser mais diferente disso.

A despeito de como Priscilla pudesse ter sonhado sua vida matrimonial com Elvis, ela continuava a ter de "compartilhá-lo" com os integrantes da equipe e os fãs dele. Restava a ela fazer manobras para aumentar o tempo de privacidade com Elvis, especialmente depois de saber que estava grávida. Em novembro de 1967, ela o persuadiu a comprar uma casa — a casa *deles* — no exclusivo condomínio Trousdale Estates, um verdadeiro "enclave" em Beverly Hills. Essa seria a primeira residência em que Elvis viveria na Califórnia sem alugá-la. A casa erigida no topo de uma colina não apenas dificultava o acesso dos fãs, mas também proporcionava aos dois um distanciamento maior dos homens da Máfia de Memphis. Agora eles possuíam um dormitório apenas para si mesmos, ao lado de outro adjacente para o bebê. Mesmo assim, ainda não podiam gozar de privacidade absoluta: a prima de Elvis, Patsy, e o marido dela passaram a ocupar o terceiro dormitório da residência, e Charlie Hodge veio residir no chalé para hóspedes.[12]

No dia 1º de fevereiro, exatamente nove meses depois de se casar com Elvis, Priscilla deu à luz a filha do casal, Lisa Marie. Elvis era um pai orgulhoso e extremamente amoroso, mas, para o desgosto de Priscilla, ele imediatamente se distanciara sexualmente dela. Ele insistia que queria apenas assegurar-se de que o organismo dela voltasse ao estado normal, mas, como as semanas viraram meses, ela lembrou-se de ele haver mencionado ter aversão física às mulheres que tivessem tido filhos. Contudo jamais ocorrera a Priscilla que tal restrição também se aplicasse a ela.[13]

Naquele verão, durante as filmagens de *Live a Little, Love a Little*, Elvis voltou a trair Priscilla. Durante as frequentes viagens entre Palm Springs, Las Vegas e Dallas, ele sempre encontrava pretextos para deixá-la para trás, em casa, com Lisa Marie. A fim de evitar o tédio, ela começou a tomar aulas de arte dramática, culinária e caligrafia. Ela também tomou aulas de dança e, por causa da necessidade de companheirismo e carinho, iniciou um breve caso extraconjugal com seu instrutor.[14]

Elvis esperara que a vida de casado com Priscilla lhe trouxesse satisfação, mas temia que as coisas não seriam assim. Agora ele se conscientizava de que seus temores eram bem fundamentados. Ele se deixara enredar na rede do mundo material e sentia-se distanciado da própria espiritualidade. E, com Larry Geller fora de sua vida, ele não tinha mais com quem se confidenciar. Mais uma vez ele estava completamente isolado.

Billy Goldenberg, o diretor musical do especial da NBC a ser realizado, pôde ter noção do isolamento dele quando chegou ao estúdio para trabalhar com Elvis. Ali ele encontrou Elvis sozinho, sentado ao piano, tocando — dentre todas as obras musicais do mundo — a "Sonata ao Luar", de Beethoven. Assombrado, Goldenberg aproximou-se dele. Elvis perguntou se ele conhecia a peça musical e se poderia mostrar-lhe como ela se desenvolvia. Goldenberg conhecia a música e sentou-se ao lado dele, a fim de tocarem a composição juntos. Quando os horários permitiam, nas noites seguintes os dois voltaram a dedicar-se à música para relaxar; e Goldenberg identificou-se mais e mais com o homem que antes considerara apenas mais um astro do rock'n'roll. Então, certa noite, quando Elvis tocava a melodia, a porta do estúdio abriu-se e por ela irromperam vários membros da Máfia de Memphis. Imediatamente, as mãos de Elvis abandonaram o teclado. Os homens haviam ouvido alguns acordes e queriam saber que espécie de música horrível era aquela. Defensivamente, Elvis respondeu: "Oh, é só uma coisa que estávamos fazendo...". E, ato contínuo, apanhou a guitarra e começou a dedilhar algo que eles pudessem compreender.[15]

Elvis começara a perceber, a partir das primeiras discussões que tivera com Steve Binder — o diretor-geral escalado para encarregar-se do especial —, que estava diante de uma tremenda oportunidade. Para Binder, o programa representava uma chance de criar algo culturalmente significativo. Binder via Elvis como mais do que um mero astro do rock'n'roll que conquistara Hollywood e cuja carreira, ultimamente, vagava em um marasmo. Em vez disso, ele via uma força criativa multifacetada e imensamente talentosa, que jamais tivera uma verdadeira oportunidade de mostrar o que podia fazer. Para Elvis, vendo a si mesmo pelos olhos de Binder, o programa representava sua oportunidade de *chegar dire-*

tamente às pessoas outra vez – não "digerido" na forma de um personagem sem profundidade, flanando ao longo do desenrolar de um roteiro débil, mas como ele mesmo. Quanto mais se envolvia com a realização do especial, mais entusiasmado ficava. Ali estava a chance não apenas de voltar ao jogo, mas de passar a um nível completamente novo e superior. Ele concentrou-se no projeto mais intensamente do que fizera em qualquer aspecto de seu trabalho havia anos. Ele dedicou-se com a disposição de um atleta, perdendo peso e aperfeiçoando sua forma física, decidindo a imagem que pretendia projetar, escolhendo o material certo e ensaiando incansavelmente.[16]

O programa, intitulado simplesmente *Elvis*, foi o especial de televisão que alcançou os maiores índices de audiência naquele ano. Quando levado ao ar, em 3 de dezembro de 1968, nada menos de 42% dos aparelhos de televisão do país estavam sintonizados nele. Ágil, potente e carismático, Elvis dominou absolutamente os sessenta minutos do programa; desde o abrupto *close-up* que marcava o início, cantando *"If you're lookin' for trouble..."* ("Se você está procurando encrenca..."), até o final arrebatador, ao estilo dos musicais da Broadway, *"... let my dream / come true / right now!"* ("... deixe o meu sonho / realizar-se / agora mesmo!"). Quer ele caminhasse pelo palco estalando os dedos ao entoar uma versão contagiante do hino religioso "Where Could I Go but to the Lord?", ou se sentasse em meio aos fãs, vestido de couro negro, revisitando as canções que o haviam impulsionado à fama, ele era um espetáculo do qual ninguém podia desgrudar os olhos. O ribombante número final, "If I Can Dream", tornou-se seu disco mais vendido em muitos anos, alcançando a 12ª posição nas paradas de sucesso.

Em poucas semanas, ninguém além dos executivos da Singer Sewing Company referia-se ao programa por seu nome oficial. Todo mundo sabia que aquele era *The Comeback Special*; o "Especial da Volta", ou o retorno do Rei.[17]

11
Showman

Exultante com a resposta do público ao especial, Elvis voltou a Graceland para o Natal de 1968. O Coronel trabalhava a fim de fechar um contrato para um mês de apresentações em Las Vegas, no verão seguinte. Agora Elvis voltara a ser "quente", e o International Hotel desejava ter a presença dele para a inauguração de seu salão de shows, anunciado como o maior da cidade. Ele também estava escalado para viajar até os estúdios da RCA em Nashville, no início de janeiro, para gravar as canções de um novo álbum.

Casualmente, George Klein encontrava-se sentado ao lado dele à mesa do jantar quando veio à baila o assunto da gravação do novo álbum. Ele pôde sentir a falta de entusiasmo de Elvis e, sendo um homem da indústria musical, um *disk jockey*, ele intuía o que passava pela mente do Rei. Elvis não se sentia entusiasmado porque todo o trabalho duro que fizera em estúdios de gravação parecia jamais lhe render uma compensação justa. Por quase uma década, não importava que tipo de material lançasse, seus discos nunca haviam chegado à altura das gravações do início da carreira.

Isso não se devia à falta de paixão ou comprometimento. A verdade, pura e simples, era que, por muitos anos, parecia que não lhe ofereciam bom material para gravar. As canções que chegavam a ele tinham de passar pelo crivo da sua editora musical, a Hill and Range. Elvis havia assinado um contrato de longa duração com a empresa quando deixara a Sun Records, em 1955, e seus administradores impunham cláusulas contratuais tão tirânicas que a maioria dos melhores compositores simplesmente não manifestava interesse em trabalhar para eles. No passado, o compositor — e, **consequentemente,** "proprietário" — de uma canção tinha interesse em ceder uma parcela dos direitos autorais e lucros com a distribuição a artistas como Elvis, para beneficiar-se com as vendas que poderiam ser geradas pelos nomes desses artistas. Porém os tempos haviam mudado. Elvis interessou-se por gravar uma canção de Dolly Parton, intitulada "I Will Always Love You", mas ela não aceitou os termos do contrato — certa de que estaria renunciando a milhões de dólares, "de mão beijada" —, e Elvis perdeu a chance. O acerto da decisão comercial de Parton seria revelado anos mais tarde, quando Whitney Houston transformou a canção em um sucesso mundial.

Um representante da Hill and Range estava sentado à mesa de jantar durante aquela conversa — bem como o "braço direito" do Coronel, Tom Diskin —, mas foi Klein quem reuniu coragem suficiente para adiantar-se. Ele propôs que Elvis esquecesse as sessões de gravação em Nashville e experimentasse gravar no American Sound Studio, em Memphis. O pessoal do American não apenas fora responsável pelas gravações de uma longa lista de sucessos que chegaram ao *Top 10* — como "Son of a Preacher Man", "Hooked on a Feeling" e "The Letter" —, como também mantinha relações com compositores brilhantes, como Jerry Reed e Mac Davis. Além disso, suas instalações ficavam praticamente "no fundo do quintal" da casa de Elvis, em North Memphis, a poucos quilômetros de distância.

A tensão no recinto era palpável, até que Elvis se manifestou: "GK tem razão", disse ele para o ar. Então, olhando para os convivas que se sentavam à mesa, reforçou: "George está certo". Uma vez que o Rei tivesse dado sua chancela, os outros imediatamente concordaram que aquela era mesmo uma grande ideia.[1]

Uma sessão de gravação foi agendada, e, na tarde do dia 13 de janeiro, Elvis percorreu o curto trajeto que o levaria às instalações do American Sound Studio. Ao saltar de sua limusine diante da porta de uma antiga sapataria cujas instalações haviam sido remodeladas para abrigar o estúdio, localizado a apenas cinco quarteirões da Humes High School, Elvis disse: "Que lugarzinho acanhado. Gosto dele. Me faz lembrar da Sun".[2]

Como Klein previra, Elvis recebeu bom material para gravar, em abundância. Em sua primeira noite no estúdio, o proprietário, Lincoln "Chips" Moman, fez com que ele ouvisse uma coleção de promissoras gravações *demo*. Quando ouviu uma composição de Mac Davis, intitulada "In the Ghetto", Elvis pediu para que fosse tocada novamente. Depois, pediu para ouvi-la ainda uma vez mais. Embora evitasse as canções com letras críticas, Elvis achou essa tão poderosa que abriu uma exceção. Ao longo das noites seguintes, ele selecionou e gravou outras canções de qualidade equivalente, incluindo "Kentucky Rain", "Don't Cry, Daddy" e "Suspicious Minds".

Elvis gravou "Suspicious Minds" em apenas poucos *takes*, e todos os presentes no estúdio imediatamente souberam que a canção seria um grande sucesso na voz dele. Os advogados não demoraram a instar Moman a fazer logo um contrato. Quando os homens do Coronel pressionaram Moman a abrir mão de 50% da verba de distribuição, ele recusou-se a fazê-lo, levando o caso diretamente ao conhecimento de Elvis. Com magnanimidade, Elvis alinhou-se ao lado de Moman contra seus próprios interesses monetários. Em sua concepção, havia dinheiro suficiente para todos. Seu objetivo principal era o de voltar a gravar material de alta qualidade. "Suspicious Minds" foi lançada naquele outono e chegou ao "número 1" — a primeira visita de Elvis ao topo das paradas de sucesso desde 1962. Décadas depois, os fãs de Elvis Presley votariam nessa como a canção favorita de toda a sua obra, em todos os tempos.[3]

O próximo desafio seria cumprir o compromisso de um mês de apresentações no International Hotel, em Las Vegas. Por causa do sucesso do especial que fizera para a televisão, as expectativas relacionadas ao seu desempenho eram altas. No entanto, afora as cenas gravadas com a plateia do programa, ele não fazia uma apresentação ao vivo desde 1961. Além disso, ele não esquecera da resposta morna que recebera do público da "Cidade do Pecado", na última vez que se apresentara lá.

O Coronel tentou ganhar tempo para ele, alegando que Elvis não tinha interesse em enfrentar os inevitáveis inconvenientes relativos à apresentação do primeiro espetáculo em um teatro novo, como problemas técnicos com o som e a administração do espaço. Assim, Barbra Streisand foi contratada para o primeiro mês de atividade do local. Parker também evitou discutir quaisquer pormenores do contrato até que Elvis, pessoalmente, aprovasse o lugar. O gerente do hotel, Alex Shoofey, mostrou-se solicitamente de acordo com todas as exigências, pois também sabia do que acontecera em 1956.

Determinado, Elvis começou a preparar-se para o show com o mesmo comprometimento dedicado ao especial para a televisão. Ele mesmo fez testes com cada músico participante e selecionou cada vocalista de fundo, escolhendo cuidadosamente as canções a serem apresentadas e ensaiando-as até a exaustão.

Na noite de 31 de julho de 1969, uma plateia repleta de celebridades — como Cary Grant, Juliet Prowse, Dick Clark, Pat Boone, Carol Channing, George Hamilton, Paul Anka, Fats Domino e Shirley Bassey, entre outros — lotava o teatro, aguardando ansiosamente.

Quando chegou o momento de iniciar o show, nenhum mestre de cerimônias veio fazer uma apresentação. Todo o recinto simplesmente começou a pulsar ao ritmo de "Blue Suede Shoes", as cortinas foram erguidas e Elvis irrompeu no palco, sob o foco dos holofotes, pronto para enterter e conquistar os presentes.

Ele foi longamente ovacionado pela plateia, que o recebeu em pé.

Sammy Davis Jr. ocupava um lugar na primeira fileira, junto ao palco. Desde o primeiro instante, ele vibrou e dançou, gritando *"Yeah, yeah, kick it, babe!"* (algo como "É isso aí, cara! Manda ver!"), sem esmorecer durante todo o show. Em seguida a "Blue Suede Shoes", Elvis emendou "I Got a Woman", "All Shook Up" e uma sucessão de outros *hits*, quando finalmente fez uma pausa para cumprimentar alguns astros na plateia, dedicando especial atenção a Sammy. Ele disse a todos quão importante havia sido o apoio que recebera dele quando retornara do Exército e fizera uma aparição no programa de Frank Sinatra. Elvis aguardava nos bastidores, extremamente nervoso, inseguro quanto ao desgaste que sua popularidade pudesse haver sofrido nos dois anos em que prestara o serviço militar. Davis estava lá e percebera a incerteza dele. Ele decidira aproximar-se de Elvis para insuflar-lhe a autoconfiança. "Você é o cara! Não se preocupe com nada." Elvis não apenas se sentira mais seguro, como ficava perceptivelmente comovido ao relembrar o episódio. Ajoelhando-se à beira do palco, ele tirou do dedo um grande anel de safira "estrela negra" e deu-o a Sammy, a quem a emoção embargou a voz.[4]

Elvis agitou a multidão naquela noite, e, quando ela respondia com aplausos selvagens, ele se alimentava de sua energia para ascender a níveis ainda mais elevados de excitação, sublinhando suas interpretações ao encenar golpes de karatê e até mesmo dar saltos mortais no palco, para assombro de todos. Seu desempenho foi tão eletrizante que com apenas uma apresentação ele tornou-se o novo astro refulgente da cidade. Ninguém jamais criara uma comoção tão grande antes dele. O Coronel Parker assistiu à apresentação, com deleite, da mesa que compartilhava com Alex Shoofey. Após o show, o normalmente contido Coronel dirigiu-se aos bastidores e cumprimentou "seu garoto" sem dizer uma só palavra, com um abraço apertado e lágrimas nos olhos. Então ele foi ao encontro de Shoofey na cafeteria do hotel e esboçou os termos de um contrato em uma toalha de mesa: duas temporadas de trinta dias por ano, por um adiantamento sem precedentes de 1 milhão de dólares, com um compromisso de cinco anos.[5]

Elvis ainda era o Rei — como o fora desde os 21 anos de idade —, tanto nos palcos quanto fora deles. Ele era o centro gravitacional do seu séquito. Eles comiam e dormiam quando ele assim o fizesse; iam aonde quer que ele fosse e atendiam aos seus desejos a qualquer hora. Ele também tinha uma esposa adorável e uma filha perfeitamente saudável; contudo continuava a sentir que lhe faltava alguma coisa.

Não que seu fervor espiritual tivesse esfriado. Quando todos se reuniam nos bastidores antes de uma apresentação, ele gostava de convocar alguém para liderar o grupo em uma oração, pedindo a Deus que os ajudasse a fazer o melhor show de que fossem capazes. E, sozinho, ele também orava, diariamente. Certa vez, ele desapareceu pouco antes de as cortinas serem erguidas. Red e Sonny, desesperados, o encontraram de joelhos no banheiro masculino. Sua voz não estava "cem por cento", por causa de um resfriado, e ele desejara ter um momento de comunhão com Deus antes de entrar em cena.[6]

Mas ele ainda sentia-se apartado de algo importante; e, com Geller distanciado, não havia com quem ele pudesse conversar a respeito.

Inquieto em seu exílio, Elvis decidiu ignorar os anseios do Coronel e restabeleceu sua conexão com Daya Mata, com quem passou a conversar regularmente. Estar na posição de quem recebia adulações era gratificante, mas ele sentia a necessidade de *utilizar* sua posição para *fazer* alguma coisa. "Eu quero sentir o amor de Deus", ele disse a ela. "Eu quero retribuir. Quero despertar todos esses jovens para uma relação mais próxima com Deus."[7]

Ele retornou a Las Vegas em janeiro de 1970, adicionando material novo mas mantendo o show basicamente inalterado. Não havia pirotecnia, nem distrações. As pessoas que acorriam às apresentações sabiam que veriam apenas Elvis Presley, sob as luzes da ribalta, fazendo o que sabia fazer. Nada mais era necessário.

Inspirado pelo sucesso das apresentações ao vivo de Elvis em Las Vegas, o Coronel arquitetou um novo plano. Ele pretendia saber como o Rei seria recebido em outros lugares pelo país. Então agendou seis apresentações no Houston Astrodome, que serviriam como teste para uma série de apresentações em turnês. O enorme estádio coberto e dotado de potentes instalações de ar condicionado era a maravilha da engenharia da época — a "Oitava Maravilha do Mundo", como era chamado.

Naturalmente, o que o Coronel tinha em mente eram os 44.500 lugares de sua lotação.

Exceto pela primeira matinê — que ocorreu na tarde de uma sexta-feira, um dia útil normal, atraindo "apenas" 16.708 pagantes —, as aspirações do Coronel se realizaram. O show da noite de 27 de fevereiro de 1970 e as quatro apresentações seguintes, ao longo dos dois dias subsequentes, tiveram lotações quase esgotadas. Elvis provou, assim, que podia lotar lugares muito grandes, e Parker logo começou a planejar uma curta turnê para o outono.[8]

Em agosto, Elvis retornou a Las Vegas, a fim de cumprir sua terceira temporada no International Hotel. Ele acrescentara "Bridge Over Troubled Water", de Paul Simon, ao repertório, pois adorara a letra metafórica da canção, imaginando-se a si mesmo como uma ponte pela qual as pessoas pudessem atravessar "sobre águas turbulentas", deixando seus problemas para trás. Equipes de filmagem o seguiam por toda parte, durante a temporada, no intuito de dar ao mundo uma visão "de dentro" da preparação para suas apresentações e o impacto causado pelos próprios shows. O filme resultante foi lançado em novembro de 1970, com o título *Elvis é Assim* (*Elvis: That's the Way It Is*, 1970).[9]

Porém, nem todo mundo em Las Vegas era fã dele.

Um grande número de vezes sua vida sofrera ameaças, geralmente provenientes de maridos ou namorados enciumados. Dessa vez, contudo, um guarda de segurança do hotel recebera o telefonema de um homem que se identificara como "Jim Reeds". Reeds disse que soubera, de outros dois homens a quem conhecera, de um plano para sequestrar Elvis durante a apresentação da noite do próximo sábado. No dia seguinte, Reeds telefonou para a casa de Joe Esposito em Los Angeles para informá-lo de que Elvis seria baleado durante o show. Ele também disse que mediante o pagamento de 50 mil dólares — em notas de valor baixo — revelaria à polícia os nomes dos homens que planejavam o atentado. Para completar a ameaça, alguém em Las Vegas deixou um envelope endereçado a Esposito no balcão da recepção do hotel. Este continha uma fotografia de Elvis sobre a qual fora desenhada uma arma apontada para a cabeça dele, além de um pedido por escrito de 50 mil dólares em notas de pequeno valor em troca da revelação das identidades dos supostos conspiradores.

Tanto o FBI quanto a administração do hotel resolveram levar a ameaça a sério, aconselhando Elvis a cancelar a apresentação. Ele recusou-se a fazer isso, a fim de não dar ao "malfeitor covarde" a satisfação de vê-lo alterar seus planos, todavia também levou a ameaça a sério. Ele contratou guardas de segurança adicionais e, antes de entrar em cena naquela noite, enfiou pistolas Derringer em cada uma de suas botas. Antes do show, ele reservou um momento para reunir todas as pessoas mais chegadas e, diante da incerteza do que poderia acontecer, despediu-se formalmente de cada uma delas, com os olhos marejados. Ele ainda disse a todos que, se o pior acontecesse, esperava que eles se antecipassem à polícia na tentativa de chegar ao culpado para se assegurar de que este jamais pudesse vangloriar-se de ser o homem que assassinara Elvis.

Durante todo o show, agentes do FBI, homens da polícia local e seguranças particulares de Elvis misturaram-se à multidão, tensos, alertas e armados. Sonny West e Jerry Schilling tomaram posições por trás da banda, onde podiam postar-se de frente para a plateia. A senha adotada fora a palavra "chão". Se qualquer um dos integrantes das equipes de segurança notasse que algo pudesse acontecer, deveria gritar a senha a plenos pulmões, e Elvis deveria estirar-se sobre o piso do palco. Uma ambulância e uma equipe de paramédicos estavam posicionadas no pátio de carga e descarga, logo além da porta dos fundos, prontas para levarem-no imediatamente a um hospital.

Elvis apresentou um desempenho emocionante, como de costume, embora tenha se voltado, tanto quanto possível, de perfil para a plateia, a fim de tornar-se um alvo menor e mais difícil de ser atingido. Quando o show ia pela metade, um homem gritou de um dos camarotes: "Elvis!". Instantaneamente ele caiu sobre um dos joelhos, pronto para apanhar uma Derringer. Felizmente, tratava-se apenas de um fã. "Você pode cantar 'Don't Be Cruel'?" Elvis levantou-se e atendeu ao pedido.[10]

Um dos homens que Elvis contratara como reforço para sua segurança era Ed Parker, um grande mestre de karatê que ele conhecera em 1960. Elvis restabelecera a amizade com Parker e retomara seu treinamento de arte marcial. Como não ia a lugar nenhum sem a companhia de vários de seus homens de confiança, Elvis comprou uniformes para eles e os encorajou a treinar também. Ele achava que isso faria deles uma equipe de guardas de segurança mais profissional.[11]

Após as apresentações no Astrodome, o xerife de Houston, Buster Kern, dera a Elvis um distintivo dourado de xerife-assistente, como recordação. Elvis tinha verdadeira obsessão por distintivos, e já recebera outros de autoridades de Beverly Hills e de Oklahoma City. Em outubro de 1970, ele recebera um distintivo, em Memphis, das mãos de Roy Nixon, o xerife do Condado de Shelby. Por muitos anos ele fora um xerife-assistente honorário, mas, agora, ele podia portar oficialmente uma pistola e algemas, além de auxiliar policiais a combater o crime. Um mês depois, ele contribuiu com 7 mil dólares para o fundo de um programa de melhoria no relacionamento entre a polícia e a comunidade de Los Angeles, sendo subsequentemente agraciado com um distintivo oficial da Polícia de Los Angeles.[12]

Ele guardava seus distintivos como se fossem um tesouro, mas havia um que ele desejava possuir mais do que todos os outros. Ele soubera da existência dele certa noite, quando ele e alguns homens da Máfia de Memphis saíram para jantar com John O'Grady, um detetive particular que trabalhava para Elvis, visando elucidar aspectos de uma ação de reconhecimento de paternidade movida contra ele. O'Grady fora chefe da divisão de narcóticos da polícia de

Los Angeles, onde fizera um histórico astronômico de apreensões de drogas. O'Grady conduziu-os a uma sala reservada, onde apresentou Elvis a Paul Frees, o lendário dublador cuja galeria de interpretações incluía as vozes de tipos como Boris Badenov (personagem dos desenhos animados *Rocky and His Friends* e *The Bullwinkle Show*, muito populares nos Estados Unidos na década de 1960), Ludwig von Drake (o "Professor Ludovico" das animações de Walt Disney) e John Lennon. Durante a conversa, Frees revelou ser um agente à paisana da divisão de narcóticos. Por seus valiosos serviços, ele fora, recentemente, nomeado oficial do *Bureau of Narcotics and Dangerous Drugs* (Departamento de Narcóticos e Drogas Perigosas), uma divisão do FBI. Instado por O'Grady, Frees retirou do bolso o distintivo correspondente ao cargo e o mostrou a Elvis.

A visão do lustroso emblema dourado, com as letras *US* no centro, cativou Elvis. Imediatamente ele ficou obcecado pelo distintivo e, logo, não havia no mundo algo que ele mais desejasse possuir. Sua trajetória em busca de um exemplar o conduziria àquele que é, provavelmente, o episódio mais bizarro de sua carreira.[13]

12
Agente

Elvis iniciou suas tentativas de tornar-se um agente federal oficial ao aproximar-se do vice-presidente dos Estados Unidos, Spiro Agnew. Desde abril de 1969, Elvis tornara-se proprietário de uma residência em Palm Springs. Quando — certo dia, em novembro de 1970 — soube que Agnew visitava o Rancho Mirage, próximo dali, permanecendo como hóspede da propriedade de Frank Sinatra, apressou-se em arranjar um encontro. Consigo levou um presente para Agnew: uma pistola Magnum .357, com cabo de madrepérola e folheada a ouro. Agnew, contudo, o desapontou. Ele teve de recusar o presente em razão de uma lei federal que o impedia de aceitá-lo, e disse a Elvis para ir diretamente ao departamento de narcóticos, em Washington, a fim de tornar-se um agente e qualificar-se para receber um distintivo.[1]

Três semanas depois, no dia 19 de dezembro, Elvis teve um desentendimento, aos gritos, com Priscilla e Vernon. Seu pai, que se encarregava de assinar os cheques e pagar as contas, ainda se ressentia das cicatrizes psicológicas resultantes de ter vivido os dias da Grande Depressão. Apoiado por Priscilla, afirmou que Elvis *teria* de pôr fim à prodigalidade de seus gastos. Perdendo a paciência, Elvis disse que era ele quem ganhava o dinheiro, e que o gastaria como bem quisesse. Enfurecido, ele saltou para o volante de um carro e partiu para longe de Graceland, sozinho, sem dar aos familiares ou integrantes de sua equipe qualquer pista sobre o lugar para onde se dirigia.

Seu paradeiro permaneceu desconhecido, até que Jerry Schilling recebeu um telefonema em sua casa, em Culver City, na Califórnia, pouco antes da meia-noite. Ex-integrante da equipe de Elvis, Schilling trabalhava, então, para a Paramount Studios como editor cinematográfico. Elvis informou-o de que estava a caminho de Los Angeles e perguntou a Schilling se este poderia ir ao seu encontro, no aeroporto. Ao desembarcar do avião, Elvis era ladeado por duas comissárias de bordo. Ele disse a Schilling que prometera dar uma carona às moças, a caminho de sua casa em Beverly Hills. Por algum motivo, Elvis tinha o rosto inchado, e Schilling chamou um médico. Enquanto aguardavam pela chegada do médico, Elvis explicou o que estivera fazendo desde a última vez em que fora visto em Memphis. Lá, ele dirigira desacompanhado até o aeroporto. Como alguém que jamais portasse dinheiro em espécie, ele usou o cartão de crédito para comprar uma passagem para Washington, DC, onde se hospedara no Hotel Washington. Sofrendo com os efeitos colaterais de uma medicação que tomara para tratar uma infecção ocular, ele decidira deixar o hotel pouco tempo depois. Ainda nervoso, preferira tomar um voo para a Califórnia, em vez de retornar a Memphis. Ele telefonara a Schilling durante uma escala que o voo fizera em Dallas.

Ao chegar, o médico declarou que Elvis estava bem. O inchaço em seu rosto fora causado pela ingestão de chocolate com a medicação que tomava. Após haver dormido durante o dia todo, Elvis determinou-se a voltar a Washington. Ele persuadiu Schilling a perder um dia de trabalho para o acompanhar. Mas Elvis sendo Elvis ainda não havia revelado a Schilling nada sobre a verdadeira intenção de viajar a Washington, e, aceitando Elvis como Elvis era, Schilling preferira não insistir no assunto.

Sabendo que precisariam de dinheiro, Schilling disse para Elvis assinar um cheque de 500 dólares, convencendo a administração do hotel a trocá-lo. Mais tarde, naquela noite, eles tomaram outro voo para Washington. Durante a viagem, Elvis travou conhecimento com um soldado que retornava do Vietnã, voltando para casa para o Natal. Comovido com a história contada pelo homem, Elvis pediu a Schilling que lhe desse os 500 dólares, os quais repassou integralmente às mãos do soldado.

Coincidentemente, o senador pela Califórnia George Murphy estava no mesmo voo — viajando na classe econômica, segundo regras estabelecidas pelo Congresso. Quando Elvis soube que Murphy estava a bordo, foi conversar com ele por alguns instantes. Ao retornar, disse a Schilling que pedisse a uma comissária de bordo para lhe arranjar papel para escrever e, imediatamente, passou a redigir uma carta manuscrita em folhas timbradas com o logotipo da American Airlines. Ao terminar, pediu a Schilling que revisasse a carta, procurando eventuais erros. Somente então Schilling descobriu qual era a verdadeira razão de toda aquela aventura.

A carta começava com a saudação "Prezado Senhor Presidente", e seguia por cinco páginas manuscritas, nas quais Elvis explicava o caso: que falara com o vice-presidente, que era um leal cidadão norte-americano, que desejava servir ao seu país e que, como um astro popular, poderia ser um elemento especialmente valioso na guerra contra as drogas, dizendo, ainda, que permaneceria hospedado no Hotel Washington "pelo tempo que fosse preciso", até obter as credenciais necessárias.

Quando informou ao senador Murphy sobre a intenção de tornar-se um agente federal à piasana, Elvis pediu-lhe para arranjar uma reunião com John Ingersoll, o chefe do *Bureau of Narcotics and Dangerous Drugs*, ou com o próprio diretor do FBI, J. Edgar Hoover. Murphy aconselhou Elvis para que, em vez de ambos, falasse diretamente com o chefe do Poder Executivo. Jerry Schilling deu-se conta, então, de que eles iriam encontrar-se pessoalmente com Richard Nixon — ou morreriam tentando fazer isso.

O avião pousou no National Airport na aurora do dia 21 de dezembro de 1970. Os dois embarcaram em uma limusine que os levaria diretamente à Casa Branca, onde Elvis entregou em mãos a carta a um atônito guarda de segurança postado diante do portão noroeste. Então eles se dirigiram ao Hotel Washington, onde Schilling pediu ao médico da casa para avaliar novamente a reação de Elvis à medicação. Seu rosto tornara a inchar, e aparentemente ele agravara a situação ao comer mais chocolate durante o voo para Washington, a despeito das recomendações do médico de Los Angeles.[2]

Enquanto isso, a carta era entregue pessoalmente a Dwight Chapin, o encarregado da organização da movimentadíssima agenda diária do presidente.

Depois de ler a carta e haver notado a ênfase no combate ao uso de drogas, Chapin telefonou a Egil "Bud" Krogh, o agente de conexão da Casa Branca com o *Bureau of Narcotics and Dangerous Drugs*.

Krogh iniciara aquela segunda-feira como qualquer outro dia de trabalho — até receber o telefonema de Chapin, que começou perguntando: "Olá, Bud. Você está sentado?".

"Acho que sim", replicou Krogh. "O que é que há?"

"Você não vai acreditar nisto, mas o Rei está aqui."

"Que rei?", indagou Krogh, lançando um olhar à agenda da Casa Branca. "Não há nenhuma visita de um rei programada para hoje na agenda do presidente."

Chapin contemplava a petição manuscrita no papel de carta da American Airlines. "Não, não. Não se trata de um reizinho qualquer. Estou falando do *Rei*! Elvis!"

Krogh e Chapin costumavam fazer piadas entre si com os assuntos de trabalho na Casa Branca, por isso Krogh achou que estava sendo "vítima" de uma brincadeira. Ele conservou suas suspeitas até Chapin lhe enviar uma cópia da carta por um mensageiro interno.[3]

Depois de lê-la, Krogh deu-se conta de que — por mais improvável que a situação fosse — Elvis dizia coisas com as quais o presidente concordaria, e fazia todo sentido que Nixon estabelecesse uma conexão com o eleitorado mais jovem por meio de uma associação de sua imagem à de Elvis. Assim, ele telefonou ao Hotel Washington.

Elvis compareceu a uma reunião agendada em companhia de Jerry Schilling e de Sonny West, que fora chamado em Memphis, naquela manhã, para se apresentar. Krogh ficou estupefato com a indumentária de Elvis: uma casaca acinturada e calças de veludo de um tom profundo de violeta, um cinturão adornado por uma fivela dourada de dez por quinze centímetros, óculos escuros modelo "aviador" incrustados de pedrarias, um pesado colar de ouro que aparecia sob a camisa branca de seda aberta no peito, com um colarinho tão alto que somente Ming, o Impiedoso, se sentiria à vontade para usar. Mas logo ele sentiu-se tranquilizado com a argumentação cordial do Rei.

Elvis falou sobre quão afortunada fora a sua vida, e que ele devia tudo ao fato de ser um cidadão norte-americano, ressaltando que jamais tentara esquivar-se da prestação do serviço militar e que, ao contrário, sentira-se feliz por havê-lo cumprido, quando chegara sua oportunidade. Ele também lamentou o fardo que a cultura das drogas impunha à sociedade e disse achar que seu sucesso e a posição única que ocupava poderiam ser de alguma ajuda para a solução de tal crise. Quando a entrevista terminou e Elvis deixou o recinto, Krogh achou que um encontro com Nixon, em pessoa, poderia ser algo realmente proveitoso.[4]

Elvis dirigiu-se sozinho ao escritório de John Ingersoll. Ele apresentou-se à recepção da divisão de narcóticos como "Jon Burrows", o mesmo pseudônimo utilizado por Schilling para registrá-lo no Hotel Washington — ainda que ninguém que o tivesse visto ou ouvido tenha sido enganado.

Ingersoll não estava presente naquele dia e perdeu a chance de fazer parte da história, mas o diretor-assistente John Finlator arranjou um horário em sua agenda para atender Elvis a respeito da obtenção de seu distintivo. Elvis expôs seu caso a ele, requisitando uma credencial que pudesse utilizar no cumprimento de seus deveres. Um distintivo de agente federal lhe concederia permissão para portar uma arma de fogo, mesmo em solo estrangeiro, e a autorização governamental para ter drogas em seu poder. Indubitavelmente impressionado por ser abordado pessoalmente pelo Rei do rock'n'roll, mas receoso em relação às consequências de aquiescer aos caprichos de um astro — embora de um que gozasse da popularidade astronômica de Elvis Presley —, ele recuou, informando a Elvis que seria preciso levar seu pedido ao conhecimento de uma autoridade superior.[5]

Nesse meio-tempo, Dwight Chapin falou sobre o assunto com o chefe do cerimonial, Bob Haldeman, que detinha autoridade sobre a palavra final para o acesso ao presidente. Quando Haldeman concedeu seu beneplácito, Krogh telefonou ao Hotel Washington novamente, convidando Elvis para voltar e se encontrar com o presidente.

Como fizera com o vice-presidente, Elvis levou um presente caro ao presidente: um exemplar comemorativo da Segunda Guerra Mundial de um Colt .45, disposto em um estojo com uma placa cromada. Bill Duncan, chefe do pessoal do Serviço Secreto escalado para aquele dia, informou-lhe que não haveria hipótese de aproximar-se do presidente com uma arma de fogo, mas aceitou receber o presente no nome dele.[6]

Krogh acompanhou Elvis ao Salão Oval, enquanto Schilling e West eram conduzidos a outro lugar para aguardar. A princípio o Rei e o presidente conversaram sobre amenidades. Elvis deu a Nixon uma foto autografada dele mesmo em companhia de Priscilla, e outra, de Lisa Marie. Então expôs sua coleção de distintivos sobre a mesa de Nixon, mencionando o apoio que dava à atividade policial e seus agentes. Nixon observou: "Eles certamente merecem todo o apoio que pudermos lhes dar. Eles têm um trabalho difícil". Depois de ambos haverem posado para fotos oficiais, Elvis, por algum motivo, decidiu mostrar suas abotoaduras ao presidente, e os dois começaram a conversar, por alguns momentos, sobre como era apresentar-se em Las Vegas. Nixon tentou reconduzir a conversa ao assunto original — o apoio de Elvis à luta contra as drogas —, mas Elvis mudou o rumo, passando a falar sobre os Beatles e todo o dinheiro que eles haviam ganho nos Estados Unidos, embora aparentemente tivessem adotado uma posição antiamericanista ao retornarem à Inglaterra.

Finalmente Krogh interveio: "Sr. presidente, o sr. Presley me disse ser aceito por muitos daqueles a quem pretendemos alcançar com a nossa mensagem contra as drogas". Elvis concordou, dizendo poder penetrar em qualquer grupo de jovens e ser instantaneamente aceito. Então ele chegou ao ponto, perguntando a Nixon se poderia ser-lhe concedido um distintivo de agente do *Bureau of Narcotics and Dangerous Drugs*.

Nixon apelou a Krogh: "Bud, nós podemos dar um distintivo a ele?". Krogh disse que caso o presidente desejasse lhe dar um, não haveria problemas. Nixon disse: "Eu gostaria de fazer isso. Providencie para que ele receba um distintivo". Exultante, Elvis saltou em direção a Nixon, posicionando o braço esquerdo sobre os ombros dele e dando-lhe um abraço. Krogh, estupefato, nada pôde fazer além de observar Nixon — igualmente estupefato —, enquanto lhe passava pela mente que aquela poderia ser a última vez em que ele poria os pés no Salão Oval.

Nixon, contudo, pareceu refazer-se rapidamente e retribuiu a Elvis dando-lhe tapinhas nas costas e agradecendo por sua boa vontade em ajudar. Preparando-se para sair, Elvis mencionou o presente que trouxera para Nixon, retido pelo homem do Serviço Secreto, e, então, lembrou-se de Jerry Schilling e Sonny West e perguntou se eles poderiam entrar e conhecer o presidente também. Nixon consentiu. Após conversar com eles por alguns momentos, Nixon foi à sua mesa para apanhar alguns objetos que pudessem ser levados como lembrança, dando a cada um deles um prendedor de gravatas com o selo presidencial. Elvis disse: "Sr. presidente, lembre-se de que eles têm esposas...", e, ato contínuo, postou-se detrás da mesa, auxiliando Nixon a vasculhar por entre aboatoaduras, pesos para papéis e bolas de golfe, até encontrar os objetos mais caros que se ocultavam por trás de todos os outros.

Depois da reunião com Nixon, Krogh conduziu os três à cafeteria da Casa Branca para o almoço. No caminho, ele chamou John Finlator e disse-lhe que o presidente requisitara um distintivo para Elvis. Não muito depois de retornarem ao escritório de Krogh, Finlator chegou com o distintivo, presenteando-o a um Elvis profundamente emocionado. Ninguém jamais o informou de que aquele era apenas um distintivo honorário; e o objeto encontra-se, atualmente, em exposição em Graceland.[7]

Sem saber que o distintivo era meramente honorário, Elvis usou-o em várias ocasiões, no decorrer dos anos seguintes, para exibir suas credenciais de combatente do crime. Ele tentou fazer com que seus três irmãos adotivos, que ainda cursavam o ensino médio, lhe relatassem quaisquer episódios relacionados ao uso de drogas observados na escola, para que ele pudesse prender os responsáveis. Naturalmente, os garotos relutavam em antagonizar-se com os colegas de classe e arriscarem-se a sofrer represálias. Elvis também conseguiu obter um rádio que sintonizava a frequência da polícia e uma lanterna giroscópica azul, que ele colocava sobre a capota de seu Lincoln Mark IV. Então passou a patrulhar as ruas de Memphis. Às vezes, ouvindo o rádio, ele saltava sobre sua motocicleta e chegava ao local de um acidente ou à cena de algum crime antes dos policiais. Enquanto esses não chegavam, ele ajudava a controlar o trânsito. Jamais tendo-se deparado com alguma situação de tráfico de drogas, ele passou a parar motoristas que excedessem os limites de velocidade, valendo-se de sua autoridade como xerife-assistente. Ele deixava que os motoristas se fossem dando-lhes apenas uma advertência verbal, e, em troca da promessa deles de não voltarem a ultrapassar a velocidade permitida, dava-lhes seu autógrafo.[8]

A ocasião mais dramática em que fez uso do distintivo federal ocorreu quando ele descobriu que um dos integrantes recém-contratados de sua equipe havia abusado de sua confiança. O homem roubara 500 dólares e mentira a respeito, então fora apanhado falsificando o nome de Elvis em alguns cheques e remexendo em uma coleção de fotos *Polaroid* particulares. Enraivecido, Elvis ponderou sobre o problema durante uma noite inteira. Quando se decidiu a agir, na manhã seguinte, foi informado de que o homem acabara de rumar para o aeroporto de Las Vegas, onde apanharia um voo para Memphis. Elvis saltou para o volante de um carro e dirigiu velozmente para o Aeroporto McCarran — onde acreditou haver chegado tarde demais, pois um avião já taxiava, pronto para partir. Não permitindo que isso o detivesse, Elvis correu pela pista de decolagem até conseguir chamar a atenção do piloto, exibindo seu distintivo e exigindo que o avião parasse e ele pudesse abordá-lo.

Presumindo que Elvis tivesse perdido o voo e pretendesse embarcar, o piloto parou a aeronave e abriu a porta. Elvis e Red West subiram a bordo e deram início a uma busca. Elvis permaneceu falando com o piloto, enquanto Red West e o primeiro-oficial começaram a checar os passageiros. Casualmente, Elvis perguntou qual seria o horário previsto para a chegada do voo a Memphis, ao que o piloto respondeu: "Elvis, este voo não vai para Memphis. Nós vamos para San Francisco!". Mais encolerizado do que embaraçado, Elvis chamou Red de volta e ambos desembarcaram. Sonny West, nesse meio-tempo, havia chegado ao aeroporto em outro carro, tendo encontrado o fugitivo ainda no terminal de embarque. Ele arrastou o sujeito até o carro e obrigou-o a abrir sua mala de viagem — onde foi encontrado um anel de 20 mil dólares, recebido por Elvis ao quebrar um recorde de atração de público. Quando Elvis chegou até eles e inteirou-se da situação, quis repetir a menção dos direitos do suspeito no ato de sua apreensão, como fazem os policiais, mas sua memória o traiu quando já chegava à metade do texto. De todo modo, eles levaram o homem até o quarto de hotel ocupado por Elvis, onde este deu-lhe um "sermão" antes de deixá-lo ir-se, para nunca mais voltar a vê-lo.[9]

Talvez por acreditar que poderia "dobrar a aposta" do dia 21 de dezembro de 1970, quando se encontrou com o presidente, a fim de conhecer a *verdadeira* sede do poder em Washington, Elvis retornou à capital uma semana depois, para fazer uma visita guiada ao quartel-general do FBI. Ele esperava poder encontrar-se com J. Edgar Hoover.

Foi solicitado a ele e a seus acompanhantes deixar todas as armas que portassem na entrada do edifício. Sonny West sacara a pistola que portava em um coldre de ombro e a deixara no carro. Elvis sacou duas pistolas de seus coldres de ombro e outra que portava à cintura. Os agentes federais que supervisionavam a operação ficaram admirados ao vê-lo retirar ainda mais uma pistola da cintura, levada às costas. Durante a visita, ele precisou usar o banheiro. Quando inclinou-se sobre a pia do lavatório, uma pistola automática, calibre .25, caiu de onde estivera oculta sobre o piso de ladrilhos. Os agentes que o acompanhavam não puderam deixar de notá-la, mas preferiram permanecer em silêncio. "Desculpem por isso, amigos", disse Elvis. "Acho que me esqueci desta aqui."

Elvis jamais encontrou-se com J. Edgar, em razão de alegadas "agendas conflitantes". Tempos depois, Sonny West teve acesso a um memorando interno datado do dia anterior à visita. O agente que o redigira reconhecia as "boas intenções" de Elvis, mas advertia que "ele certamente não é o tipo de indivíduo com quem o Diretor desejaria reunir-se". Não tendo de enfrentar nenhuma campanha por sua reeleição, a "Eminência Parda" declinou da oportunidade de encontrar-se com o Rei.[10]

Por que os distintivos de autoridade eram tão irresistivelmente atraentes para Elvis? Por que ele chegaria ao absurdo de abrir caminho até a Casa Branca e, pessoalmente, persuadir o líder do Mundo Livre a conferir-lhe um emblema metálico?

É um mistério a razão pela qual as pessoas colecionam coisas: moedas, selos, autógrafos, copos e canecas de louça ou figurinhas com ídolos dos esportes. Algo acerca desses objetos excita e proporciona satisfação a certos indivíduos, e as raízes desse apelo estão fixadas profundamente na psique de cada um deles, tendo sido possivelmente geradas por algum anseio ou fixação infantil. No caso de Elvis, a conexão que primeiro acorre à mente é a de que os distintivos simbolizam autoridade: uma asserção da correção e uma confrontação aos seus transgressores. A implicação é a de que Elvis deveria ter uma profunda afinidade com a manifestação dessa autoridade. É fato conhecido que os agentes da lei, em muitas cidades, testemunharam demonstrações de sua amizade para com eles e uma apreciação sincera pelos seus esforços. Ele gostava de estar em companhia deles. Ele doava dinheiro para seus fundos de auxílio e adquiria para eles coletes à prova de balas. Ele era conhecido por visitar a Central de Polícia de Memphis toda véspera de Natal, somente para dizer alô e ver como todos estavam passando. Ele mantinha relações tão boas com o Departamento de Polícia de Denver que lhe deram um uniforme de capitão e o convidavam a participar de ações de apreensão de drogas.[11]

Manter a sociedade segura e livre de drogas era uma ideia que lhe parecia muito atraente. Em sua carta para o presidente Nixon ele enfatizara que o abuso de drogas e as atividades comunistas eram suas duas maiores preocupações, e ele identificava "a cultura das drogas, os elementos *hippies*, os SDS, os Panteras Negras* etc." como grupos cuja ação ele poderia ajudar a conter se lhe fossem concedidas as credenciais adequadas. O próprio fato de ele haver, certa vez, louvado J. Edgar Hoover como "o maior americano vivo" ilustra bem o caso.[12]

Porém, durante a década de 1970, os Estados Unidos eram assolados por uma onda de ceticismo – como resultado da contradição entre os pronunciamentos governamentais sobre a Guerra do Vietnã e o que realmente acontecia, bem como em consequência dos assassinatos de homens bons, que visavam apenas reformar o sistema. Elvis, contudo, não compartilhava desse ceticismo. Ele se atinha a um ponto de vista mais inocente, e sua atitude era a de um retorno a uma época em que a vida transcorria de maneira mais simples.

Em sua carta ao presidente ele também mencionava haver sido nomeado um dos "Dez Jovens Extraordinários do Ano" pelos *Jaycees*.** Elvis orgulhava-se

---

* SDS era a sigla utilizada pelos membros do *Students for a Democratic Society* – "Estudantes por uma Sociedade Democrática" –, um grupo de ativistas políticos muito influente nos anos 1960 e 1970 nos Estados Unidos, onde eram identificados como expoentes da chamada "Nova Esquerda". Os "Panteras Negras" (*Black Panthers*) constituíam um partido político revolucionário, de orientação marxista, que se dedicava principalmente à defesa dos direitos dos cidadãos negros e à satisfação de outras reivindicações destes. Seu principal período de atividade, antes de a maioria de seus membros migrarem para os quadros de outros partidos políticos convencionais, também deu-se durante as décadas de 1960 e 1970. [N.T.]
** A JC (*Junior Chamber*, ou "Câmara Júnior") – cujos membros são conhecidos como "jota-cês", ou *"jaycees"*, em inglês – é uma organização cívica sem fins lucrativos, existente desde 1920, que proporciona treinamento de liderança, desenvolvimento e administração de negócios a pessoas entre 18 e 40 anos de idade que promovam o progresso das comunidades em que vivem e exercem suas atividades. [N.T.]

particularmente por haver sido eleito. Ele voara da Califórnia para receber a premiação em pessoa, em Memphis, e até mesmo preparara um discurso para a cerimônia. Suas palavras iniciais eram: "Quando era criança, Sras. e Srs., eu era um sonhador. Eu lia revistas em quadrinhos e eu era o herói daquelas histórias".[13]

Quando garoto, ele era apaixonado pelas aventuras do Capitão Marvel e do Capitão Marvel Júnior. Ambos combatiam as forças do mal e defendiam tudo quanto representasse o bem, além de apoiarem irrestritamente — como também fazia o Super-Homem — o estilo de vida americano. O primeiro usava um traje vermelho, e o segundo, um traje azul, mas, em destaque sobre ambos, bem no centro do peito, havia o desenho anguloso e estilizado de um relâmpago amarelo.

Não carece de significado, portanto, o desenho que Elvis criou, em 1970, para o adorno que passou a usar sobre o peito, pendente de um cordão de ouro 14 quilates, na forma de um chamativo relâmpago. Ele e Priscilla incorporaram ao desenho as letras TCB — uma sigla para a expressão *take care of business* ("tome conta dos negócios"), o lema informal dos doze integrantes da Máfia de Memphis. Elvis gostou tanto de sua nova criação que providenciou para que fosse replicada uma dúzia de vezes, presenteando a cada um de seus homens de confiança com uma peça. O logotipo passou a significar tanto para ele que logo foi reproduzido em anéis, sobre uma das paredes de Graceland, na cauda de seu avião particular — batizado "Lisa Marie" — e até mesmo na lápide de seu túmulo.[14]

Músicas sugeridas

"Where Could I Go but to the Lord?"
"If I Can Dream"
"Bridge Over Troubled Water"

Parte Cinco

LONELY STREET — RUA DESOLADA

13
Rompimento

Talvez por ter obtido o distintivo do *Bureau of Narcotics and Dangerous Drugs*, Elvis iniciou o ano de 1971 com boa disposição. Em um momento memorável durante as apresentações em Las Vegas, a intensidade das luzes do palco era lentamente diminuída enquanto ele se afastava da plateia, baixando a cabeça. Um único holofote permanecia aceso, com o facho de luz iluminando os ombros e a parte superior das costas dele, focalizando o característico colarinho exageradamente alto. Então os sentimentais acordes da abertura de "You've Lost that Lovin' Feeling" eram tocados e sua voz profunda fazia-se ouvir, entoando os versos *"You never close your eyes anymore / When I kiss your lips..."*. Quando se aproximava o momento de cantar o verso-título da canção, ele assumia uma postura dramática e voltava-se de frente para a plateia, enquanto o foco de luz se ampliava.

Certa noite, no início de 1971, ele voltou-se para a plateia usando uma máscara de gorila.

Durante a mesma apresentação, ele disse secamente: "Gostaria que vocês conhecessem o Coronel Parker", e posicionou o microfone diante de uma caixinha de risadas, que funcionava a pilhas.[1]

Porém o bom humor não durou muito. O relacionamento com Priscilla estava se desfazendo. Quando foi a um estúdio de gravação em Nashville, em março, para dar início ao que tanto poderia vir a ser um novo disco de canções natalinas quanto um lançamento de música *gospel*, ele preferiu gravitar em torno de baladas românticas, do tipo "dor de cotovelo", gravando "The First Time I Ever Saw Your Face" e "Early Morning Rain".

Mas a sessão de gravação terminou antes de o trabalho chegar ao fim, quando seu olho direito começou a arder. Ele foi consultar um oftalmologista, e um telefonema foi dado ao dr. Nichopoulos, em Memphis. O "dr. Nick" conhecia o especialista em questão, que havia sido seu professor, e o advertira da gravidade da condição de Elvis. Nick imediatamente fretou um voo para Nashville, levando consigo o oftalmologista mais conceituado do Tennessee, o dr. David Meyer. Meyer examinou Elvis e ficou tão alarmado com sua pressão intraocular — mais de *quatro vezes* superior à considerada normal — que administrou, ali mesmo, uma injeção de esteroides, aplicada diretamente em seu globo ocular. Seria necessário que Elvis se mantivesse absolutamente imóvel enquanto a agulha lhe perfurasse o olho, pois o menor movimento poderia redundar em danos severos, ou mesmo em cegueira permanente. Meyer ficou admirado com o autocontrole demonstrado por ele, que Nick atribuiu à sua prática constante de meditação e ao treinamento em karatê. "Que disciplina!", exclamou Meyer. "Ele foi incrível!"[2]

Ambos insistiram para que Elvis se internasse em um hospital, e, como Priscilla já tivesse retornado a Los Angeles, ele pediu a uma bela atriz, chamada Barbara Leigh, para lhe fazer companhia. Ela não era a única a proporcionar-lhe algum tipo de consolo naqueles dias. Havia vários meses que Elvis "saltava" entre relacionamentos com três outras mulheres além de Priscilla: Barbara, uma cantora chamada Kathy Westmoreland e Joyce Bova, uma integrante do House Armed Services Committee (Comitê Doméstico das Forças Armadas), uma instituição ligada ao equivalente do Ministério da Defesa norte-americano.

Seus relacionamentos deviam-se menos à atração sexual do que à sua necessidade de companheirismo. Kathy Westmoreland passou várias noites na companhia dele, ao longo de muitas semanas, antes que ambos tivessem uma relação sexual. Segundo disse, ele gostava de declamar poesias para ela e de ler, em voz alta, trechos de alguns de seus livros sobre espiritualismo. Joyce Bova também declarou que ele, frequentemente, desejava apenas discutir sobre assuntos espirituais ou fazer com que ela lesse para ele trechos selecionados de *A Vida Impessoal*.[3]

Elvis voltara a praticar karatê seriamente, depois de restabelecer o contato com Ed Parker. Parker indicara-lhe um instrutor de Tae Kwon Do residente em Memphis, chamado Kang Rhee, para que Elvis e os homens da Máfia de Memphis pudessem prosseguir com seu treinamento ao retornar a Graceland. Elvis visitou o estúdio do Mestre Rhee em março de 1971, causando viva impressão ao instrutor, mais graças à compreensão que demonstrara dos aspectos espirituais subjacentes à prática das artes marciais do que por suas habilidades físicas. Ele deu a Elvis a alcunha de "Mestre Tigre" e designou-o para liderar os demais alunos nas orações, antes do início de cada sessão de treinamento.[4]

Priscilla passou a maior parte de 1971 em Beverly Hills, ocupando-se principalmente com a decoração da nova residência do casal, na Monovale Drive. Ela também começara a ter aulas de karatê com Ed Parker, saindo-se bastante bem. Após uma das apresentações de Elvis em Las Vegas, ela foi apresentada ao faixa preta Mike Stone, ex-discípulo de Bruce Lee, que havia se distinguido como campeão de combates de contato ligeiro. Elvis recomendou a Priscilla que treinasse com Stone, que mantinha um estúdio nas imediações de Los Angeles. Assim ela fez, mas, como a distância era muito longa, preferiu continuar a treinar em um estúdio localizado em Sherman Oaks, de propriedade de um amigo de Stone, chamado Chuck Norris. Stone às vezes aparecia por lá, como instrutor convidado; e o relacionamento entre ele e Priscilla foi se tornando cada vez mais sério. Em pouco tempo, ele já telefonava à residência na Monovale Drive, usando o codinome "Mickey". Joan Esposito, a esposa de Joe, às vezes servia como dama de companhia para Priscilla. Ela soube do início do caso extraconjugal e decidiu dar cobertura a ela.[5]

Enquanto a vida privada do casal avançava em sentidos cada vez mais distanciados, publicamente Elvis e Priscilla celebraram o quarto aniversário de casamento em Las Vegas, no dia 1º de maio.

Naquele mesmo mês, Elvis voltou ao estúdio, para dar continuidade às gravações do álbum de Natal. O Coronel providenciou para que o estúdio fosse decorado com temas natalinos, a fim de servir-lhe como inspiração, mas Elvis não se mostrou mais motivado. Ele apenas queria que tudo aquilo terminasse logo. Aparentemente, ele estava mais interessado em contar histórias e exibir suas armas do que em gravar as canções. A falta de entusiasmo contagiou os músicos, que não se sentiam compelidos a dar o melhor de si mesmos no trabalho. Elvis chamou Joyce Bova para assistir à sessão final de gravação, apenas para ter companhia ao sair do estúdio. Depois da sessão de gravação, em meio àquela noite, ele despertou sobressaltado, tomado de dores. Ela quis chamar um médico, mas ele insistiu para que um jato fosse fretado para levá-lo a Memphis, a fim de ver o dr. Nick. Elvis nada disse a ela sobre o problema que tivera, nem sobre o tratamento que recebera. Enquanto ele se recuperava, os dois assistiam à cobertura da televisão da inauguração da biblioteca Lindon B. Johnson, evento que contava com a presença de Richard Nixon. Quando uma manifestação de protesto popular eclodiu diante do edifício, Elvis indignou-se com a falta de respeito à bandeira demonstrada pelos jovens que protestavam.[6]

Em junho, ele retornou ao estúdio a fim de terminar a gravação do álbum. De um álbum de canções natalinas, o resultado fora transformado em um disco de música *gospel*, que viria a ser intitulado *He Touched Me*, quando lançado no início do ano seguinte. O disco rendeu a Elvis seu segundo prêmio Grammy.[7]

Antes do início de sua temporada regular de um mês de apresentações no International – agora renomeado como Hilton, após sua aquisição por um novo grupo empresarial –, o Coronel arranjara para que ele fizesse uma curta temporada de duas semanas no Sahara Tahoe. Elvis aproveitou a oportunidade para estrear material novo, incluindo a apresentação de uma fanfarra interpretando "Sunrise", um trecho da obra *Also Spracht Zarathustra*, de Richard Strauss. Stanley Kubrick trouxera essa mesma peça musical ao conhecimento do grande público ao utilizá-la na trilha sonora de seu filme *2001: Uma Odisseia no Espaço*. A esposa do diretor musical de Elvis, Joe Guercio, foi a primeira pessoa a sugerir a utilização do tema, que a fazia lembrar de Elvis. Guercio surpreendeu-se ao saber que ele concordara com a sugestão e ficou ainda mais surpreso ao descobrir que Elvis tivera impressão idêntica ao ouvir a música. Guercio desenvolveu o movimento como uma introdução dramática para o show, levando-o ao que todos passaram a referir-se como um "orgasmo" de bateria, que se emendava à primeira canção que Elvis interpretava sobre o palco. A peça musical, a partir de então, passou a ser sua "assinatura" na abertura de todos os shows.[8]

Elvis havia adquirido uma casa em Palm Springs em 1969. Ele a utilizava como um refúgio de fim de semana, geralmente levando para lá seus amigos homens, para se dedicarem à prática de atividades tipicamente masculinas, como percorrer as dunas do deserto pilotando *buggies*. Movida por um impulso, Priscilla foi à casa em certo dia de semana, onde encontrou um bilhete deixado na caixa de correspondência, assinado por uma garota que agradecia a Elvis por um fim de semana que passara em sua companhia. Furiosa, ela telefonou para Las Vegas, exigindo falar com ele. Em vez de pôr-se na defensiva, ele a desafiou: "Como você pode ser tão inconsequente, chateando-me assim, quando estou prestes a subir ao palco para fazer uma apresentação?"[9]

Em outubro, Elvis iniciou uma nova turnê em Minneapolis. Segundo Joyce Bova, que viajou em sua companhia, aonde quer que fosse ele levava consigo o distintivo do *Bureau of Narcotics and Dangerous Drugs* e o prêmio recebido dos *Jaycees*. Essas coisas pareciam fazer parte de sua identidade, e um tópico recorrente em suas conversas era o cumprimento de sua "missão" — que seria a de fazer com que os sonhos das pessoas se tornassem realidade.[10]

Ele perdera Barbara Leigh para — dentre todos os homens do mundo — seu antigo rival, Steve McQueen, quando o par participava das filmagens de *Dez Segundos de Perigo* (*Junior Bonner*, 1972). Elvis, então, passou a falar mais ternamente com Joyce sobre a iminência de um rompimento com Priscilla e a possibilidade da mudança dela para Graceland.

Priscilla levou Lisa Marie a Graceland para os feriados natalinos, quando ele se mostrou — como de hábito — um pai amoroso. Contudo, os mais chegados podiam notar que Elvis e Priscilla não se sentiam à vontade na presença um do outro. Tão logo ela partiu para Los Angeles, na noite da véspera de Ano-Novo, Elvis começou a anunciar aos amigos e associados que ela estava separando-se dele.[11]

Ele podia sentir que o tempo passava rapidamente. Em seu trigésimo sétimo aniversário, no dia 8 de janeiro de 1972, ele disse a Joyce: "Já passei da idade em que Cristo foi crucificado. Não posso esperar muito mais para planejar o trabalho que tenho a realizar no restante da minha vida".[12]

O fim de *alguma coisa* estava próximo. Priscilla foi a Las Vegas para a abertura de sua nova temporada, mas não permaneceu lá. Quando retornou, ao final do mês, ela jantava no restaurante italiano do Hilton Hotel quando o *maître* lhe trouxe uma mensagem. Elvis desejava vê-la em sua suíte, alguns andares acima.

Ela estranhou a circunstância, pois ele normalmente não retornava à suíte entre uma apresentação e outra.

Lá, ela encontrou-o na cama, à sua espera. "Ele me agarrou e fez sexo comigo, à força", escreveu ela em sua autobiografia. Talvez em vista do envolvimento dela com Mike Stone ele tenha pensado que demonstrações físicas de masculinidade a excitassem; então ele disse: "É assim que um homem de verdade faz amor com a sua mulher". Tal falta de ternura não era característica dele; ele jamais a havia tratado dessa maneira. Sentindo que estava prestes a perder Priscilla, Elvis tentara remediar a situação escolhendo exatamente o caminho errado. Ela podia afirmar que ele se encontrava sob efeito das medicações que tomava, e que, de maneira absolutamente rude, tentava reatar a conexão existente entre ambos, que se enfraquecia. Ela passou a noite na companhia dele, após a segunda apresentação, mas não coseguiu dormir. Em prantos, ela afinal soube que aquele era o fim. Ela levantou-se antes dele, na manhã seguinte, e já fazia as malas quando ele despertou. Ele perguntou aonde ela ia, e ela respondeu-lhe que estava de saída. "De saída de onde?", indagou Elvis.

"De saída do nosso casamento", disse ela.[13]

14
Decadência

Elvis passou os primeiros — muitos — meses de 1972 oscilando entre o alívio por haver conquistado a liberdade que pensava desejar e o controle de um sentimento de rejeição em nível visceral. Ele sempre achara que seu relacionamento com Priscilla fosse especial e que duraria indefinidamente. Agora ela — *ela!* — o havia terminado. Ele voltou a mergulhar na leitura de livros espiritualistas em busca de consolo. Tempos depois, ele diria: "Quando Priscilla me deixou, cheguei ao ponto mais baixo da minha vida, desde a morte de minha mãe. Aqueles livros me salvaram da loucura completa. Foi como ter minhas entranhas arrancadas".[1]

Em março, ele voltou ao estúdio de gravação. Ali ele criaria mais um sucesso a alcançar o *Top 10*, "Burning Love", mas outras canções refletiam melhor seu sofrimento interior. Ele escolheu cantar "Always on My Mind" (*"Maybe I didn't treat you quite as good as I should have / Maybe I didn't love you quite as often as could have..."* — "Talvez eu não tenha te tratado tão bem quanto deveria / Talvez eu não tenha te amado tão frequentemente quanto poderia..."); e também gravou "Separate Ways", composta por seu amigo Red West. A letra da canção sentimental concentrava-se na angústia de deixar um grande amor para trás e incluía uma pungente referência ao impacto que isso poderia causar sobre as outras pessoas envolvidas em um romance: *"Some day when she's older maybe she will understand / Why her mom and dad are not together..."* — "Algum dia, quando for mais velha, talvez ela venha a compreender / Por que sua mamãe e seu papai não vivem juntos...". Durante esse mesmo período, os ensaios foram filmados para a produção de mais um documentário sobre Elvis, intitulado *Elvis on Tour*. A certa altura, um entrevistador leva-o a falar sobre os anos passados em Hollywood e a sucessão de filmes "de segunda linha" que ele estrelara. "Era um trabalho", respondeu ele, negligentemente. Contudo ele admitiu haver pago um preço por ter continuado a fazê-los: "Eu me preocupava muito com eles, até ficar fisicamente doente".[2]

Em junho, ele iniciou outra turnê, cujos primeiros quatro shows ocorreram no Madison Square Garden. Cada uma das apresentações teve sua lotação esgotada — somando 80 mil pagantes, no total —, contando com a presença de *rockers* como John Lennon, George Harrison, Bob Dylan e David Bowie, que foram assistir ao Mestre: o homem que criara o universo em que viviam. O Coronel Parker assegurou que os eventos fossem gravados e filmados, e um álbum — *Elvis as Recorded at Madison Square Garden* — foi lançado apenas uma semana depois da apresentação final. Dois meses depois, o trabalho renderia a Elvis mais um Disco de Ouro.[3]

Em julho, Priscilla e Lisa Marie voltaram a Graceland, mas apenas para apanharem suas coisas. Priscilla se mudara para Los Angeles definitivamente. Poucos dias mais tarde, sua separação de Elvis chegaria às manchetes da imprensa mundial.

Elvis sabia que poderia ter a companhia de quem quisesse para passar as noites, mas pediu aos amigos que procurassem por mulheres com quem ele pudesse estabelecer um relacionamento sério. George Klein pensou em Linda Thompson, uma ex-Miss Tennessee, que manifestara interesse em conhecer Elvis. Poucos minutos depois de havê-la apresentado a Elvis, ela já ocupava um assento ao lado do Rei no Memphian Theatre — o cobiçado lugar à esquerda dele, outrora exclusivamente reservado para Priscilla.[4]

Elvis sentiu uma empatia imediata por Linda. Além de uma nativa do Sul, ela também compartilhava com ele a formação no credo batista. Ela não fumava, não bebia nem falava palavrões; e gostava de ler a Bíblia na companhia dele. Além disso, ela mantinha a mente aberta às explorações religiosas e adorava ler e discutir livros como *Apenas Amor*, de Daya Mata, e *A Vida Impessoal*, de Benner. Tal como outras mulheres pelas quais ele se sentira instantaneamente atraído, ela tinha um rosto bem proporcionado, de beleza clássica, e seus outros atributos físicos não eram muito importantes para Elvis ("Afinal", ele gostava de dizer, "foi pelo rosto de Helena de Troia que milhares de navios foram ao mar, não pelo traseiro dela."). Linda permaneceria sua "âncora" por cinco anos, mas ele sempre procurou preservar a imagem dela. Aonde quer que viajassem, ele costumava reservar um quarto separado para ela nos hotéis.[5]

Desde a primeira vez que Elvis a chamou pelo telefone, pouco depois de haverem tido o primeiro encontro, Linda percebeu-lhe a voz empastada. Ela perguntou se ele se sentia sonolento, e ele encobriu as circunstâncias respondendo-lhe afirmativamente, alegando estar muito cansado. Ao desligar o telefone, ela ficou imaginando se ele não estivera bebendo, desde que se despedira dele. Com o passar do tempo, a dicção engrolada manifestou-se cada vez mais frequentemente, e ela pôde testemunhar algumas ocasionais vacilações. Por fim, ele admitiu usar regularmente pílulas para dormir, embora ela não pudesse perceber a real dimensão de seu problema senão até vir a conviver com ele por algumas semanas. Durante a temporada dele em Las Vegas, em agosto, ela começou a aprofundar seu ponto de vista. Ele tomava pílulas constantemente e requisitava atenções médicas até cinco vezes por dia. Ele ofereceu pílulas a ela, que as recusou, sabendo que a ingestão dessas poderia ser perigosa, por mais de um motivo. Quando o efeito dos sedativos se manifestava, às vezes ele caía no sono enquanto ainda mastigava a comida, e poderia haver engasgado e sufocado, se ela não estivesse alerta.[6]

Larry Geller retornou ao círculo mais próximo de Elvis em meados de 1972, após um hiato de cinco anos. Sendo um amigo de Johnny Rivers, ele fora assistir a uma apresentação de Elvis em Las Vegas na companhia do cantor. Elvis soube da presença de Rivers durante o show e convidou a ambos para ir ao seu camarim, após a apresentação. Então tudo foi perdoado e esquecido.

Geller voltou a vê-lo mais tarde, naquele ano. Elvis convidou-o a ir à sua suíte, conduziu-o ao dormitório, e fez um gesto para exibir o piso do aposento. "Você realmente jamais me deixou", disse ele. "E eu jamais deixei você." O piso do quarto estava coberto por dúzias de livros, cujos títulos eram-lhe muito familiares: ali estavam a *Autobiografia de um Iogue*, *A Vida Impessoal*, *Urantia* e vários livros de e sobre Helena Blavatsky. A Teosofia parecia atraente para Elvis graças ao seu foco no conceito de fraternidade universal e seu posicionamento ao afirmar que todas as religiões contêm facetas da verdade divina. Naqueles dias, ele estava particularmente fascinado por Madame Blavatsky, tanto por sua aparência física quanto por seus escritos. Nos olhos dela e no formato de seu rosto, ele via uma grande semelhança com a imagem de sua mãe, Gladys.

Ele notou que Geller detivera seu olhar sobre um exemplar de *Through the Eyes of the Masters* (escrito por David Anrias). "Vejo que você ainda se lembra do que eu falei, naquele dia", disse Elvis. "Não eram os mestres que tentavam controlar a minha mente. Eu pude perceber isso, depois de um tempo. Eles jamais se utilizaram do medo, e jamais restringiram ninguém." Elvis convidou Geller para o acompanhar ao Havaí, a fim de assistir à primeira transmissão mundial de um concerto ao vivo, mas Geller já havia se comprometido a acompanhar Johnny Rivers em sua turnê pela Europa.[7]

Por anos, o Coronel Parker ficara intrigado com a ideia de transmitir uma apresentação de Elvis em circuito fechado de televisão. Com o passar do tempo, o foco de sua conjectura tornou-se muito mais abrangente. Seis dias após o trigésimo sexto aniversário de Elvis, em 14 de janeiro de 1973, o show *Aloha from Hawaii* foi transmitido, via satélite, para mais de quarenta países ao redor do mundo, atingindo uma plateia de várias centenas de milhões de espectadores. Esse número poderia ter sido consideravelmente maior, mas as redes de televisão norte-americanas adiaram a exibição nos Estados Unidos até o dia 4 de abril.

A maioria dos fãs estava tão deliciada por ver o desempenho de Elvis que não atentou para muito mais do que o balanço de seus quadris e sua maquiagem, a ponto de perceber que ele estava mudando. Os mais próximos a ele, como George Klein, acharam que ele parecia um tanto alheio e cansado, carecendo de sua centelha habitual. Segundo Sonny West, Elvis fora forçado a submeter-se a mais uma "dieta de impacto", a fim de perder peso para a ocasião. Seu consumo diário de Dilaudid e Demerol provocava-lhe um intenso desejo de açúcar, que ele vinha aplacando, havia meses, com caixas e mais caixas de picolés cremosos com cobertura de chocolate. O próprio Sonny recentemente concluíra um período de dieta alimentar que fizera com que perdesse dezoito quilos. Isso impressionou Elvis, que insistiu para ele recomeçar a dieta, no intuito de acompanhá-lo. Assim, ao longo do mês de dezembro, os dois submeteram-se a um regime de ingestão de **alimentos insípidos,** embalados em sacos de celofane, complementado por injeções **diárias de um** composto de proteínas, supostamente sintetizado a partir da urina de mulheres grávidas. Elvis conseguiu perder nove quilos muito rapidamente, a tempo de fazer a apresentação histórica. Mas, no dia seguinte, quando deveria **fazer** uma visita ao monumento memorial do USS Arizona, ele caiu prostrado num sofá, banhado em suor, com a voz empastada e incapaz de manter os olhos abertos. Na concepção de Sonny, aquele dia marcou o início de sua longa decadência.

Por algum tempo, ninguém fora de seu círculo mais íntimo pôde perceber os sinais. O álbum com as gravações de *Aloha* chegou à primeira posição nas paradas de sucesso, com vendas quase alcançando a marca de 4 milhões de cópias. Com o despertar do sucesso obtido pela transmissão épica, Elvis passou a ter uma agenda lotada. Ele faria 168 apresentações durante o ano 1973. Para o grande público, embora estivesse um tanto mais "pesado", ele ainda se parecia com o Elvis a quem todos conheciam e amavam — e, por isso, jamais deixavam de lotar as plateias de suas apresentações.[8]

Mas a decadência já se iniciara.

Em meados de fevereiro de 1973, durante uma apresentação iniciada à meia-noite em Las Vegas, quatro homens se posicionaram muito próximos do palco. De repente, um deles saltou e correu na direção de Elvis. O homem levava um casaco dobrado sobre o braço, sob o qual poderia estar oculta uma arma. Red West conseguiu interceptá-lo antes que pudesse alcançar Elvis e imobilizou-o com uma chave de braço em torno do pescoço, arrastando-o pelo palco até entregá-lo aos cuidados de um guarda de segurança nos bastidores. Enquanto isso, os outros três homens tentaram imitar o primeiro. Sonny West e Jerry Schilling repeliram dois deles, e Elvis aplicou um golpe de karatê no terceiro que o atirou de volta à plateia. Elvis, com a adrenalina pulsando em suas veias, continuou a atacar o vazio com golpes de karatê, agitando freneticamente os braços e as pernas. O homem que aparentemente liderava os outros portava uma bengala, a qual ao ser inspecionada revelou ser, na verdade, uma espécie de bainha para uma espada oculta. A polícia jamais conseguiu descobrir qual era a motivação do quarteto, mas as investigações revelaram que alguns deles eram proprietários de clubes de *striptease* e que já haviam sido presos anteriormente pelo porte de armas disfarçadas.[9]

Em sua paranoia alimentada pelo consumo de drogas medicinais, Elvis logo cogitou que os quatro homens pudessem ter sido contratados por Mike Stone. A suspeita cresceu em sua mente, intensificando-se até passar a ser uma convicção. Nas primeiras horas da manhã do dia 19 de fevereiro, Sonny e Red West encontravam-se no vestíbulo que havia diante da porta do quarto de Elvis, bebendo cerveja e permanecendo disponíveis, caso ele necessitasse de seus serviços. No quarto, Elvis estava em companhia de Linda Thompson.

Quando, afinal, foram chamados, os dois depararam-se com a preocupante e intimidadora imagem de um espectro. Elvis não era mais ele mesmo, mas tornara-se um ser angustiado, dominado pelos efeitos das substâncias químicas em seu organismo. Seus olhos estavam injetados e seu rosto reluzia, banhado pelo suor, enquanto ele se sentava com as pernas cruzadas sobre a cama. Ele ordenou a Sonny que se aproximasse e se ajoelhasse ao lado do leito. Tomando-lhe as mãos entre as suas, ele disse: "Olhe nos meus olhos, Sonny. Olhe nos meus olhos...". Imediatamente, Sonny deu-se conta de que Elvis tentava empregar alguma técnica de controle mental que tivesse aprendido em seus estudos sobre ocultismo, mas o que ele diria a seguir foi ainda mais assustador: "O cara tem de morrer. Você sabe que o cara tem de morrer... Há dor e sofrimento demais em mim, e tudo é causado por ele. Você está me ouvindo? Eu estou certo. Eu sei que estou certo. Mike Stone tem de morrer".

Atônito, Sonny tentou argumentar com ele, enquanto demonstrava compreendê-lo. Sim, Stone o fizera sofrer, mas tomar uma atitude como aquela era algo extremo, impensável mesmo. No entanto, Elvis havia levado sua mente a um estado obsessivo, repetindo continuamente: "Mike Stone deve morrer. Ele tem de morrer. Você fará isso por mim. Você tem de fazer isso. Ele não tem direito de viver".

Enquanto Linda Thompson sentava-se sobre a cama, horrorizada ("O que há com ele? Alguém pode fazer alguma coisa?"), Elvis levantou-se e dirigiu-se ao *closet*. Ele afastou alguns cabides dos quais pendiam suas roupas de cena e, afinal, encontrou o que procurava: um fuzil M-16.

Sonny ficou estupefato. Ele recuou, mas Elvis aproximou-se dele e entregou-lhe a arma. "Será que ninguém entende?... Por que vocês todos não conseguem compreender que esse cara deve morrer?" Sonny segurava a arma, incrédulo, sem saber o que viria a seguir. Elvis saltou para a cama, extremamente frustrado, e, voltando-se para a cabeceira, começou a arranhar-lhe a superfície com as unhas. "Ele me feriu tão profundamente... Vocês todos sabem disso. Ele destruiu tudo e me feriu tanto e ninguém aqui liga a mínima para isso."

Ainda sem saber o que fazer, Sonny aproveitou-se do fato de Elvis haver-lhe voltado as costas para escapulir pela porta do quarto. Ele colocou o M-16 no primeiro cesto de lixo que avistou e foi refugiar-se no vestíbulo.

Red West ainda permanecia no quarto com Elvis. Ele não desejava ficar ali, mas temia pelo que seu amigo e chefe pudesse fazer estando tão alterado.

Linda Thompson foi a primeira a agir. Ela telefonou para o dr. Elias Ghanem, um médico constantemente chamado para atender Elvis, quando estivesse em Las Vegas, instando-o para que viesse *imediatamente*. Antes que ele pudesse chegar, Elvis apelou a Red: "Maldição! *Você sabe* que ele tem de morrer. Red, encontre alguém... Alguém que possa dar cabo dele... Dê alguns telefonemas... Você pode fazer isso. Então faça."

O pedido desconcertou Red, mas a conexão que ele tinha com Elvis ia além da mera amizade ou do amor. Ele admitia que, desde os tempos da Humes High School, sempre sentira ter uma ligação extraordinária com Elvis. Elvis exercia um "poder" sobre ele. "Eu pensei: 'E' estava sofrendo. E, bem, talvez fosse exatamente aquele homem que estivesse lhe causando o sofrimento. Essas coisas acontecem... Acho que era isso que eu dizia a mim mesmo. Quando ele me disse para arranjar alguém que pudesse eliminar Mike Stone, eu tinha de lhe dizer a verdade. Eu o estava ouvindo, e, como um maldito idiota, estava levando-o a sério."

O dr. Ghanem chegou e aplicou em Elvis uma injeção de Valium. Ele logo caiu no sono, e todos esperaram que, passado o calor do momento, o incidente fosse esquecido.

Mas isso não aconteceu. No dia seguinte, assim que o avistou, Elvis perguntou: "Red, você já deu aquele telefonema?". Red o manteve ao largo: "Estou providenciando tudo, chefe". E assim as coisas foram conduzidas pelos dias subsequentes, até Red, enfim, convencer-se de que Elvis não deixaria o assunto passar em brancas nuvens. Então Red fez algumas ligações telefônicas. Em Las Vegas era relativamente fácil encontrar alguém que pudesse resolver um problema desse tipo. Ele falou com alguém, sem revelar nomes, e soube que o preço a pagar seria de 10 mil dólares.

Na última noite da temporada, Red aproximou-se de Elvis, pouco antes de ele subir ao palco. Ele disse que concluíra todos os arranjos necessários, exceto por um último telefonema, que faria de um telefone público. Elvis gostaria que ele prosseguisse?

Elvis hesitou por alguns segundos. "Ora, que diabos", disse ele, para imenso alívio de Red. "Vamos deixar assim, por enquanto. Talvez seja uma barra um tanto pesada. Vamos deixar as coisas como estão, por enquanto."[10]

15
Divórcio

Os indícios estavam ali, três anos antes, para quem os quisesse ver — se fosse suficientemente perceptivo. Em janeiro de 1968, ele havia ido a Nashville gravar novas canções. Elvis era lendário por ser muito respeitoso e infalivelmente cortês. Desta vez, porém, os músicos ficaram surpresos ao vê-lo agir de maneira ostensivamente arrogante. Ele prorrompia facilmente em acessos de mau gênio, motivados por coisas sem importância, e permitia-se proferir as mais vergonhosas profanidades. Durante outra sessão de gravação em Nashville, em 1970, ele constrangeu a todos ao admoestar rudemente seus homens na presença de estranhos, e ordenando-lhes, a todo momento, que lhe trouxessem água, como se fossem escravos. Ele insistia para que a sessão terminasse logo, dizendo ter um voo a tomar — enquanto todos sabiam que os aviões fretados só decolariam quando ele desejasse.[1]

Como qualquer pessoa pode, às vezes, agir de modo temperamental, e a civilidade é algo que as celebridades costumam exercer apenas diante das câmeras, não havia motivos concretos para suspeitar de qualquer coisa extraordinária. Porém, em 1973, a imagem passou a tornar-se mais nítida. Elvis cancelou cinco "shows da meia-noite" durante a primeira temporada em Las Vegas naquele ano, alegando a recidiva de um misterioso problema de garganta.[2] Certa noite, George Klein testemunhou quando ele encostou o cano de uma pistola na cabeça do cantor Jimmy Dean, após apanhá-lo flertando com uma de suas "namoradas" ("Deixe-a em paz", disse Elvis, mal sugerindo que estivesse apenas brincando).³ Uma resenha — publicada pela revista *Variety* — de sua apresentação no Tahoe, em maio, o descrevia como um homem "quinze quilos acima do peso [...], inchado, com um rosto empalidecido e piscando continuamente sob as luzes do palco".⁴ Durante uma apresentação, ele conheceu uma garota e por pouco não foi responsável pela morte dela. Sonny West encontrou a ambos na cama, na manhã seguinte, quase mortos, após o consumo de um frasco inteiro de Hycodan, medicamento para aplacar a tosse com elevado teor de codeína.⁵ Em junho, ele desmaiou em meio a um depoimento que prestava no escritório de seu advogado.⁶

Dias depois, ainda no mesmo mês de junho, o dr. Nichopoulos recebeu um telefonema de Vernon, implorando-lhe para se juntar aos integrantes da turnê e cuidar de Elvis, da melhor maneira possível. O dr. Nick cancelou todos os compromissos assumidos e voou imediatamente para Saint Louis. Antes que pudesse desfazer as malas, ele encontrou Joe Esposito, que parecia estar tendo problemas para despertar Elvis a tempo de uma apresentação. Como ele não respondesse às batidas na porta, Joe e o dr. Nick entraram no quarto e o encontraram à beira da morte, com a respiração muito fraca e oscilando entre lampejos de lucidez e a inconsciência. Seu rosto e suas mãos estavam inchados, sua pele estava banhada de suor frio e ele havia encharcado o pijama que vestia com urina e fezes. Os dois tiveram de fazer um grande esforço para colocá-lo na banheira e lavá-lo. O dr. Nick disse que ele estivera "tão perto da morte quanto uma pessoa pode chegar, antes de expirar". Inacreditavelmente, o Coronel Parker insistiu para ele fazer sua apresentação uma hora mais tarde. Elvis passou a primeira metade do show semiconsciente. O dr. Nick não tinha sequer uma pista sobre o que motivara aquela emergência, mas suspeitara que tinha sido devida a uma reação à medicação que vinha sendo prescrita a Elvis por sua "rede" de outros médicos.⁷

A temporada em Las Vegas, em agosto de 1973, rendeu algumas das piores resenhas críticas que Elvis jamais recebera. O *Hollywood Reporter* comentou: "Ele não está apenas um tanto fora de forma, nem somente mais gordinho do que de costume: a Lenda Viva está obesa, e ridiculamente tenta macaquear sua antiga *persona*". No entanto, sua condição física não era o pior aspecto da situação. Ele havia se tornado irritadiço e, do palco, amaldiçoava o hotel: "Para o inferno com todo o Hilton Hotel! E dane-se o teatro também!".[8]

Por acaso, o Coronel encontrava-se nos bastidores, e ouviu a invectiva. Ao término da apresentação, ele confrontou Elvis. Ambos se exaltaram, até serem finalmente separados, sem que houvesse qualquer resolução; porém, mais tarde, Elvis — ainda enfurecido — fez Joe Esposito chamar Parker de volta à sua presença. Dessa vez as coisas ficaram feias. Elvis fez o que seria impensável: disse ao Coronel que o estava demitindo. Parker retorquiu, dizendo que Elvis não poderia demiti-lo porque ele mesmo se demitiria. Ao deixar o recinto, porém, ele ainda teve presença de espírito suficiente para dizer, aos berros, que se Elvis quisesse pôr fim a tudo, teria de pagar o que devia a ele.

O Coronel passou a noite elaborando um documento que "provava" que Elvis lhe devia 1 milhão de dólares. Eles passaram a discutir sobre detalhes e, no decorrer dos dias seguintes, a situação redundou em um impasse. Após duas semanas, ambos resolveram reatar as relações — aparentemente com um pedido de desculpas de Elvis.[9]

Nesse caso, Elvis estava claramente errado. No entanto, uma questão é frequentemente formulada: se o Coronel Parker trabalhava para ele e poderia ser demitido, por que Elvis *sempre* cedia, permitindo que os pontos de vista dele prevalecessem? Por que ele permitia que o Coronel "matasse" todas as oportunidades que lhe surgiam de fazer algo que realmente gostasse ou desejasse? Peter Guralnick, em seu livro *Careless Love*, fornece uma explicação muito perceptiva: "O Coronel era o seu talismã; o Coronel era a sua sorte; o Coronel lhe prometera o sucesso e cumprira a promessa. E uma parte de Elvis — a parte que continuava a estudar atentamente mapas astrológicos e tabelas numerológicas e a depositar toda a sua fé no papel desempenhado pelo destino — acreditava que, se ele abandonasse o Coronel, sua boa sorte também poderia abandoná-lo."[10]

A música *gospel* o sustentara ao longo de toda a vida, fortalecendo-o quando ele se sentia solitário ou assediado. Ele tinha o hábito de convidar os integrantes dos grupos vocais que o acompanhavam para irem à sua suíte, depois das apresentações, para ajudá-lo a desanuviar-se. Na companhia deles, ele se sentava ao piano por horas, cantando as canções que aprendera na infância: canções de fé e consolo. Às vezes, ele lhes pedia para cantar algum número especialmente escolhido, enquanto reunia a todos em um círculo, de mãos dadas e cabeças reverentemente baixadas. A música tinha uma importância tão crucial para o seu bem-estar emocional que ele se permitia deixar-se levar por ela. Ele mantinha sempre um grupo de músicos "em estado de alerta". Todos eram livres para viver suas vidas e fazer o que bem quisessem, desde que soubessem que, quando quer que fossem chamados, deveriam deixar o que estivessem fazendo e irem imediatamente ao encontro dele e cantarem em sua companhia.[11]

Desde o reencontro com Sri Daya Mata, em 1969, Elvis permaneceria em contato com ela. Mesmo durante os oito meses de uma peregrinação que ela fez pela Índia, ele a supreendia ao rastreá-la por meio de telefonemas. Agora, com sua vida pessoal e sua carreira profissional abaladas, ele foi visitá-la em busca de consolo e aconselhamento. Ela o alertou para não ser tão duro consigo mesmo, dizendo que ele já carregava fardos pesados demais. Ela também o recordou de que o objetivo do trabalho da Self-Realization Fellowship era o de alcançar e estabelecer um estado de equilíbrio entre o corpo, a mente e o espírito. A essas últimas duas coisas ele parecia estar acessando por meio de suas leituras e da prática da meditação. Mas, ao mesmo tempo, ele estava negligenciando o corpo. Ela insistiu para que ele se concentrasse especialmente na prática de exercícios físicos e atentasse para uma nutrição adequada, a fim de atingir o equilíbrio de que necessitava. Ele jamais seguiria os conselhos dela, e, para evitar encarar seu desapontamento, jamais voltou a vê-la. No entanto, ela continuaria a aconselhá-lo por intermédio de Larry Geller.[12]

No dia 9 de outubro de 1973, o divórcio com Priscilla foi oficializado — em termos muito amigáveis. Por todo o tempo que tiveram de apresentar-se diante de um juiz, os dois permaneceram de mãos dadas.[13]

Três dias depois, enfrentando dificuldades para respirar, ele fretou um avião e voou de volta para Memphis. Ele nem bem chegara a Graceland, quando Linda telefonou ao dr. Nichopoulos, dizendo-lhe para ir à residência. O dr. Nick encontrou Elvis mal conseguindo respirar, com o estômago distendido e o rosto tão inchado — por causa do acúmulo de líquido em seu organismo — que era difícil reconhecê-lo. Depois de tentar tratar dele em Graceland, o dr. Nick insistiu para Elvis ser levado ao Baptist Memorial Hospital. Os médicos que o examinaram lá foram unânimes ao concordar que seu estado era grave, e sua condição parecia devida a reações extremas ao consumo de drogas, provavelmente esteroides. A distensão em seu abdômen devia-se a um bloqueio no megacólon; ele contraíra hepatite e sua pele apresentava manchas arroxeadas em várias partes do corpo. Além disso, ele tinha a visão "comprometida pela iminência de glaucoma" e aparentava sofrer de uma ulceração gástrica.

Depois de contornar as evasivas de Elvis, o dr. Nick afinal conseguiu falar com o médico que estivera tratando dele em Beverly Hills. Desse último, conseguiu extrair a informação de que Elvis vinha tomando regularmente injeções de Demerol, cortisona e Novocaína. Então o dr. Nick deu-se conta de que Elvis havia se tornado um dependente químico. Dois especialistas no tratamento da dependência química passaram a administrar-lhe metadona, e, ao fim de duas semanas, a equipe médica pôde estabilizar Elvis e desintoxicar seu organismo.

Mas os problemas de Elvis não eram apenas de ordem física. Ele exibia sintomas de uma severa depressão, e para tratar dele efetivamente o dr. Nick precisaria conhecer a causa. Seria o término do casamento? Seria uma decorrência do abuso do consumo de drogas medicinais? O impacto cumulativo de sua eterna luta contra a insônia? Quando retornou a Graceland, no dia 1º de novembro, ele recebeu instruções especiais. Ele deveria permitir-se adormecer naturalmente — não importando quanto isso demorasse a acontecer. Contudo a experiência fracassou: depois de três dias e três noites, ele ainda permanecia desperto. E, uma vez acordado, ele pedia insistentemente à sua equipe que lhe preparasse o que comer — o que lhe acarretava aumento de peso. Então o dr. Nick cedeu e deu-lhe um sedativo.[14]

Por um mês ou dois, Elvis pareceu haver aprendido uma lição. Quase todas as noites, o dr. Nick dirigia até sua casa e controlava o fluxo das medicações que ele recebia. Quando retornou ao estúdio de gravação, em dezembro, ele parecia muito mais relaxado, e, por insistência do dr. Nick, seu compromisso com o Hilton Hotel foi reduzido para apenas duas semanas, em vez de um mês, em 1974. De maneira geral, suas apresentações receberam boas críticas e, naquela primavera, ele saiu em nova turnê — acompanhado pelo dr. Nick, na qualidade de seu médico particular em tempo integral.[15]

Embora estivesse compreensivelmente deprimido pelo término de seu casamento, o "inimigo número um" de Elvis era, mesmo, o tédio. Não importava aonde a turnê o levasse, os parâmetros eram sempre os mesmos. Ele cogitava fazer turnês pela Europa e pela Austrália, imaginando algum tipo de mudança. Em consequência da frustração, ele passou a atirar com suas pistolas em ambientes fechados, mirando — e acertando — em lâmpadas de luminárias na suíte que ocupava, explodindo aparelhos de televisão, sempre que não gostasse do que via por eles, e destruindo banheiros cujas cores da decoração ele achasse irritantes. Que diferença aquilo fazia? Ele era Elvis Presley. Alguém consertaria os estragos, e ele diria ao pai para pagar a conta.[16]

Um de seus poucos aliados no combate ao tédio era o karatê. Em razão do rigor com que encarava os treinamentos, ele recebu uma faixa preta de sexto grau das mãos de Ed Parker, e outra faixa preta de sétimo grau, em Tae Kwon Do, de Kang Rhee.

As artes marciais haviam começado a tornar-se muito populares nos Estados Unidos. David Carradine trouxera o kung fu ao horário nobre da televisão, estrelando a série com o mesmo nome; e o último filme de Bruce Lee, *Operação Dragão* (*Enter the Dragon*, 1973), despertara um enorme interesse nas massas, depois de sua morte prematura. Elvis decidiu que faria um filme sobre karatê, para capitalizar a onda de popularidade e levar o tema até um nível mais profundo da consciência social norte-americana. A princípio, ele pensara em um filme de ação, estrelado por ele mesmo; mas o conceito logo evoluiu para a produção de um documentário em que o karatê, em si mesmo, seria o astro principal. O filme seria intitulado *The New Gladiators* (*Os Novos Gladiadores*, em tradução livre). Com Ed Parker, Elvis decidiu que seria o narrador do filme, aparecendo em cena apenas para ilustrar certos movimentos e princípios. As técnicas seriam demonstradas, e mestres selecionados apareceriam durante a preparação e, depois, competindo em torneios disputados ao redor do mundo. Elvis pediu a Larry Geller para escrever o texto que serviria à narração, pedindo-lhe para pesquisar as origens do karatê: de onde seria proveniente e como se desenvolvera até os dias atuais. Elvis imaginava o filme como uma obra motivacional, que enfatizasse a nobreza da arte e como o processo pelo qual era ensinada podia transformar o caráter de quem se dedicasse ao seu estudo. Ele investiu 125 mil dólares no projeto, sem o conhecimento do Coronel — que tentara dissuadi-lo quanto à sua realização. Algumas tomadas chegaram a ser registradas, mas, à altura do Natal de 1974, todo o projeto foi arrastado pela inexorabilidade da trajetória descendente da vida de Elvis.[17]

Durante aquele ano, Elvis esqueceu-se da lição que recebera com os episódios quase fatais e recaíra em seus velhos hábitos. Um dos vocalistas de seus shows contribuíra para o agravamento do problema fornecendo-lhe cocaína. No dia 27 de setembro, Elvis apresentou-se para um concerto no College Park, em Maryland, em um estado tão lastimável que Sonny West reuniu os integrantes da segurança em um círculo de oração. Eles pediram a Deus para que interviesse e amparasse Elvis. Quando a apresentação começou, todos os que estavam detrás dele perceberam como ele se agarrava ansiosamente ao pedestal do microfone para conseguir manter-se em pé; e assim ele se manteve, pelos primeiros trinta minutos do show. Red West ficou sabendo da chegada de um novo suprimento de cocaína. Ele e dois outros integrantes da equipe de segurança encurralaram o vocalista e o irmão adotivo de Elvis, Ricky Stanley, que guardava o suprimento da droga, e os avisaram ameaçadoramente que o fornecimento a Elvis deveria ser interrompido. Stanley relatou a Elvis sobre as ameaças recebidas, e ele prontamente convocou os três seguranças dizendo-lhes que parassem de interferir em sua vida. Segundo afirmou, ele poderia deixar a droga quando quisesse, mas, naquele momento, precisava dela.[18]

Não obstante, em meio à espiral de decadência, ele mantinha o espírito magnânimo. Jerry Schilling, que fazia as vezes de produtor executivo do filme de karatê, foi visitar Elvis enquanto ele se encontrava hospedado na clínica do dr. Ghanem, em Las Vegas, submetendo-se a uma "dieta de sono" experimental. Schilling, então, estava envolvido amorosamente com Myrna Smith, vocalista do grupo Sweet Inspirations, e vivia em companhia dela na casa de Elvis, em Beverly Hills. O casal, porém, desejava ter a própria casa, e Schilling havia encontrado uma, em West Hollywood, pela qual já fizera um pagamento como entrada. Seu problema era conseguir financiar o restante do valor: nenhum banco parecia interessado em garantir-lhe crédito, com o salário nominal que recebia. Embora fossem três horas da manhã, Elvis conseguiu falar diretamente com o proprietário da casa, por telefone, e ofereceu-se para pagar o valor integral, de seu próprio bolso e imediatamente, se ele aceitasse a proposta. O homem concordou, e Schilling assistiu — tão incrédulo quanto agradecido — a Elvis preencher e assinar o cheque. Schilling estava tão emocionado que, quando Elvis passou o cheque às suas mãos, ele o deixou cair. Elvis conhecia Schilling desde que ambos eram crianças, tendo crescido juntos ao norte de Memphis. Ele queria que Jerry tivesse a sua casa, disse, porque sabia que sua mãe havia morrido quando ele contava apenas um ano de idade, e que ele jamais tivera uma casa sua. Elvis queria ser a pessoa que dera uma a ele.[19]

Tal demonstração de generosidade marcou o início de um período de dez dias de "mão aberta", no qual uma dúzia de automóveis foi passada às mãos de seus amigos, parentes e integrantes da equipe — além de uma lancha ter sido dada a Charlie Hodge e um *trailer*, de largura dupla, a Billy Smith. A benevolência de Elvis podia, às vezes, rivalizar com a de um santo.[20]

Às altas horas de uma noite de 1974, em Palm Springs, Elvis e Larry Geller encontravam-se sentados, sozinhos, do lado de fora da casa. Elvis aparentava querer confessar algo. Contudo, o assunto parecia ser de natureza tão íntima que ele começou a gaguejar incontrolavelmente. Ele não conseguia encontrar um meio de abordá-lo e, afinal, acabou por enfurecer-se consigo mesmo. Então ele forçou as palavras a saírem de sua boca. Ele pediu a Geller para se imaginar no lugar *dele*; como se *Larry* fosse Elvis Presley, com tudo o que isso implicava. Elvis solicitou que Geller relembrasse a experiência que haviam tido, juntos, na Rota 66, no norte do Arizona, quando ele tivera sua visão religiosa. "Eu não apenas vi a imagem de Jesus nas nuvens", disse ele. "Jesus Cristo literalmente explodiu em mim, Larry. Aquilo *era* eu. Eu *era* Cristo! Você entende o que estou dizendo. Na verdade, aquilo será, para sempre, uma parte de mim. Algo que jamais deixa você. Mas, de todo modo, lendo sobre os mestres e sobre o 'plano mestre' de Deus, e, sendo Elvis, eu... Ah, juro por Deus, Larry, eu pensei que deveria ser Ele. Eu realmente achei que havia sido escolhido: não apenas para ser Elvis, mas, hã..." Geller intuiu o que ele estava tentando dizer, mas Elvis continuou, com um sorriso embaraçado: "Elvis Cristo... Jesus Cristo! Você não acreditaria no que me passou pela mente".[21]

É preciso observar que, no início de 1965, Elvis havia completado 30 anos, a mesma idade que Cristo tinha quando recebeu o Espírito Santo e deu início à *sua* missão, segundo o Evangelho de São Lucas, 3:23 — um versículo que Elvis provavelmente conhecia muito bem. Também é preciso lembrar que, no *set* de

Harum Scarum, cujas filmagens foram iniciadas em março de 1965, Elvis ficou tão encantado com as histórias dos mestres espirituais contadas na *Autobiografia de um Iogue* que disse a Geller sentir-se pronto para ser iniciado no Kriya Yoga. Elvis acreditava não existir algo como "coincidência", e que tudo acontecia segundo um propósito. Ao despertar de sua epifania no Arizona e tendo lido sobre a missão de Yogananda e outros "homens santos" — tudo isso interpretado segundo a ótica possível graças ao fato de ele ser ELVIS —, ele concluiu que fora "chamado" a desempenhar um papel messiânico.

Ele carregara o fardo dessa impactante cogitação por tudo o que lhe acontecera ao longo de quase uma década, impedido de falar a esse respeito com qualquer pessoa, temendo ser rotulado como louco. Então, era muito fácil presumir, quando ele sofreu uma concussão e o Coronel Parker surgiu para tomar o comando, que talvez o Coronel estivesse certo: que Geller o estivesse envolvendo em jogos mentais, plantando ideias estranhas em sua mente. A visão no Arizona teria sido muito mais facilmente explicada se não tivesse se originado de seu próprio interior, mas de alguém que estivesse tentando adquirir e exercer influência sobre ele. Então aconteceu o casamento com Priscilla, a gravidez dela e sua insistência para que ele se desfizesse dos livros e deixasse de lado toda aquela baboseira espiritualista; em seguida houve o "Especial da Volta" e a revitalização de sua carreira. A vida seguira seu curso.

Todavia, ele era corroído pela sensação de que fora destinado a algo mais, e, sem contar com Geller por perto, ele se voltara para a oração. Ele admitira para Deus sua confusão — que havia-se desviado do caminho e perdera o próprio rumo — e clamara pela ajuda do Senhor.

Diante da perspectiva de apenas mais alguns poucos anos de vida e em virtude do trauma de seu divórcio de Priscilla, ele foi capaz de distanciar-se de ELVIS — o astro que tanta gente tratava como a uma divindade — e de reinterpretar o que acontecera naquele dia, no Arizona. Afinal, ele não mais considerava a si mesmo como o Cristo retornado, ou mesmo — como explicaria *A Vida Impessoal* — um ser aperfeiçoado, que tivesse atingido o nível de um Cristo. Ele via a si mesmo como um homem — um homem carismático, mas ainda imperfeito — que fora escolhido para o cumprimento de uma missão designada por

Deus. Seu papel era o de elevar-se, e sua maneira de servir a Deus era trazer a felicidade às pessoas.

Assim ele resumiu suas conclusões para Geller: "Eu não sou um pregador. Eu sou um artista; um cantor. É assim que Deus e a Fraternidade se servem de mim e me utilizam. Esse é o meu papel, e eu o adoro".[22]

Durante uma de suas apresentações em Las Vegas, uma mulher aproximou-se do palco trazendo uma almofada sobre a qual havia uma coroa. "É para você", disse ela, respeitosamente. "Você é o Rei." Elvis replicou: "Não, querida. Há somente um Rei, e o nome dele é Jesus Cristo. Eu sou apenas um cantor". Sempre que as mulheres diziam idolatrá-lo, ele as rejeitava, dizendo-lhes: "Vocês podem adorar a minha música, mas jamais idolatrem a ninguém além do Senhor".[23]

Ele continuava sedento por conhecimento espiritual. Talvez porque seu amigo Ed Parker fora criado como um mórmon, Elvis ficou curioso acerca da Igreja de Jesus Cristo dos Santos dos Últimos Dias. Donny Osmond lembra-se de vê-lo, no início dos anos 1970, discutir sobre o Livro de Mórmon com a mãe de Donny, Olive. Elvis também conheceu o pastor grego-ortodoxo do dr. Nick, o Padre Nicholas Vieron, com quem discutiu sobre "fé, religião e coisas que estão além". Elvis manifestou seu desejo de conhecer mais sobre a igreja primordial, então o Padre Vieron deu-lhe exemplares de *A Encarnação do Verbo*, de Santo Antão, a Filocalia (uma coletânea de textos destinados a instruir monges na vida contemplativa), e os sermões escritos pelo teólogo e orador do século IV São João Crisóstomo. O pai do dr. Nick fora um Templário – membro de um grupo sobre o qual Elvis parecia possuir bons conhecimentos. Fascinado por ordens secretas, sua simbologia e seus rituais, Elvis soube da existência de um livro, havia muito tempo esgotado, de Manly Palmer Hall, intitulado *An Encylopedic Outline of Masonic, Hermetic, Qabbalistic, and Rosicrucian Symbolical Philosophy*. Não conseguindo encontrar o livro, ele pagou para que uma nova edição fosse impressa, de cuja tiragem obteve dois exemplares autografados pelo próprio autor: um para si mesmo, outro para o dr. Nichopoulos.[24]

Seus persistentes problemas médicos forçaram o adiamento de sua primeira temporada em Las Vegas, em 1975, que o Coronel reagendou para ser iniciada em março. No entanto, na manhã do dia 29 de janeiro, Linda percebeu que ele respirava com muita dificuldade, fazendo com que fosse levado urgentemente ao Baptist Memorial Hospital. Quando foi visitá-lo, Geoge Klein ficou perturbado pelo fato de Elvis falar abertamente — pela primeira vez — sobre a possibilidade da morte.[25]

Sob a estrita vigilância do dr. Nick, Elvis perdera peso e começara a ficar "limpo" novamente. Porém, quando ele já se encontrava hospitalizado havia uma semana, Vernon sofreu um ataque cardíaco. Quando deixou a unidade de terapia intensiva, Elvis fez com que ele convalescesse no mesmo quarto, em um leito ao lado do seu. Desgostoso com o estilo de vida dissoluto e extravagante de seu filho, Vernon culpou a Elvis pelo ataque cardíaco que sofrera. "Isto é tudo culpa sua. Devo agradecer a você por isto." Então ele instensificou sua invectiva, dizendo que Elvis fizera o mesmo a Gladys. "Você preocupou tanto a sua mãe que isso a levou para o túmulo." Billy Smith, que se encontrava presente e ouviu as acusações, disse que Elvis fraquejou e começou a soluçar.[26]

Quando chegou o momento de retornar para Las Vegas, ele estava relativamente saudável, embora ainda um pouco acima do peso. Os críticos "pegaram leve" com ele, e as multidões estavam em êxtase apenas por tê-lo de volta. Ele parecia relaxado e bem-humorado sobre o palco, brincando até mesmo sobre seu peso, dizendo que por pior que sua aparência estivesse, um mês antes ele se parecia com Mama Cass.

O momento mais significativo dessa temporada ocorreu depois da apresentação no dia 28 de março, quando Barbra Streisand foi visitá-lo em seu camarim. Ela desejava conversar a respeito de uma nova proposta cinematográfica.

Em 1971, Elvis fora abordado por Don Siegel, o homem que o dirigira em *Estrela de Fogo* e, desde então, ficara impressionado com sua atuação. Siegel se preparava para trabalhar em um novo filme, sobre um policial "não ortodoxo", e desejava que Elvis interpretasse o papel. Elvis, porém, deixara Hollywood para trás muito recentemente e ainda estava a caminho de estabelecer-se como o mais destacado artista de apresentações ao vivo do país. Ele recusou a oferta e, em seu lugar, Clint Eastwood ganhou o papel — de Harry Callaghan, no filme *Perseguidor Implacável* (*Dirty Harry*, 1971).[27]

Contudo, agora Elvis estava "maduro" — e mesmo muito ansioso — para enfrentar um novo desafio. Streisand e seu namorado, Jon Peters, queriam que ele coestrelasse uma refilmagem de *Nasce uma Estrela* (A Star is Born, 1975). Eles pretendiam que ele representasse o personagem John Norman Howard, um cantor envelhecido que é eclipsado por sua protegida. Elvis entusiasmou-se com a oportunidade. Finalmente lhe davam uma chance de redimir-se por todos os filmes insípidos que fizera nos anos 1960. Finalmente, ele poderia provar ao mundo que sabia representar.

Jack Lord, astro da série de televisão *Havaí Cinco-zero* (Hawaii Five-O, 1968), certa vez cumprimentara Elvis incidentalmente, dizendo que vários atores a quem ele conhecia admiravam suas habilidades dramáticas. Ao perguntar-lhe quem eram esses atores, Elvis surpreendeu-se pelo "calibre" deles: Paul Newman, Robert Mitchum, Anthony Franciosa e até mesmo Steve McQueen. "Todos eles acham que você é pura dinamite", disse Lord.[28]

Então, finalmente, Elvis viu uma oportunidade de provar que eles estavam certos, e sua chance de conquistar o que tentara conquistar desde que fora a Hollywood pela primeira vez, em 1956. Os homens da Máfia de Memphis notaram que ele parecia estar mais cheio de energia do que estivera em muitos anos.

Ele permaneceu "em ebulição" por vários dias — até defrontar-se com seu velho parceiro e sua nêmesis, o Coronel Tom Parker. Parker levantou objeções. Streisand insistia em que Jon Peters dirigisse o filme, e ele não possuía nenhuma experiência. Uma vez que o filme representaria uma grande oportunidade em sua própria carreira, ela mesma o estrelaria, sobrando para Elvis apenas o papel coadjuvante — o primeiro que ele desempenharia desde sua estreia no cinema, em 1956. Também havia uma questão financeira: Streisand oferecera a Elvis 500 mil dólares e 10% da receita bruta, após os custos terem sido cobertos. O Coronel Parker insistia na soma de 1 milhão de dólares a título de salário, 100 mil dólares para as despesas, 50% dos lucros e uma parcela das vendas do álbum com a trilha sonora do filme. Qualquer coisa menos do que isso seria considerada uma demonstração de falta de respeito. Quem ela pensava que era, afinal?[29]

Elvis, então, viu sua oportunidade escorrer por entre os dedos e ficou furioso com o Coronel. Mas, como sempre fizera, permitiu ser dominado pelo homem que tinha fixação pelo cifrão, o homem que não podia compreender a realização criativa e a satisfação pessoal. Quando Streisand desistiu das negociações e escalou Kris Kristofferson para o papel, Elvis sentiu-se extremamente frustrado. O filme representaria uma última oportunidade de reinventar a si mesmo, e sua chance havia-se evaporado. Com o abandono de dois projetos cinematográficos — o de *The New Gladiators* e de *Nasce uma Estrela*—, sua trajetória descendente tornou-se impossível de ser contida.[30]

16
Balanço Final

Os dois anos finais foram trágicos.
Elvis iniciou sua temporada de agosto de 1975, em Las Vegas, incapaz de manter-se em pé durante toda a primeira apresentação. Ele ainda demonstrou uma ligeira melhora na apresentação da meia-noite do primeiro dia, mas na terceira noite da temporada ele já estava acabado. Como precisava tomar laxantes a fim de contornar o problema de bloqueio no cólon, ele era forçado a atrasar o início das apresentações ou — o que era terrível — a abandonar o palco mais cedo, deixando que alguém fizesse um *cover* dele mesmo. Ainda pior do que tudo isso, o ar aprisionado em seu abdômen comprimia-lhe o diafragma, deixando-o com falta de ar e afetando sua capacidade vocal. Ao término da primeira noite, o dr. Nick exigiu que o Coronel cancelasse o restante da temporada, para Elvis retornar ao Baptist Memorial Hospital para um novo período de internação.[1]

Depois de recuperar-se, ele iniciou o ano de 1976 em condições físicas relativamente boas e com bom estado de ânimo, passando dois períodos de folga em Vail — uma estação de esqui, no Colorado — durante o mês de janeiro. Em fevereiro, havendo desistido de levar Elvis ao estúdio para cumprir suas obrigações, a RCA e o Coronel decidiram gravá-lo em casa. Técnicos foram enviados a Graceland, onde instalaram um estúdio de gravação temporário na despensa, atrás da cozinha. A partir dali, esticaram cabos que foram conectados a um caminhão que transportava o equipamento de gravação, estacionado nos fundos da casa. Tudo o que Elvis tinha a fazer, ao sair de seu quarto, era descer as escadas e cantar. Porém, mesmo isso foi um desafio. Depois de apenas algumas tomadas, seu interesse desvanecia e ele convidava as pessoas para irem ao pavimento superior, a fim de mostrar-lhes sua coleção de distintivos ou cantar canções *gospel* para que voltasse a sentir-se motivado.

Finalmente ele conseguiu gravar canções suficientes para perfazer os 35 minutos de gravação que constituem as dez faixas do álbum *From Elvis Presley Boulevard, Memphis, Tennessee*. Entretanto, ele se tornava cada vez mais inconstante e tão autoindulgente quanto um potentado oriental. Enquanto se preparava para gravar, certo dia, ele sentiu um desejo incontrolável de comer os sanduíches de manteiga de amendoim com geleia que eram a especialidade de um restaurante de Denver. O prato consistia de quase meio quilo de bacon frito em uma baguete de pão italiano besuntada com todo o conteúdo de um vidro grande de manteiga de amendoim e outro de geleia de uva, com duas colheres de sopa de manteiga antes de ser levada ao forno por alguns minutos. Um desses sanduíches servia entre oito e dez pessoas. Elvis solicitou a Joe Esposito que fizesse um pedido de 22 unidades deles, e despachou o Convair 880 — batizado *Lisa Marie* —, adquirido um ano antes, para buscar a encomenda. Sonny West estimou o custo da satisfação desse capricho — incluindo as despesas do voo — em 40 mil dólares.[2]

John Lennon certa vez disse, falando sobre o destino do qual Yoko o salvara, que "o rei é sempre morto por seus cortesãos; não por seus inimigos. O rei é superalimentado, supermedicado e supermimado; qualquer coisa é feita para manter o rei sentado em seu trono. A maioria das pessoas que chega a ocupar essa posição jamais desperta. Elas morrem, mental ou fisicamente; ou ambos".[3]

O comentário de Lennon aplica-se aos reis de maneira geral, mas, ao fazê-lo, o rei que ele tinha em mente era *o* Rei. Elvis viveu seus últimos anos aprisionado em uma bolha de sucesso, cercado por pessoas que lhe deviam sua própria sobrevivência e prestavam-lhe sua incondicional lealdade psíquica. Quaisquer que tenham sido suas intenções, elas facilitaram a espiral de decadência autodestrutiva de Elvis, da qual lhe era cada vez mais difícil libertar-se. Em qualquer ponto de sua trajetória descendente ele ainda acreditava ter controle sobre todo o processo. No entanto, a autoconfiança possui meios de divergir da verdade.

Ao longo dos anos, Sonny West assinou recibos de entregas de drogas farmacológicas que incluíam grandes quantidades — frequentemente, frascos contendo quinhentas pílulas — de Placidyl, Qaalude, Valium, Percodan e Phenaphen, com codeína. Certa vez, ele surpreendeu-se ao encontrar, em meio a uma entrega da farmácia Schwab's, um frasco de 120 ml de Demerol líquido, receitado para Bryan West. À época, Bryan, o filho de Sonny, ainda não havia completado 1 ano de idade. Enfurecido, Sonny dirigiu até a Schwab's e disse aos encarregados do estabelecimento que nunca mais queria voltar a ver aviada uma receita médica da qual constasse o seu nome, o de seu filho ou o da sua esposa, e que, se tal coisa viesse a acontecer, ele os processaria judicialmente.[4]

Em meio aos eventos subsequentes à morte de Elvis, o Estado do Tennessee intimou o dr. Nichopoulos a apresentar uma contabilização completa das medicações que ele prescrevera ao seu paciente mais famoso. No período compreendido entre janeiro de 1975 e o dia 16 de agosto de 1977, Elvis recebeu 5.458 doses de anfetaminas, 9.567 sedativos e 3.988 narcóticos. Naturalmente, essa lista não computava as medicações recebidas por Elvis do dr. Ghanem de Las Vegas, do dr. Kaplan de Palm Springs, do dr. Shapiro de Los Angeles, do dr. Hofman de Memphis, ou de quaisquer outros médicos e dentistas "das estrelas" domiciliados nas cidades que ele visitara em suas turnês. Mesmo se a lista incluísse tudo isso, não contaria toda a história. Certa vez, quando não conseguiu entrar em contato com o dr. Nick e a farmácia Walgreens — de Memphis, que costumava aviar suas receitas — encontrava-se fechada, Elvis insistiu até obter o endereço residencial do farmacêutico do estabelecimento. Em seguida, ele surgiu na porta da casa do homem, implorando-lhe pelos medicamentos que fariam com que ele suportasse até o dia seguinte. O que qualquer pessoa faria se Elvis Presley batesse à porta de sua casa passando mal e pedindo-lhe ajuda? O farmacêutico conduziu-o até seu armário doméstico de medicamentos, onde mantinha algumas embalagens de amostras grátis, com as quais Elvis apressou-se a encher os bolsos. Quando o homem exprimiu sua preocupação de que aquilo pudesse lhe acarretar problemas, Elvis despreocupadamente lhe assegurou que receberia uma prescrição médica assinada para cada tipo de medicamento que ele lhe permitisse levar.[5]

Muita gente ao redor de Elvis tentou persuadi-lo a atentar para esse problema.

Durante uma visita a Denver, para comparecer aos funerais de um detetive da polícia conhecido seu, ele tentou obter — de um cirurgião da polícia — uma receita médica para a aquisição de Dilaudid, a fim de lidar com uma unha encravada que havia infeccionado. O cirurgião negou-lhe a prescrição, mas, farejando problema, aproximou-se de Sonny e de Red para saber por eles por que Elvis necessitava de um analgésico geralmente receitado para pacientes que sofrem de câncer. Além disso, o médico comentou o episódio com dois outros amigos de Elvis, também integrantes da força policial. Os três policiais conheciam muito bem a capacidade dessa droga de provocar dependência química. Os dois oficiais de polícia, então, abordaram Elvis em particular, dizendo que se dirigiam a ele como amigos e que desejavam apenas ajudá-lo. Eles lhe falaram sobre uma clínica onde ele poderia ser tratado em completo sigilo, se quisesse enfrentar o problema que o afligia. Elvis, como faz a maioria das pessoas que sofrem com esse tipo de problema, negou ter um problema. Depois de assegurá-los de que poderia deixar de tomar medicamentos no momento em que decidisse fazer isso, ele abreviou a visita e partiu daquela cidade imediatamente.[6]

John O'Grady, o detetive particular que tinha sido responsável por Elvis haver posto os olhos pela primeira vez sobre um distintivo do *Bureau of Narcotics and Dangerous Drugs*, compareceu a uma de suas apresentações em Tahoe. O espetáculo foi tão patético que O'Grady começou a chorar enquanto o assistia. Comovido a ponto de tomar uma atitude, ele entrou em contato com um dos advogados de Elvis, Ed Hookstratten, e tentou elaborar um plano para internar Elvis na Scripps Clinic, um centro de tratamento para dependentes de drogas, em San Diego. Juntos, eles abordaram Priscilla, que viajou especialmente a Memphis. Ela rogou a Elvis para que se internasse na clínica a fim de desintoxicar-se por alguns meses, seguidos por um período de férias no Havaí. Elvis recusou-se a dar-lhe ouvidos.[7]

O dr. Nick certa vez o acompanhou em uma consulta a um dentista, em Greensboro, na Carolina do Norte. Quando o dentista deixou a sala por alguns minutos, Elvis apanhou uma caixa de medicamentos — do tipo que é comercializado sem receita médica — que havia ali e enfiou-a em um saco de papel. Ele saiu do consultório com o produto do furto, aparentemente muito feliz consigo mesmo. O dr. Nick deixou-o embaraçado, diante de testemunhas, ao arrebatar o saco de papel de suas mãos, dizendo que o levaria para ele. Elvis ficou lívido. De volta ao motel onde se hospedavam, ele bateu portas com estrondo e agiu de modo petulante. Na noite seguinte, em outro motel, em Asheville, Vernon chegou para juntar-se ao grupo, ainda se recuperando de ataque cardíaco que sofrera. O dr. Nick conversava com ele, quando Elvis emergiu de seu quarto, portando uma pequena pistola. Ao colocar um braço sobre os ombros de seu pai, para abraçá-lo, a pistola disparou. A bala acertou uma cadeira de estrutura metálica, ricocheteando e golpeando o peito do dr. Nick, ferindo-o superficialmente, embora causando-lhe alguma perda de sangue. Elvis tratou o incidente com displicência.[8]

Red West falou com ele, certa noite, antes que lhe sobreviesse um estado de total inconsciência, dizendo que era urgente que Elvis tomasse alguma atitude pois ele estaria mudando. Para sua surpresa, Elvis concordou com ele. Porém, ao despertar, na manhã seguinte, ele tornara à negação de qualquer problema, mostrando-se furioso com Red e com quem quer que tentasse intrometer-se em sua vida particular, dizendo não gostar de gente que lhe desse "sermões".[9]

Em julho de 1976, encarregando Vernon do "trabalho sujo", Elvis demitiu Red, Sonny West e Dave Hebler. Ostensivamente, o motivo alegado foi uma surra, aplicada dois anos antes, em um fã exaltado que conseguira chegar ao andar em que Elvis estava hospedado exigindo ter acesso à sua suíte. O fã afirmava que os guarda-costas de Elvis reagiram a isso com extrema selvageria, e que o próprio Elvis limitara-se a ficar ali, presenciando e permitindo que tudo acontecesse. O homem movera contra Elvis um processo de 6,3 milhões de dólares, e o prolongado litígio transformara-se em um enorme sugadouro de tempo e dinheiro. A versão dos eventos fornecida pelo fã era altamente contestável, mas, não obstante, Elvis sempre dedicara um amor muito abrangente aos fãs e, havia muito tempo, mantinha para com eles uma política de tolerância; por isso o processo o preocupava tanto. Embora não pudesse dar-se conta no momento, a maneira insensível como ele rompeu relações com seus velhos amigos — não pessoalmente, mas por meio de Vernon, por telefone e com apenas uma semana de aviso prévio — iria acarretar-lhe danos muito mais sérios, a longo prazo.[10]

Jerry Schilling já se havia afastado em janeiro, durante uma folga no Colorado, cansado de submeter-se às mudanças de humor e aos caprichos de Elvis. Ele sentia-se nervoso quando tornou a ver Elvis pela primeira vez desde então — em junho, durante um concerto em Maryland —, mas Elvis caminhou até ele e o abraçou calorosamente. Ele continuou a falar com Schilling sobre o passado enquanto um astro "de primeira grandeza" — Elton John — mantinha-se nas proximidades, esperando por sua oportunidade de conhecê-lo. Elton sairia consternado do encontro que teria com o Rei: "Ele tinha dúzias de pessoas ao seu redor, supostamente para que cuidassem dele; mas ele já se parecia com um cadáver".[11]

Em agosto, Elvis apresentou-se em Houston. Os policiais designados para sua segurança discutiam abertamente, entre eles, sobre o estupor provocado pelo consumo de drogas em que ele se encontrava. Muitos fãs levantavam-se e abandonavam o lugar enquanto ele ainda se apresentava, e um resenhista do *Houston Post* referiu-se à apresentação como "um pastiche amadorístico, deprimentemente incoerente, apresentado por uma figura inchada, vacilante e balbuciante".[12]

À medida que o ano transcorria, as pessoas próximas a ele ficavam mais e mais preocupadas. Ele era repetidamente hospitalizado e tinha o abdômen muito distendido, não importando quão rígidas fossem as dietas a que se submetesse ou quanto se dedicasse à prática de exercícios físicos. Ele continuava a insistir que estava bem, argumentando que seu organismo estava apenas retendo líquidos. Ele parava de cantar antes que as músicas terminassem de ser tocadas, esquecia as letras das canções e teve de apelar para a leitura de partituras em cena. Ele fazia comentários inapropriados, o que lhe custava a simpatia de suas plateias. Ele passou a recorrer a um balão de oxigênio nos bastidores, a fim de recuperar o fôlego entre uma canção e outra. Em Asheville, na Carolina do Norte, ele invectivou a plateia que não o aplaudira como esperava. Na apresentação seguinte, na mesma localidade, ele só conseguiu animar o público presente ao atirar-lhe alguns adornos e peças de joalheria que usava. Se ele estivesse na casa dos 70 anos de idade, é provável que tais atitudes não tivessem suscitado mais do que o franzir de alguns cenhos; mas ele havia completado apenas 41 anos.

O Coronel Parker, o pragmático de olhar frio, informou a Elvis que, caso ele não "se endireitasse", sua carreira estaria terminada.[13]

No outono de 1976, ele passou a ouvir relatos de que Red, Sonny e Dave planejavam lançar um livro contando toda a verdade sobre o que acontecia com ele. A princípio ele não quis acreditar que eles pudessem ser tão desleais — especialmente Red e Sonny. Então, enfureceu-se, para logo passar a sentir-se deprimido. Da perspectiva deles, os três necessitavam do dinheiro, e todos esperavam que, ao contarem a história, forçariam Elvis a lidar seriamente com seu problema e, dessa forma, o estariam salvando de si mesmo.[14]

No dia 19 de novembro, o destino pareceu atirar-lhe uma nova "tábua de salvação". George Klein, que o apresentara a Linda Thompson, trouxe outra garota para que ele conhecesse. Tratava-se da Miss Tennessee, Terry Alden; outra beldade. No entanto, Terry fizera-se acompanhar por suas duas irmãs, Ginger e Rosemary, e Elvis instantaneamente passou a gravitar em torno de Ginger, em vez dela. "Quando eu a vi, faíscas voaram pelo ar. Nada jamais havia me atingido tão fortemente."[15]

Elvis foi um perfeito cavalheiro naquela primeira noite, ainda que a tenha levado ao seu quarto. Ali os dois passaram o tempo conversando e vendo os livros dele. Ele lhe telefonou para que ela voltasse no dia seguinte. Ele imaginou se ela iria gostar de ver Memphis do alto, voando em seu avião. Então, pensou melhor e sugeriu-lhe que, em vez disso, ambos embarcassem para uma rápida viagem até Las Vegas. Ela quis telefonar à sua mãe, para pedir-lhe permissão; mas Elvis disse que ela poderia telefonar-lhe de Las Vegas. Quando ela enfim fez a ligação telefônica, esperou ter de enfrentar a fúria de sua mãe, mas a reação desta foi exatamente oposta. A mãe dela parecia aceitar muito bem o relacionamento de sua filha, recomendando a Ginger apenas para que voltasse para casa no dia seguinte.[16]

Elvis sentiu ter uma intensa conexão com Ginger, dedicando-lhe seu cumprimento máximo ao dizer que ela o fazia lembrar-se de sua mãe — particularmente por seus olhos. Ele a incorporou à sua vida, tentando moldá-la como a mulher que considerava ideal, de maneira muito semelhante à que havia tentado com Priscilla. Ele esforçou-se para interessá-la nos estudos espirituais, que considerava tão importantes, requisitando o auxílio de Larry Geller para fazê-la compreender a relevância do que os livros tinham a dizer. Ela compartilhava com ele uma predileção por O Profeta, e ambos gostavam de ler trechos do livro em voz alta, um para o outro. No entanto, como acontecia com Priscilla, ela era completamente indiferente à maior parte das coisas que fascinavam Elvis.[17]

Ginger era extremamente apegada à sua família e não gostava de ficar distante dela. Em janeiro de 1977, a RCA agendou para Elvis a ocupação de um estúdio de gravação em Nashville. Ela recusou polidamente o convite para acompanhá-lo. Quando ele havia contornado todas as justificativas dela para não ir com ele, ela lhe disse simplesmente que não gostava daquela cidade. Ele passou a exigir autoritariamente a companhia dela, o que redundou em uma briga entre os dois. Apanhado entre o cumprimento das exigências de seu contrato e a necessidade da companhia dela, ele afinal decidiu viajar sozinho. Porém, sentindo-se desorientado ao chegar à cidade, em vez de ir diretamente ao estúdio, ele foi hospedar-se no Sheraton South Hotel, onde ensimesmou-se e enviou um recado ao estúdio dizendo estar com dor de garganta. Os músicos que haviam sido escalados para tocar com ele já se reuniam ali, e apenas aguardavam por sua chegada. Finalmente, após três dias, ele embarcou novamente em seu avião e partiu, jamais tendo sequer posto os pés no estúdio.

Afora pela semelhança dela com Gladys, ninguém do grupo mais próximo de Elvis conseguia compreender a fascinação que ele tinha por Ginger. Ela não compartilhava dos interesses dele e se recusava a desempenhar o papel que ele esperava dela. Com frequência, ela aguardava até que ele adormecesse e deixava Graceland, nas primeiras horas do dia. Suspeitando que ela pudesse ter alguém, ele providenciou para que fosse seguida. Porém, na maior parte das vezes, ela apenas retornava à casa de sua família.[18]

Não importava quanto ela o desapontasse, ele permanecia apaixonado. No dia 26 de janeiro de 1977, ele a pediu em casamento.

Tentando fortalecer seu relacionamento, Elvis decidiu levar Ginger ao Havaí. Ele começou a fazer preparativos para levá-la a uma estada de duas semanas em que os dois — e apenas os dois — poderiam ficar a sós. Contudo, logo as duas irmãs dela também seriam convidadas, e, em seguida, mais alguns amigos. Quando chegou o momento de partir, um grupo de quase trinta pessoas subiu a bordo do Lisa Marie, e as "férias coletivas" acabaram custando 100 mil dólares a

Elvis. No décimo dia da aventura, um pouco de areia entrou em seu olho direito — o mesmo que, certa vez, tivera de receber uma injeção de esteroides para evitar a cegueira. O olho inchou e fechou-se quase completamente, passando a arder, e, ao receber notícias de Memphis dando conta de que seu pai sentira dores no peito, ele decidiu encerrar as férias e voar de volta para casa, no intuito de que o dr. Meyer o examinasse.[19]

Larry Geller conhecia Elvis havia mais de uma década, por isso foi surpreendente quando Elvis, certo dia, confidenciou a Larry que tinha sangue judeu correndo em suas veias. Isso porque a avó materna de Gladys, Martha Tackett Mansell, era judia. Gladys certa vez chamara Elvis a um canto e lhe dissera para manter esse fato em segredo, prevenindo-o para que jamais o mencionasse ao seu pai ou aos seus parentes. Elvis, desde então, guardou muito bem esse segredo. A Bíblia dizia que os judeus tinham uma conexão especial com Deus, e a ele agradava muito saber pertencer a essa linhagem. A certa altura de sua vida, ele considerou o estudo do hebraico para ler os textos bíblicos em seu idioma original. Geller subitamente deu-se conta de que sua própria etnicidade judaica pudesse haver desempenhado algum papel na atração que inicialmente o aproximara de Elvis. Agora ele compreendia por que, após ter falado a Elvis sobre o simbolismo do *chai*, ele passara a usá-lo como um pingente, junto do seu crucifixo habitual. Larry também lembrou-se do dia, ainda bem no início da convivência de ambos, em que Elvis o levara para meditar à beira do túmulo de Gladys e mencionara — em um comentário aparentemente disparatado — que planejara mandar gravar uma estrela de davi em sua lápide, ao lado da cruz que ali havia.[20]

Elvis parecia ter Deus em sua mente. Ele despertara certa noite, em meio a uma turnê, e vagava pelos corredores do hotel quando o chefe de sua equipe de segurança, Dick Grob, o encontrou. Elvis disse a ele que procurava pelo quarto ocupado por Billy Smith e Grob acompanhou-o até lá. Elvis despertou Billy e sua esposa, Jo, e contou-lhes o sonho vívido que tivera, depois do qual não pudera voltar a dormir. Ele sonhou que vira o rosto de Deus. Este apareceu-lhe como uma forma tão branca e brilhante que ele mal podia olhar. Elvis falou aos dois por uma hora e meia, antes de cair novamente no sono, na cama do casal.[21]

Ainda havia lampejos do Elvis dos velhos tempos. Em junho, em Madison, Wisconsin, ele percebeu quando dois jovens rendiam um atendente em um posto de gasolina que permanecia aberto durante a noite. Ele pediu ao seu motorista para parar o carro, saltou do veículo, correu na direção dos jovens e surgiu diante deles assumindo a postura de um lutador de karatê. Ele desafiou os dois assaltantes a atacá-lo, em vez do atendente. Naturalmente, os três indivíduos ficaram tão desconcertados com o repentino aparecimento de Elvis Presley que não houve luta alguma. O episódio terminou com Elvis apertando a mão de todos e posando para fotografias em companhia deles.[22]

Os tabloides haviam coberto extensamente suas apresentações embaraçosas, às vezes descrevendo algumas coisas pouco críveis. Mas assim eram os tabloides – quem ligava para o que eles publicavam? Contudo, quanto mais Elvis ouvia sobre o avanço rumo à publicação do livro de seus três ex-amigos, mais obcecado ele se tornava pelo impacto que ele teria. Billy Smith disse que havia apenas uma dúvida recorrente, formulada de diferentes maneiras: Como os fãs iriam reagir? Eles o abandonariam? Ririam dele? Por trás disso tudo, ele deve ter imaginado: O que pensariam os integrantes de seus shows? O que pensaria sua avó, Minnie Mae? E quanto à família de Ginger? E quanto a Priscilla? E, sobretudo, quanto a Lisa Marie; como sua garotinha reagiria quando ouvisse todas aquelas coisas horríveis sobre seu pai? Ela o desprezaria? Às vezes, ele se sentia como Jesus ao ser traído por seus discípulos.[23]

Billy Smith tornou-se seu confidente regular. Ele passou muitas noites daquele verão apenas sentando-se e conversando com Elvis em seu quarto – uma ilha destacada do mundo, na qual ele vivia desconectado deste, como Howard Hughes. Elvis lhe falava constantemente de um sonho recorrente, no qual ele via a si mesmo sem um tostão, sobre o palco diante de uma plateia vazia, abandonado pelo Coronel.[24]

Ginger detestava acompanhá-lo nas turnês, dizendo sentir falta da família. Elvis tentou solucionar o problema fazendo com que todos os familiares dela voassem para assistir às suas apresentações – o que pareceu funcionar, por algum tempo. Após um show em Binghamton, no Estado de Nova York, ele não pôde mais suportar suas lamúrias. Furioso, ele disse a ela que tomasse uma decisão, de uma vez por todas: que escolhesse a ele ou à sua família. Ela o deixou arrasado ao partir.[25]

Incapaz de abrir mão da companhia dela, ele buscou reconciliar-se. Lisa Marie viria visitá-lo, por duas semanas, em agosto. Ginger tinha uma sobrinha quase da mesma idade de Lisa Marie, e ambos decidiram que ela poderia ser boa companhia para a filha de Elvis, durante sua estada. Eles conversaram sobre fazer um passeio com as meninas, e Elvis decidiu alugar exclusivamente o parque de diversões Fairgrounds, como costumava fazer nos velhos tempos. O nome do parque fora mudado para Libertyland e algumas reformas haviam sido feitas, mas as atrações ainda eram as mesmas de sempre. Eles agendaram a visita para o domingo, dia 7 de agosto, mas, quando o dia chegou, Elvis não se sentia bem. Ele achou que o passeio seria um esforço muito grande para empreender, e disse a Billy que telefonasse cancelando a visita ao parque. Quando falou a Ginger sobre o que fizera, ela insistiu em dar prosseguimento ao plano original, pois as meninas ficariam muito desapontadas se não o fizessem. Elvis tentou argumentar dizendo que já cancelara a visita, que os trabalhadores já haviam sido dispensados pelo dia todo e o parque estaria fechado. Era tarde demais; mas Ginger retorquiu: "Pensei que você tivesse dito que poderia fazer qualquer coisa...". Com seu ego posto à prova, Elvis disse a Billy para telefonar novamente e providenciar o funcionamento do parque naquela noite. O gerente do parque foi localizado em um bar nas proximidades. Ele deu alguns telefonemas e conseguiu reunir trabalhadores suficientes para trazer o parque "de volta à vida", por algumas horas. Assim, por uma noite, Elvis empreendeu com sucesso uma fuga para o passado e conseguiu dar à sua filha uma lembrança preciosa.[26]

O Coronel agendara uma temporada de doze dias — para cujas apresentações os ingressos já se haviam esgotado — a ser iniciada em Portland, no Maine, no dia 17 de agosto. Elvis tentava manter-se com uma dieta de ingestão de proteína líquida recomendada pelo dr. Nick e se exercitava, dando raquetadas em uma quadra fechada e pedalando diariamente uma bicicleta ergométrica. Ginger continuava a desagradá-lo, mostrando-se relutante em acompanhá-lo na viagem.[27]

O dia 15 de agosto não foi diferente de qualquer outro dia transcorrido em Graceland. Elvis acordou às quatro horas da tarde, lavou-se, comeu e foi falar com Billy, às sete horas da noite. Ele disse a Billy que gostaria de alugar um cinema em que pudesse assistir a *MacArthur*, o novo filme de Gregory Peck. Eles assistiram televisão por algum tempo, então Elvis pediu a Billy para telefonar para Ginger e saber dela se poderia acompanhá-lo à consulta que havia sido marcada com o dentista, o dr. Lester Hofman, às 22h30 daquela noite. Elvis se queixara de que uma coroa em um dos seus dentes do fundo o estava incomodando.

Após seu expediente de trabalho, o dr. Nick fez uma breve visita, para saber como ele estava passando. Eles conversaram por alguns minutos, até a chegada de Ginger. Então, Elvis e Ginger percorreram de carro, com Billy e Charlie Hodges, o caminho até o consultório do dentista, cruzando as ruas de Memphis sob a chuva. Quando o dr. Hofman terminou seu trabalho, Charlie telefonou para Graceland, para saber se eles poderiam assistir a *MacArthur*, e soube que Joe Esposito não tinha conseguido arranjar uma sessão pois não havia nenhuma cópia do filme disponível na cidade.

Elvis chegou de volta a Graceland à meia-noite e meia. Ele conversou um pouco com Joe sobre a turnê, e com Sam Thompson, que deveria acompanhar Lisa em sua viagem de retorno à Califórnia. Ele também passou uma hora com Dick Grob, o chefe de sua equipe de segurança. Insistentemente, tentou barganhar com Ginger mais uma vez para que ela o acompanhasse na viagem ao Maine. O assunto do casamento veio à baila novamente, e Elvis achou que talvez eles pudessem marcar o evento para uma data próxima do Natal ou do aniversário dele, em janeiro do ano seguinte.

Elvis telefonou para o dr. Nick por volta das duas horas da manhã, queixando-se de dores em consequência do tratamento dentário. O dr. Nick escreveu-lhe uma receita, que deveria ser aviada no Baptist Memorial Hospital. Ricky Stanley, então, foi designado para apanhar a medicação.[28]

Larry Geller havia chegado de Los Angeles, a fim de acompanhar Elvis na turnê, hospedando-se no motel Howard Johnson's, nas proximidades, e trouxera consigo uma pilha de livros que achara poderem interessar a Elvis — especialmente um, de autoria de Frank O. Adams. O livro apresentava um estudo objetivo sobre o Sudário de Turim, o tecido de linho que muita gente acredita haver envolvido o corpo de Cristo quando foi depositado na tumba de José de Arimateia. Ansioso para ver o que Geller havia selecionado para ele, Elvis telefonou para Al Strada no intuito de saber se ele poderia passar pelo motel e apanhar os livros. Geller já havia preparado os volumes para serem levados quando Strada chegou, colocando propositalmente o livro de Adams no topo da pilha, com clipes marcando as páginas que continham as passagens que ele acreditava que Elvis acharia mais interessantes.[29]

Por volta das quatro horas da manhã, inquieto, Elvis telefonou para Billy Smith para saber se ele e sua esposa, Jo, gostariam de dar umas raquetadas com ele e Ginger. O casal já havia se deitado, mas respondeu afirmativamente, levantando-se e tornando a vestir-se. Andando pelo caminho de concreto que levava à quadra, Billy fez um comentário sobre a chuva, desejando que parasse. Elvis replicou: "Não há problema. Eu cuido disso". Ele ergueu suas mãos ao céu e a chuva, imediatamente, parou. "Viu, só? Eu lhe disse."

Eles não jogaram por muito tempo. Antes de retornar à casa, Elvis sentou-se ao piano que havia no salão de jogos e tocou algumas canções. Ele terminou a sessão com uma canção que Willie Nelson transformaria em um grande sucesso, "Blue Eyes Crying in the Rain".[30]

Elvis, Ginger e Billy subiram ao pavimento superior. Elvis fez uma parada para dar a Lisa Marie um beijo de boa-noite em sua cama, e Billy ajudou Elvis a lavar e secar seus cabelos. Quando Billy retirou-se, Elvis telefonou para Ricky, mas não pôde encontrá-lo. Elvis desejava um sedativo para ajudá-lo a dormir, por isso ligou para o consultório do dr. Nick, mas ainda não havia ninguém lá. Então, ele chamou Tish Henley, a enfermeira que morava na propriedade e atendia às suas necessidades médicas. Tish providenciou para que a medicação adequada fosse administrada, e a tia de Elvis, Delta, levou-a para ele, com um pouco de água gelada.

Ao longo das poucas últimas horas, Elvis havia recebido três dosagens de medicamentos que o dr. Nick fracionara, para que conseguisse dormir. Ricky Stanley lhe trouxera as duas primeiras dosagens. Quando sua tia Delta lhe trouxe a terceira, Elvis disse a ela que pretendia dormir até as sete horas da noite seguinte.

Ele ainda não sentia sono, mas Ginger sim. Elvis recebera a pilha de livros que Larry Geller lhe trouxera da Costa Oeste e pretendia "devorar" o livro de Adams; por isso, ele o levou para ler no banheiro, para que a luz não incomodasse a Ginger. Eram quase nove horas da manhã.

Pouco depois da uma hora da tarde, segundo a criadagem da casa, alguma coisa caiu com um baque surdo no pavimento superior.

Ginger despertou em algum momento entre uma e meia e duas horas da tarde. Depois de falar com sua mãe pelo telefone, ela pôs-se à procura de Elvis, que não emitira um som desde o momento em que ela acordara. Ele não respondeu quando ela bateu à porta do banheiro. Quando abriu a porta, ela deparou-se com ele jazendo de bruços sobre o felpudo carpete vermelho, a poucos passos do vaso sanitário.[31]

Perto dele, sobre o piso, estava o livro A Scientific Search for the Face of Jesus [Uma Busca Científica pelo Rosto de Jesus, em tradução literal].

Epílogo: Santo Elvis

Elvis não foi apenas "maior do que a vida": ele provou ser maior do que a morte. Em poucas horas após sua morte, as ruas do sul de Memphis encheram-se com dezenas de milhares de fãs que choravam, e desde aquela primeira manifestação coletiva de dor e de amor, 35 anos atrás, ele jamais "saiu de cena" realmente. Hoje em dia, sua música é tão popular quanto sempre foi, e há mais de quatrocentos fã-clubes de Elvis Presley ao redor do mundo, que mantêm vivo o seu espírito.

Análises laboratoriais confirmariam o que todas as pessoas mais próximas de Elvis já suspeitavam: a causa principal de sua morte foi farmacopolitoxemia: o excesso de drogas farmacológicas poderosas em seu organismo. Catorze diferentes tipos de drogas foram detectados — dez deles em concentrações tão significativas quanto cinco vezes superiores aos níveis tóxicos.[1]

Evidentemente, ele morreu — embora, há vários anos, muita gente se recuse a acreditar que ele se foi, continuando a "avistá-lo" em paradas de caminhoneiros, lojas de conveniência e restaurantes de *fast-food* por todo o país. Alguns relatos desses "avistamentos" foram criados por gozadores, mas muitos outros não.

Coisas estranhas aconteceram em seguida à morte dele. Naquela noite, quando todos em Graceland se reuniram para assistir ao noticiário das dez horas da noite, a fim de saber como os eventos seriam relatados, o som subitamente emudeceu no aparelho de televisão. Dois dias depois, quando os carregadores levavam seu caixão ao carro funerário, um galho de um carvalho nas proximidades quebrou-se, caindo sobre o carro de Ginger Alden que ali estava estacionado. George Klein pôs para tocar uma fita cassete com os grandes sucessos de

Elvis, e esta quebrou-se imediatamente depois do final de "Can't Help Falling in Love", a canção com a qual ele encerrava suas apresentações. Quando Alan Fortas tentou tocar uma gravação de "Blue Hawaii" no toca-fitas de seu carro, a fita emaranhou-se dentro do aparelho. Linda Thompson relatou que imediatamente após receber a notícia do falecimento dele, em Los Angeles, as luzes apagaram-se em seu apartamento.[2]

Coisas estranhas, sim; mas que dificilmente poderiam ser consideradas extraordinárias.

Todavia, coisas extraordinárias *aconteceram* — não apenas às pessoas que eram próximas a ele. O psiquiatra Raymond A. Moody, Jr. elencou uma quantidade desses incidentes em seu livro *Elvis After Life* [*Elvis Depois da Vida*, em tradução literal].*

Na tarde do dia 16 de agosto, um fazendeiro do Tennessee a quem o dr. Moody chamou "Claude Buchanan" subira uma encosta que havia detrás de sua casa e tratava de uma vaca ferida. Elvis era um conhecido dele e, certa vez, dera-lhe algum dinheiro para comprar uma caminhonete de que necessitava. Quando trabalhava no topo da colina naquela tarde, Buchanan surpreendeu-se ao avistar Elvis subindo pela encosta, vindo em sua direção. A princípio, pareceu-lhe que Elvis estivesse envolto por uma névoa azulada, e Buchanan estranhou não haver notado sua presença antes, quando ainda estava no sopé da colina. Elvis chegou à distância de cerca de três metros de Buchanan, que lhe perguntou o que ele fazia ali. "Vim para dizer-lhe adeus, por uns tempos, Claude." Ele mal terminara de pronunciar essas palavras quando Buchanan ouviu sua esposa chamando-o, às suas costas. Voltando-se para olhar na direção do chamado, no sopé da colina, ele a viu sair correndo pela porta de tela da cozinha da casa, como se um incêndio tivesse principiado ali. "Elvis morreu!", gritou ela. "Acabo de ouvir a notícia pelo rádio." Claude ainda pensou: "Ele não

---

* O dr. Raymond A. Moody, Jr. (nascido em Porterdale, Geórgia, em 30 de junho de 1944) tornou-se mundialmente conhecido como autor do livro *Life After Life* [*A Vida Depois da Vida*]. Nessa e em várias outras obras de sua autoria, Moody relata as sensações descritas por centenas de pacientes nos momentos em que estiveram em condições de morte clínica, imediatamente antes de "voltarem à vida". Os relatos foram definidos como "experiências de quase morte", um termo criado pelo autor em 1975. [N.T.]

pode ter morrido. Ele está aqui, no alto da colina, comigo". Mas, quando olhou novamente, Elvis havia desaparecido.[3]

Às cinco e meia da tarde daquele dia, os fãs "Arthur" e "Marian" chegavam de volta à sua casa, que haviam deixado com todas as janelas fechadas e a porta da frente trancada com uma fechadura de alta segurança. Lá dentro, uma estatueta de Elvis tinha sido derrubada de cima de uma mesa de centro, e duas fotografias dele — uma das quais autografada — que pendiam da parede foram encontradas no chão, com os vidros das molduras quebrados. Não havia crianças ou animais de estimação na casa, e nada mais fora tirado do lugar. Depois de inspecionar atentamente todos os cômodos, o casal ligou a televisão, por meio da qual recebeu a notícia da morte de Elvis, ocorrida naquela tarde.[4]

Ainda naquela mesma tarde, "Ruth Ann Bennett" e uma amiga decidiram prantear Elvis indo à casa de Ruth para ouvirem juntas os discos dele. Quando Ruth abriu um armário para apanhar alguns, encontrou metade de seus discos retorcidos e impossíveis de serem tocados — e ainda quentes ao tato.[5]

Certa noite de dezembro, em 1980, um caminhoneiro que fazia viagens de longa distância passava pelo Arkansas quando deu carona a um homem que pretendia chegar a Memphis. Ele conversou com o homem embora não pudesse ver claramente seu rosto, por causa da escuridão e do chapéu que este usava. Entretanto, o homem mostrou-se muito respeitoso e educado, respondendo-lhe sempre com um "Sim, senhor" ou "Não, senhor". Quase no final da jornada de 160 quilômetros, o caminhoneiro resolveu apresentar-se. O caronista, então, voltou-se para ele e apresentou-se como Elvis Presley — o que fez com que o motorista começasse a suar frio. Depois disso, Elvis pediu a ele que parasse o veículo, cerca de 1,5 quilômetro adiante, em um ponto muito próximo de Graceland.[6]

Uma mulher chamada "Janice" havia encontrado Elvis diversas vezes, e recebera uma de suas jaquetas como presente. A jaqueta foi guardada cuidadosamente, como seu tesouro mais estimado, mas, nos meses seguintes à morte de Elvis, Janice passou a encontrá-la, repetidas vezes, jogada sobre o piso do *closet*. Ela estava olhando, em plena luz do dia e a menos de dois metros de distância, certa vez, quando a jaqueta caiu de onde estava, sem motivo aparente. Em outra oportunidade, ela despertou no meio da noite e, aterrorizada, viu a manga direita da jaqueta movendo-se, para cima e para baixo. Com medo de continuar a morar sozinha, ela alugou um quarto de sua casa a outra mulher, chamada "Mary", que possuía um cachorro *collie* "miniatura". O cãozinho ladrava incessantemente para o *closet* onde a jaqueta era guardada, e evitava aproximar-se muito daquele lugar.[7]

Talvez o incidente mais notável tenha sido o que envolveu um oficial de polícia da Geórgia e um de seus filhos, que se afastara da família — ambos fãs de Elvis. No dia 11 de fevereiro de 1982, o filho do policial, "Tony", partiu rumo a Los Angeles após uma discussão com seus pais a respeito de seu próprio comportamento dissoluto. Ele possuía 2 mil dólares em economias, e seu pai, "Harold", estava preocupado com a possibilidade de o filho haver-se envolvido com drogas. Depois de mais de duas semanas sem receber dele qualquer espécie de comunicação, Harold e seu outro filho decidiram voar para Los Angeles, a fim de tentar encontrar Tony. Antes que partissem, Harold teve um sonho, no qual Elvis vinha ao seu escritório. Ele vestia uma jaqueta de policial e mostrou a Harold um distintivo. Elvis disse estar preocupado com Tony e que desejava mostrar a Harold onde o encontrar. Ele apontava para um mapa da cidade de Los Angeles, mas Harold tinha dificuldade em focalizar os nomes das ruas. Então, Elvis, de algum modo, levou-o até lá e mostrou-lhe o local, apontando para uma farmácia que havia em uma esquina e para uma barraca de hambúrgueres na esquina oposta, no outro lado da rua. Em seguida, ele conduziu Harold até uma casa, no mesmo quarteirão, em que quartos eram alugados e fez com que ele olhasse atentamente para a porta de entrada. Quando a visão de Harold parecia estar perdendo o foco, Elvis o agarrou pelo braço, sacudindo-o. "Olhe, cara. Você tem de olhar para isto. Isso é importante. Cara, seu filho está usando drogas." Harold memorizou a fachada do edifício e agradeceu a Elvis, antes de despertar com dor de cabeça e um zumbido nos ouvidos.

Harold e o irmão de Tony voaram para Los Angeles no dia 3 de março. Depois de buscar informações com a polícia local sobre a vizinhança que pretendiam percorrer, eles alugaram um carro e iniciaram sua busca. Às duas horas da tarde do dia 9 de março, Harold avistou a farmácia na esquina que vira em seu sonho. No lado diretamente oposto da rua havia uma barraca que vendia hambúrgueres. A meio caminho do final do quarteirão, Harold viu três casas, muito semelhantes entre si, que alugavam quartos. Ele estudou detalhadamente as fachadas de cada uma delas, até reconhecer aquela que Elvis lhe havia mostrado. Quando bateu à porta da casa, uma senhora idosa o atendeu. Harold perguntou-lhe: "A senhora tem um jovem inquilino chamado Tony Welch morando aqui?". Ela respondeu-lhe: "Bem, tenho, sim". Ele identificou-se como o pai de Tony e a mulher o conduziu ao pavimento superior, até diante da porta do quarto do rapaz.

Harold bateu à porta, e Tony disse-lhe que entrasse. Ele se encontrava deitado na cama, lendo uma revista, e imediatamente ficou branco de susto ao ver seu pai parado ali, no umbral da porta. Após um momento de emoção mútua, ele confessou estar disposto a voltar para casa. Revelou-se, então, que — como Elvis dissera, no sonho — Tony era um usuário de drogas, e o fato de haver sido encontrado por seu pai ajudou-o a redefinir os rumos de sua vida.

Até aquele momento, Harold sentira-se constrangido demais para contar a qualquer um de seus filhos sobre o sonho que tivera. Porém, ao fazer isso naquela noite, quando todos conversavam em um quarto de hotel, Tony confidenciou-lhes: "Papai, há uma coisa engraçada. Por duas vezes, desde que cheguei aqui, eu sonhei com Elvis Presley. E em ambos os sonhos ele me disse que você viria me buscar. Ele disse estar preocupado comigo, e que daria um jeito de arranjar as coisas".[8]

Desde muito cedo em sua trajetória ascendente, a figura de Elvis confundia-se entre a de um superastro da música *pop* com a de alguém que inspirasse veneração. Isso ia muito além das garotas que se recusavam a lavar o rosto depois de terem sido beijadas por ele, ou que entesouravam pedaços de um pano usado para remover a poeira do carro dele. Em 1959, ele participou de uma campanha de doação de sangue promovida pela Cruz Vermelha alemã, em Bad Nauheim. A revista local *Bravo*, dedicada ao público adolescente, publicou fotos de sua participação no evento, e, mais tarde, matérias relatando que vários leitores haviam escrito perguntando como poderiam adquirir um pouco do sangue dele, para que o injetassem em suas próprias veias.[9]

Talentoso, humilde, respeitoso e carismático, Elvis estava, para muitos dos seus fãs, vários níveis acima das "celebridades comuns". Ele assemelhava-se mais a um santo.

E, como um verdadeiro santo, ele exsudava espiritualidade, sem esforçar-se para isso — subconscientemente. Marion Keisker descreveu-o como possuidor de uma "qualidade mágica": uma inocência infantil e uma simplicidade desprovida de astúcia que tinham o poder de produzir um efeito positivo sobre quem tivesse contato com ele. Peter Guralnick, sintetizando a opinião de Sam Phillips, escreveu: "Essa era a 'marca registrada' de Elvis: ele transmitia sua espiritualidade sem ser capaz de exprimi-la, ou mesmo de necessitar fazer isso".[10]

Alguém menos seguro em relação à própria espiritualidade poderia ter "a cabeça virada" pela adulação desenfreada que ele provocava. Elvis não podia evitar ser afetado pela adoração, mas, em sua mentalidade, ele não era tanto um recebedor meritório quanto um canal por meio do qual Deus exprimia seu poder. Ele fora escolhido por algum motivo, eleito em meio à massa da humanidade, e sentia-se destinado a fazer alguma coisa com a energia psíquica que fluía para ele.

Por uma década, ele não teve certeza quanto ao que, exatamente, isso fosse. Mas depois de ser apresentado a livros como A Vida Impessoal e similares, a imagem imprecisa foi-se tornando mais nítida. Ele tinha uma missão: e esta era a de elevar. Isso tornou-se evidente em 1969, quando ele voltou a apresentar-se ao vivo. Ele possuía o mesmo apelo magnético de um pregador evangélico, e a mesma habilidade para "enfeitiçar" as pessoas. Com um repertório de canções cuidadosamente escolhidas e uma banda competente para respaldá-lo, ele podia despertar a energia latente de suas plateias e dirigi-la para onde quisesse. Ele podia inspirar ("The Impossible Dream"), ensinar ("Walk a Mile in My Shoes"), instilar a reverência a Deus ("How Great Thou Art") ou proporcionar consolo ("Bridge Over Troubled Water"). Ou ele podia simplesmente revigorar as pessoas com o bom e velho sentimento despertado pelo rock'n'roll de sua juventude. Ele podia compor o "sermão" de cada noite do modo que bem entendesse, mas aqueles que viessem assisti-lo sempre sairiam sentindo-se renovados.

Ele jamais olhava "de cima para baixo" para as pessoas que vinham à sua procura. Se elas o amavam, ele as amava, reciprocamente. Havia algo de extraordinário em relação ao laço que o unia aos seus fãs, e ele sabia disso. "Não se trata de uma relação comum, e não creio que as pessoas comuns possam compreendê-la. Trata-se de um caso de amor mútuo. Eu tento agradar ao meu público da melhor maneira que sei fazer isso; e, em troca, recebo algo que a maioria das amantes jamais poderia me dar."[11]

Seu diretor musical, Joe Guercio, foi testemunha daquilo a que Elvis se referia durante sua primeira apresentação no International Hotel: "Tenho acompanhado a um grande número de astros populares sobre o palco e detesto ter de desinflar seus egos, mas eles não sabem o que é um verdadeiro astro. Jesus Cristo! Aquilo era quase irreal! Tudo o que ele precisava era de algumas canções, pouquíssima produção e... Cara, aquilo sim é que eu chamo de arrebatar o público. Elvis Presley era um acontecimento".[12]

Seus fãs gostavam de pensar nele como um super-homem, mas, naturalmente, ele era apenas humano. Ele seguiu adiante com seu abuso de drogas farmacêuticas por mais de uma década. Essas drogas são insidiosas, e continuaram a exercer seus efeitos sobre ele. O impacto cumulativo delas sobre seu organismo afinal causou-lhe alterações físicas e psicológicas, e precipitou o seu fim.

Contudo, afora os fanáticos pelos tabloides, o que as pessoas guardaram em suas memórias não foram as falhas, mas as qualidades que fizeram dele quase um santo. O espírito generoso que ele manifestara desde quando era uma criança de 5 anos de idade, capaz de dar seu adorado triciclo a um amigo, infundira-se em sua personalidade de adulto. Durante um concerto em South Bend, Indiana, ele retirou um anel de diamante de 20 mil dólares do dedo e atirou-o à plateia. Quando perguntado por que tinha feito aquilo, ele respondeu: "Apenas para proporcionar a alguém, lá, a maior emoção de sua vida". Quando ouviu dizer que um produtor fonográfico de quem ele gostava estava tendo de submeter-se a um tratamento de hemodiálise e enfrentava problemas para conseguir um transplante renal, ele pagou uma conta de 100 mil dólares para que o processo fosse acelerado. O cantor Jackie Wilson, quase falido, sofreu um ataque cardíaco sobre o palco e passou vários anos em estado vegetativo antes de morrer. Elvis gastou 40 mil dólares durante esse período, para que ele fosse cuidado em uma clínica de repouso. Um velho amigo do Exército desenvolveu um caso de paralisia cerebral. Elvis comprou-lhe um Chevrolet Impala especialmente adaptado e contratou uma enfermeira particular para ele, ao custo de 400 dólares mensais, e empregou o pai do homem como guarda de segurança do portão de Graceland. Marty Lacker lera algo sobre uma mulher negra idosa de Memphis a quem faltavam ambas as pernas e que locomovia-se de um lugar a outro sobre uma tábua à qual havia sido adaptado um par de patins. Elvis comprou para ela uma cadeira de rodas movida a eletricidade, do melhor modelo disponível no mercado, e entregou-a pessoalmente, chegando à casa da mulher sem qualquer aviso prévio. Além disso, todos os anos, por volta do Natal, ele distribuía uma quantia entre 50 e 100 mil dólares a cinquenta diferentes instituições de caridade de Memphis.[13]

Naturalmente, ele também distribuiu Cadillacs, Lincolns e joias entre namoradas, conhecidos e mesmo completos estranhos. Seu pai, Vernon, que pagava as contas, ficava chocado com sua prodigalidade e achava que Elvis caminhava velozmente rumo à ruína financeira. Porém, comparando o comportamento de Elvis com o da maioria das celebridades — que se permitem possuir quatro, cinco, seis residências pelo mundo todo, adquirem para si ilhas particulares e acumulam somas incalculáveis em bancos nas Ilhas Cayman ou na Suíça — podemos imaginar quão melhor seria a sociedade se mais pessoas possuidoras de grandes fortunas compartilhassem mais prodigamente a abundância de que desfrutam.

Elvis era proveniente de um meio em que o sentimento religioso, muito frequentemente, era dirigido para uma vida compreendida por uma visão de mundo simplista, delimitada pelo "enxofre-e-o-fogo-do-inferno" e "creia-em-Jesus-e-você-será-salvo". Por meio de extensivas leituras, meditação e oração, ele pôde vir a aceitar que a luz de Cristo é inerente a cada pessoa. Ele pôde sentir que Deus desejava que ele fizesse uso de *sua* luz interior para elevar as outras pessoas. Para esse propósito, foram concedidos a ele talentos extraordinários e uma fama sem paralelo.

Seus fãs o compreenderam mal e o louvaram como a um rei. Porém, não importando quão exaltado tenha sido no mundo, ele permaneceu insaciavelmente curioso sobre as coisas do espírito. Até os últimos momentos — como ficou evidenciado pelo livro que estava lendo quando morreu — ele permaneceu um buscador da Verdade.

Cronologia

1935: Elvis Presley nasce às 4h35 da manhã do dia 8 de janeiro, trinta minutos depois de seu irmão gêmeo natimorto, Jesse.
1938: Em maio, o pai de Elvis, Vernon, é sentenciado a três anos de prisão, por haver adulterado um cheque.
1939: É concedida a Vernon uma libertação antecipada, baseada na apelação movida por seus vizinhos e pelo próprio homem que o acusara de haver cometido o delito.
1941: Em setembro, Elvis ingressa no primeiro ano da escola East Tupelo Consolidated.
1945: Elvis compete em um show de talentos no dia 3 de outubro, no *Alabama-Mississippi Fair and Dairy Show*, cantando "Old Shep". Ele se lembrava de haver conquistado o quinto lugar.
1948: A família Presley parte de Tupelo no dia 6 de novembro, mudando-se para Memphis. No dia 8 de novembro, Elvis ingressa na Humes High School, como um aluno da oitava série.
1949: Em setembro, Elvis inicia seu primeiro ano como estudante do curso secundário na Humes High.
1953: Elvis conclui o curso secundário e gradua-se pela Humes High no dia 3 de junho. No dia seguinte, ele começa a trabalhar para a M. B. Parker Machinists' Shop, recebendo 33 dólares por semana. Mais tarde, naquele mesmo mês, ele vai ao Memphis Recording Studio, na Union Street, e grava um disco com as canções "My Happiness" e "That's When Your Heartaches Begin" como um presente para sua mãe.

1954: Elvis se submete a um teste para integrar uma banda de música *country* em maio, e lhe dizem: "Você jamais fará sucesso como cantor." Ele conhece Scotty Moore e Bill Black no dia 4 de julho, e o trio grava "That's All Right" no dia 5 de julho, na Sun Records. No dia 8 de julho, a canção estreia no programa radiofônico *The Red Hot and Blue Show*, da emissora WHBQ, em Memphis, tornando-se um sucesso instantaneamente. Elvis faz sua primeira apresentação ao vivo no dia 30 de julho, no Parque Overton, em Memphis, em um show cuja atração principal era Slim Whitman. Ele faz aparições no *The Grand Ole Opry*, no dia 3 de outubro, e no *Lousiana Hayride*, no dia 16 de outubro.

1955: No dia 15 de agosto, por meio de um acordo assinado conjuntamente por seu pai, Elvis torna o Coronel Tom Parker seu empresário. No dia 21 de novembro, ele assina um contrato com a RCA, recebendo um bônus de 5 mil dólares — que ele imediatamente emprega na aquisição de um Ford cor-de-rosa, dando-o como um presente à sua mãe.

1956: No dia 10 de janeiro, Elvis comparece à sua primeira sessão de gravação na RCA, que resulta na produção de "Heartbreak Hotel". No dia 28 de janeiro, ele aparece em rede nacional de televisão, no programa *Stage Show*, da emissora CBS. Ele figura como convidado no programa do apresentador Milton Berle, no dia 3 de abril. Em 3 de maio, "Heartbreak Hotel" alcança a primeira posição nas paradas de sucesso *pop*. Elvis aparece no programa de Steve Allen no dia 1º de julho e, em 9 de setembro, faz com que 82,6% dos aparelhos de televisão dos Estados Unidos sejam sintonizados para assistir à sua estreia no programa *Ed Sullivan Show*. O primeiro filme cinematográfico de que ele participa, *Ama-me com Ternura*, estreia no dia 15 de novembro.

1957: No dia 19 de março, Elvis adquire Graceland, uma propriedade de 5,3 hectares em um subúrbio de Memphis. Seu segundo filme, *A Mulher que Eu Amo*, é lançado em julho, e o terceiro, *Prisioneiro do Rock*, em novembro. O disco *Elvis Christmas Album* é lançado em outubro, e, até hoje em dia, permanece sendo o álbum de canções natalinas mais vendido de todos os tempos.

1958: No dia 24 de março, Elvis apresenta-se para prestar o serviço militar junto ao Exército dos Estados Unidos, sendo enviado primeiro ao Forte Chaffee, no Arkansas, e, depois, ao Forte Hood, no Texas. O filme *Balada Sangrenta* é lançado em julho. No dia 14 de agosto, Gladys Presley, sofrendo de hepatite aguda, morre em decorrência de falência cardíaca, aos 46 anos de idade. Elvis chega à Alemanha no dia 1º de outubro, para ser alocado na Terceira Divisão Blindada.

1959: No dia 13 de setembro, Elvis conhece Priscilla Beaulieu, filha de um capitão da Força Aérea lotado em Wiesbaden.

1960: Elvis retorna à vida civil no dia 5 de março. O álbum *Elvis is Back!* é lançado em abril. Ele faz uma aparição televisiva no programa *Frank Sinatra Timex Special*, no dia 12 de maio. O compacto contendo "It's Now or Never" é lançado em julho, e essa gravação se torna sua canção mais vendida de todos os tempos, ultrapassando a marca de 20 milhões de cópias. Em novembro é lançado *His Hand in Mine*, seu primeiro álbum de música *gospel*, e estreia *G. I. Blues*, o primeiro filme que ele faria desde sua convocação pelo Exército.

1961: Elvis faz um concerto beneficente em Honolulu, no dia 26 de março, visando angariar fundos para a construção de um monumento em memória dos marinheiros mortos no USS *Arizona*, em Pearl Harbor. Dois dias depois, ele inicia as filmagens de *Feitiço Havaiano*.

1962: *Em Cada Sonho um Amor* é lançado em abril, *Talhado para Campeão* em agosto, e *Garotas e Mais Garotas* em novembro.

1963: *Loiras, Morenas e Ruivas* estreia em abril, e *O Seresteiro de Acapulco* em novembro.

1964: Fora das telas, Elvis mantém um romance com sua coestrela Ann-Margret, durante e após o término das filmagens de *Amor a Toda Velocidade*, que é lançado em maio.

1965: Na estrada, viajando de Memphis para Hollywood, em março, Elvis experimenta uma epifania espiritual nas cercanias de Flagstaff, no Arizona. "Crying in the Chapel", gravada em 1960, é lançada em abril e alcança a terceira posição entre as "100 Mais" na *Billboard*. No dia 27 de agosto, os Beatles visitam Elvis em sua mansão em Bel Air, na única oportunidade em que os cinco estiveram juntos.

1966: *Entre a Loira e a Morena* é lançado em março; *No Paraíso do Havaí*, em junho.

1967: No dia 22 de fevereiro, Elvis adquire um rancho de criação de gado, com cerca de 65 hectares, no Mississippi, o qual "rebatiza" como Circle G. Seu segundo álbum de música gospel, *How Great Thou Art* — que viria a render-lhe um *Grammy* pela Melhor Performance de Música Sacra —, é lançado no dia 27 de fevereiro. Em 9 de março, ele cai no banheiro e sofre uma concussão, que leva ao adiamento do início das filmagens de *O Barco do Amor*. No dia 1º de maio, ele se casa com Priscilla Beaulieu, em uma cerimônia no Aladdin Hotel, em Las Vegas.

1968: Lisa Marie Presley nasce às 17h01 do dia 1º de fevereiro. Elvis volta a aparecer na televisão no dia 3 de dezembro, pela primeira vez desde 1960, em um programa que se tornaria conhecido como *The '68 Comeback Special* — "O Especial da Volta".

1969: Elvis vende o rancho Circle G no dia 20 de maio. Em 31 de julho, ele estreia no International Hotel, em Las Vegas. No princípio de novembro, "Suspicious Minds" alcança o topo das paradas de sucesso — sua última gravação a chegar ao "número 1".

1970: Elvis faz a primeira de seis apresentações no Houston Astrodome no dia 27 de fevereiro. Em 21 de dezembro, ele surge inesperadamente diante dos portões da Casa Branca, requerendo um encontro com o presidente Richard Nixon. Ao meio-dia, ele se encontra com Nixon no Salão Oval.

1971: Elvis apresenta-se no Sahara Tahoe em julho, onde estreia entrando no palco ao som de *Also Sprach Zarathustra* de Richard Strauss, a música que viria a ser sua "assinatura" no início de cada apresentação — um estilo de abertura que ele aperfeiçoava para sua próxima temporada de shows em Las Vegas.

1972: No final de fevereiro, Priscilla informa a Elvis que o estaria deixando. *He Touched Me* é lançado em abril, rendendo-lhe mais um *Grammy*. Em junho, ele faz quatro apresentações no Madison Square Garden. Em agosto, "Burning Love" alcança a segunda posição nas paradas — seu último sucesso a figurar entre os *Top 10*.

1973: Nas primeiras horas da manhã do dia 19 de fevereiro, sob influência de drogas farmacológicas receitadas, Elvis incita os irmãos Sonny e Red West a matarem Mike Stone, o amante de Priscilla. Depois de terem sido feitos arranjos para isso, ele muda de ideia e desiste de tudo, no último momento. Em junho, o dr. Nick é chamado a St. Louis para ajudar Elvis e o encontra "tão perto da morte quanto uma pessoa pode chegar, antes de expirar". Priscilla se divorcia de Elvis no dia 9 de outubro, em uma separação amigável. Seis dias depois, ele é hospitalizado em Memphis, submetendo-se a duas semanas de terapia contra a dependência química.

1974: No verão, Elvis delineia os planos para a filmagem de um documentário sobre karatê, provisoriamente intitulado *The New Gladiators*. Ele investe 125 mil dólares e as filmagens têm início, mas o projeto é abandonado por volta do Natal.

1975: No final de março, Elvis é abordado por Barbra Streisand para interpretar o papel principal em uma refilmagem de *Nasce uma Estrela*.

1976: Em fevereiro, não desejando ir a um estúdio, Elvis grava as faixas para um novo álbum em sua casa. Em julho, ele demite Red West, Sonny West e Dave Hebler, que se dedicam a escrever e publicar um livro contando a história — vista por dentro — de seu declínio.

1977: No dia 26 de janeiro ele propõe casamento a Ginger Alden. Em março ele a leva — com uma grande comitiva — em uma viagem de férias ao Havaí. No dia 16 de agosto, em algum momento entre as nove e meia da manhã e uma e meia da tarde, Elvis morre, no banheiro de Graceland, sua mansão em Memphis. Sobre o piso, é encontrado um exemplar do livro *A Scientific Search for the Face of Jesus* [*Uma Busca Científica pelo Rosto de Jesus*, em tradução literal].

Notas

Prólogo

1. Larry Geller e Joel Spector, com Patricia Romanowski, "*If I Can Dream*": *Elvis' Own Story* (Nova York: Avon, 1990), pp. 102-06.
2. *Ibid.*, p. 18.
3. *Ibid.*, pp. 106-07.

Capítulo 1

1. Geller, *If I Can Dream*, 128 (ver nota 1 do Prólogo); Jess Stearn com Larry Geller, *The Truth about Elvis* (Nova York: Jove, 1980), pp. 237-38; Peter Guralnick, *Last Train to Memphis: The Rise of Elvis Presley* (Nova York: Back Bay Books, 1994), pp. 11-3; Elaine Dundy, *Elvis and Gladys* (Jackson, MS: University Press of Mississippi, 2004), pp. 6-7. Curiosamente, em relação ao parto realizado naquela noite, na residência dos Presley, o dr. Hunt grafou, em seu livro de Registros Médicos, o nome de Elvis como "Evis Aron Presley". "Evis" devia-se a uma tentativa de transliteração da pronúncia de Vernon para o prenome de Elvis, sendo "Aaron" a grafia convencionalmente adotada em inglês para este nome. Ver Alanna Nash, com Billy Smith, Marty Lacker e Lamar Fike, *Elvis Aaron Presley: Revelations from the Memphis Mafia* (Nova York: HarperCollins, 1995), fotografia oposta à página 362.
2. Geller, *If I Can Dream*, p. 70; Guralnick, *Last Train to Memphis*, pp. 12, 29.
3. Guralnick, *Last Train to Memphis*, pp. 12-5.
4. Geller, *If I Can Dream*, p. 41; Guralnick, *Last Train to Memphis*, p. 14.
5. Geller, *If I Can Dream*, pp. 31, 41.

6. Guralnick, *Last Train to Memphis*, p. 13; Stearn, *Truth about Elvis*, p. 217; Dundy, *Elvis and Gladys*, p. 91.
7. Guralnick, *Last Train to Memphis*, p. 13; Stearn, *Truth about Elvis*, p. 21; Andreas Schröer, *Private Presley: The Missing Years – Elvis in Germany* (Nova York: William Morrow, 1993), p. 14.
8. Guralnick, *Last Train to Memphis*, p. 16.
9. Stearn, *Truth about Elvis*, pp. 87-8.
10. Guralnick, *Last Train to Memphis*, pp. 8, 15-7.
11. Ibid., pp. 15, 17, 37; Adam Victor, *The Elvis Encyclopedia* (Nova York: Overlook Duckworth, 2008), p. 80.
12. Guralnick, *Last Train to Memphis*, p. 15; Dundy, *Elvis and Gladys*, p. 84; Priscilla Beaulieu Presley com Sandra Harmon, *Elvis and Me* (Londres: Arrow Books, 1986), p. 53; Nash, *Elvis Aaron Presley*, p. 79.
13. Guralnick, *Last Train to Memphis*, pp. 20-1; Geller, *If I Can Dream*, p. 32; Dundy, *Elvis and Gladys*, pp. 93-6.
14. Geller, *If I Can Dream*, p. 32; Guralnick, *Last Train to Memphis*, p. 18.
15. Guralnick, *Last Train to Memphis*, pp. 19, 23-4, 40.
16. Ibid., pp. 13, 24-6.
17. Stearn, *Truth about Elvis*, p. 18.

Capítulo 2

1. Guralnick, *Last Train to Memphis*, pp. 28, 32-4 (ver nota 1 do Capítulo 1).
2. George Klein com Chuck Crisafulli, *Elvis: My Best Man* (Nova York: Three Rivers Press, 2010), pp. 12-3.
3. Guralnick, *Last Train to Memphis*, pp. 33-8.
4. Ibid., pp. 40-3, 48.
5. Stearn, *Truth about Elvis*, p. 217 (ver nota 1 do Capítulo 1); Guralnick, *Last Train to Memphis*, p. 48.
6. Guralnick, *Last Train to Memphis*, pp. 43-4.
7. Ibid., pp. 38-9; Klein, *My Best Man*, pp. 15, 16, 18.
8. Klein, *My Best Man*, pp. 20-2.
9. Guralnick, *Last Train to Memphis*, pp. 45-7, 51-2.
10. Ibid., pp. 46-7.
11. Geller, *If I Can Dream*, p. 12 (ver nota 1 do Prólogo); Guralnick, *Last Train to Memphis*, pp. 44-6, 50; Klein, *My Best Man*, 17.

12. Sonny West com Marshall Terrill, *Elvis: Still Taking Care of Business* (Chicago: Triumph, 2007), pp. 31-2; Red West, Sonny West, e Dave Hebler como narrado a Steve Dunleavy, *Elvis: What Happened?* (Nova York: Ballantine, 1977), pp. 17-9.
13. Jude Sheerin, "How the World's First Rock Concert Ended in Chaos", *BBC News Magazine*, 20 de março de 2012, acesso em: 20 de abril de 2012, http://www.bbc.co.uk/news/magazine-17440514.
14. Guralnick, *Last Train to Memphis*, pp. 7, 134.
15. *Ibid.*, pp. 52-3.
16. Nash, *Elvis Aaron Presley*, p. 29 (ver nota 1 do Capítulo 1).

Capítulo 3

1. Victor, *Elvis Encyclopedia*, p. 283 (ver nota 11 do Capítulo 1); Guralnick, *Last Train to Memphis*, pp. 61-5 (ver nota 1 do Capítulo 1).
2. Guralnick, *Last Train to Memphis*, pp. 67-8, 75, 77.
3. *Ibid.*, pp. 79-80, 82.
4. *Ibid.*, pp. 80-3.
5. *Ibid.*, pp. 84-6.
6. *Ibid.*, pp. 89-95; Geller, *If I Can Dream*, p. 34 (ver nota 1 do Prólogo).
7. Victor, *Elvis Encyclopedia*, p. 506; Guralnick, *Last Train to Memphis*, pp. 95-100.
8. Guralnick, *Last Train to Memphis*, pp. 100-02, 330-31.
9. *Ibid.*, pp. 102-04; Victor, *Elvis Encyclopedia*, p. 46.
10. Guralnick, *Last Train to Memphis*, pp. 83, 87, 105-07.
11. *Ibid.*, pp. 110-11.
12. *Ibid.*, pp. 115, 124.
13. *Ibid.*, pp. 127-29, 135; Klein, *My Best Man*, pp. 67-8 (ver nota 2 do Capítulo 2).
14. Guralnick, *Last Train to Memphis*, pp. 140-43, 156.
15. *Ibid.*, pp. 142-43, 159, 161, 171.
16. Scotty Moore, "The Circle Theater", Scottymoore.net, acesso em: 31 maio de 2012, http://scottymoore.net/circletheater.html; Guralnick, *Last Train to Memphis*, p. 405.
17. Klein, *My Best Man*, pp. 31-3.
18. Geller, *If I Can Dream*, p. 35.
19. Guralnick, *Last Train to Memphis*, p. 190; Sonny West, *Still Taking Care*, p. 277 (ver nota 12 do Capítulo 2).

20. Geller, *If I Can Dream*, p. 35; Red West, *Elvis: What Happened?*, p. 114 (ver nota 12 do Capítulo 2).
21. Sonny West, *Still Taking Care*, p. 59.
22. Geller, *If I Can Dream*, pp. 81-2; Peter Guralnick, *Careless Love: The Unmaking of Elvis Presley* (Nova York: Back Bay Books, 2000), p. 109; Guralnick, *Last Train to Memphis*, p. 167; Nash, *Elvis Aaron Presley*, pp. 55-6 (ver nota 1 do Capítulo 1).
23. Sonny West, *Still Taking Care*, p. 60.
24. Klein, *My Best Man*, p. 56.
25. Guralnick, *Last Train to Memphis*, pp. 206-09.

Capítulo 4

1. Geller, *If I Can Dream*, p. 35 (ver nota 1 do Prólogo).
2. Ibid., p. 36; Guralnick, *Last Train to Memphis*, p. 202 (ver nota 1 do Capítulo 1).
3. Guralnick, *Last Train to Memphis*, pp. 228-30, 237-38; Victor, *Elvis Encyclopedia* (ver nota 11 do Capítulo 1), p. 227.
4. Geller, *If I Can Dream*, p. 14; The Beatles, *The Beatles Anthology* (São Francisco: Chronicle Books, 2000), p. 27; Victor, *Elvis Encyclopedia*, p. 218.
5. Sonny West, *Still Taking Care*, p. 235 (ver nota 12 do Capítulo 2).
6. Guralnick, *Last Train to Memphis*, pp. 266-67.
7. Ibid., pp. 293-95, 338.
8. Geller, *If I Can Dream*, p. 12.
9. Donald Spoto, *Rebel: The Life and Legend of James Dean* (Nova York: HarperCollins, 1996), p. 260; Guralnick, *Last Train to Memphis*, p. 243.
10. Sonny West, *Still Taking Care*, p. 39.
11. Ibid., p. 81.
12. Schröer, *Private Presley*, p. 10 (ver nota 7 do Capítulo 1); Guralnick, *Last Train to Memphis*, pp. 445-46.
13. Geller, *If I Can Dream*, p. 75; Stearn, *Truth about Elvis*, p. 121 (ver nota 1 do Capítulo 1).

Capítulo 5

1. Guralnick, *Last Train to Memphis*, pp. 461-64 (ver nota 1 do Capítulo 1).
2. Geller, *If I Can Dream*, p. 37 (ver nota 1 do Prólogo); Presley, *Elvis and Me*, p. 34 (ver nota 12 do Capítulo 1).
3. Geller, *If I Can Dream*, p. 38.

4. *Ibid.*, p. 38; Nash, *Elvis Aaron Presley*, p. 138 (ver nota 1 do Capítulo 1).
5. Schröer, *Private Presley*, p. 16 (ver nota 7 do Capítulo 1).
6. *Ibid.*, pp. 18-22, 28.
7. Tanya Mohn, "Celebrating Elvis: The King's Legacy Still Lives on in 2012", Itineraries on msnbc.com, 5 de janeiro de 2012, acesso em: 31 maio de 2012, http://todaytravel.today.com/?nvo=500&47524586%7Ca%7Cnu%7C30%7C1%7Ct%7Ca%7C500=18.
8. Kahlil Gibran, *The Prophet* (Nova York: Knopf, 1971), pp. 13, 25, 78, 81.
9. Schröer, *Private Presley*, pp. 32, 35-7.
10. *Ibid.*, pp. 41-2, 118, 120.
11. Presley, *Elvis and Me*, pp. 52-3; Schröer, *Private Presley*, pp. 130-31.
12. Klein, *My Best Man*, pp. 48-51 (ver nota 2 do Capítulo 2).
13. Sonny West, *Still Taking Care*, pp. 71, 355 (ver nota 12 do Capítulo 2); Presley, *Elvis and Me*, p. 45; Schröer, *Private Presley*, pp. 129, 136.
14. Schröer, *Private Presley*, p. 138.
15. *Ibid.*, p. 69; Sonny West, *Still Taking Care*, pp. 80-1.
16. Presley, *Elvis and Me*, p. 17.
17. *Ibid.*, pp. 25-32.
18. Schröer, *Private Presley*, p. 79; Nash, *Elvis Aaron Presley*, pp. 164-65.
19. Presley, *Elvis and Me*, p. 56.
20. Schröer, *Private Presley*, pp. 49, 53, 69, 140.

Capítulo 6

1. Sonny West, *Still Taking Care*, pp. 83-4 (ver nota 12 do Capítulo 2).
2. *Ibid.*, 95; Guralnick, *Last Train to Memphis*, p. 430 (ver nota 1 do Capítulo 1).
3. Guralnick, *Careless Love*, pp. 85-6 (ver nota 22 do Capítulo 3).
4. Presley, *Elvis and Me*, p. 188 (ver nota 12 do Capítulo 1).
5. Sonny West, *Still Taking Care*, pp. 103-05.
6. *Ibid.*, p. 105.
7. Presley, *Elvis and Me*, p. 76.
8. Sonny West, *Still Taking Care*, p. 156.
9. *Ibid.*, 150; Presley, *Elvis and Me*, p. 177.
10. Presley, *Elvis and Me*, pp. 67-92.
11. Stearn, *Truth about Elvis*, 104 (ver nota 1 do Capítulo 1); Sonny West, *Still Taking Care*, pp. 80-1.

12. Stearn, *Truth about Elvis*, p. 106; Presley, *Elvis and Me*, p. 119.
13. Presley, *Elvis and Me*, 29, pp. 151-52; Sonny West, *Still Taking Care*, p. 134.
14. Klein, *My Best Man*, p. 182 (ver nota 2 do Capítulo 2); Sonny West, *Still Taking Care*, p. 46; Nash, *Elvis Aaron Presley*, p. 259 (ver nota 1 do Capítulo 1).
15. Geller, *If I Can Dream*, pp. 46-7 (ver nota 1 do Prólogo); Stearn, *Truth about Elvis*, p. 110.
16. Presley, *Elvis and Me*, p. 212; Sonny West, *Still Taking Care*, p. 181.
17. Geller, *If I Can Dream*, p. 70; Presley, *Elvis and Me*, pp. 162-63.
18. Stearn, *Truth about Elvis*, pp. 36-37.
19. Sonny West, *Still Taking Care*, p. 91; Presley, *Elvis and Me*, p. 79; David Ritz, org., *Elvis by the Presleys: Intimate Stories from Priscilla Presley, Lisa Marie Presley, and Other Family Members* (Nova York: Crown, 2005), p. 112.
20. Sonny West, *Still Taking Care*, 162; Presley, *Elvis and Me*, p. 191.

Capítulo 7

1. Geller, *If I Can Dream*, pp. 19-20 (ver nota 1 do Prólogo); Sonny West, *Still Taking Care*, p. 163 (ver nota 12 do Capítulo 2).
2. Geller, *If I Can Dream*, p. 23.
3. Ibid., p. 24.
4. Guralnick, *Last Train to Memphis*, p. 313 (ver nota 1 do Capítulo 1).
5. Geller, *If I Can Dream*, p. 25.
6. Ibid., p. 41.
7. [Joseph S. Benner], *The Impersonal Life* (Marina del Rey, CA: DeVorss, 1998), p. 228.
8. Ibid., pp. 22-4.
9. Ibid., pp. 150-52.
10. Ibid., pp. 201, 205-6.
11. Ibid., pp. 254, 167.
12. Ibid., p. 257.
13. Stearn, *Truth about Elvis*, pp. 166-67 (ver nota 1 do Capítulo 1); Sonny West, *Still Taking Care*, pp. 88, 214 (ver nota 12 do Capítulo 2).
14. Presley, *Elvis and Me*, pp. 205-06 (ver nota 12 do Capítulo 1); Geller, *If I Can Dream*, p. 125.
15. Stearn, *Truth about Elvis*, p. 242.

Capítulo 8

1. Klein, *My Best Man*, pp. 153-54 (ver nota 2 do Capítulo 2); West, *Still Taking Care*, p. 119 (ver nota 12 do Capítulo 2).
2. Klein, *My Best Man*, 155; Guralnick, *Last Train to Memphis*, p. 453 (ver nota 1 do Capítulo 1); Guralnick, *Careless Love*, p. 272 (ver nota 22 do Capítulo 3).
3. Klein, *My Best Man*, pp. 183-84.
4. Presley, *Elvis and Me*, pp. 211-12 (ver nota 12 do Capítulo 1).
5. Geller, *If I Can Dream*, pp. 102-06 (ver nota 1 do Prólogo); Stearn, *Truth about Elvis*, pp. 45-8 (ver nota 1 do Capítulo 1).
6. Geller, *If I Can Dream*, 106-9; Stearn, *Truth about Elvis*, pp. 45-8.

Capítulo 9

1. Sonny West, *Still Taking Care*, p. 164 (ver nota 12 do Capítulo 2).
2. Stearn, *Truth about Elvis*, p. 168 (ver nota 1 do Capítulo 1); Presley, *Elvis and Me*, p. 192 (ver nota 12 do Capítulo 1); Geller, *If I Can Dream*, pp. 78-9 (ver nota 1 do Prólogo).
3. Presley, *Elvis and Me*, pp. 205-06.
4. Stearn, *Truth about Elvis*, pp. 132-35; Presley, *Elvis and Me*, p. 210; Sonny West, *Still Taking Care*, p. 165; Geller, *If I Can Dream*, pp. 131-32; Ritz, *Elvis by the Presleys* (ver nota 19 do Capítulo 6), p. 118.
5. Klein, *My Best Man*, p. 163 (ver nota 2 do Capítulo 2).
6. Presley, *Elvis and Me*, p. 197; Jerry Schilling com Chuck Crisafulli, *Me and a Guy Named Elvis: My Lifelong Friendship with Elvis Presley* (Nova York: Gotham Books, 2007), pp. 122-23; Geller, *If I Can Dream*, p. 137.
7. Sonny West, *Still Taking Care*, pp. 164, 295; Geller, *If I Can Dream*, p. 137.
8. Stearn, *Truth about Elvis*, pp. 255-56.
9. Presley, *Elvis and Me*, p. 215; Sonny West, *Still Taking Care*, pp. 170-71.
10. Jess Stearn, *Elvis' Search for God* (Murfreesboro, TN: Greenleaf, 1998), p. 194; Ted Harrison, *Elvis People: The Cult of the King* (Londres: Fount, 1992), p. 120.
11. Presley, *Elvis and Me*, p. 213.
12. Ibid., pp. 213-14; Sonny West, *Still Taking Care*, 168-70; Geller, *If I Can Dream*, pp. 149-50; Guralnick, *Careless Love*, pp. 217-18 (ver nota 22 do Capítulo 3).
13. Sonny West, *Still Taking Care*, pp. 185-88; Geller, *If I Can Dream*, pp. 119-22.
14. Stearn, *Truth about Elvis*, p. 154; Geller, *If I Can Dream*, pp. 59-60.

15. Cheiro, *Cheiro's Book of Numbers* (Nova Deli: Goodwill Publishers, 2008), pp. 46-8.
16. Stearn, *Truth about Elvis*, p. 165.
17. Geller, *If I Can Dream*, pp. 138-39.
18. Ibid., p. 61.
19. Victor, *Elvis Encyclopedia*, p. 446 (ver nota 11 do Capítulo 1); Geller, *If I Can Dream*, pp. 62-5.
20. Stearn, *Truth about Elvis*, p. 167.
21. Alanna Nash, *Baby, Let's Play House: Elvis Presley and the Women Who Loved Him* (Nova York: It Books, 2010), p. 421; Guralnick, *Careless Love*, p. 222.
22. Geller, *If I Can Dream*, pp. 140-41; Guralnick, *Careless Love*, pp. 227-31; Schilling, *Guy Named Elvis*, p. 144.
23. Stearn, *Elvis' Search for God*, pp. 116-18.

Capítulo 10

1. Geller, *If I Can Dream*, pp. 100-01, 144-47 (ver nota 1 do Prólogo); Stearn, *Truth about Elvis*, pp. 169-70 (ver nota 1 do Capítulo 1); Stearn, *Elvis' Search for God*, p. 131 (ver nota 10 do Capítulo 9).
2. Presley, *Elvis and Me*, pp. 216-20, 224-26 (ver nota 12 do Capítulo 1); Klein, *My Best Man*, p. 177 (ver nota 2 do Capítulo 2); Guralnick, *Careless Love*, p. 246 (ver nota 20 do Capítulo 3).
3. Klein, *My Best Man*, p. 177; George Nichopoulos, M. D., com Rose Clayton Phillips, *The King and Dr. Nick: What Really Happened to Elvis and Me* (Nashville: Thomas Nelson, 2009), pp. 32-4; Guralnick, *Careless Love*, p. 254.
4. Presley, *Elvis and Me*, p. 231; Guralnick, *Careless Love*, pp. 256-57.
5. Sonny West, *Still Taking Care*, pp. 211-12 (ver nota 12 do Capítulo 2); Stearn, *Truth about Elvis*, pp. 170-75.
6. Stearn, *Truth about Elvis*, p. 175.
7. Sonny West, *Still Taking Care*, p. 214.
8. Stearn, *Truth about Elvis*, pp. 108, 175-76; Presley, *Elvis and Me*, pp. 221-22.
9. Klein, *My Best Man*, p. 179; Presley, *Elvis and Me*, pp. 236-38; Guralnick, *Careless Love*, p. 261; Sonny West, *Still Taking Care*, p. 216.
10. Presley, *Elvis and Me*, pp. 233-34; Guralnick, *Careless Love*, p. 266.
11. Guralnick, *Careless Love*, p. 273; Sonny West, *Still Taking Care*, p. 221.
12. Sonny West, *Still Taking Care*, 219-20.

13. Presley, *Elvis and Me*, pp. 257-59.
14. *Ibid.*, pp. 261-62; Guralnick, *Careless Love*, p. 291.
15. Guralnick, *Careless Love*, p. 303.
16. Presley, *Elvis and Me*, pp. 265-66.
17. Sonny West, *Still Taking Care*, pp. 223-24.

Capítulo 11

1. Klein, *My Best Man*, pp. 4-7 (ver nota 2 do Capítulo 2). Na versão de Marty Lacker ao descrever os eventos, o jantar aconteceu em uma data próxima do aniversário de Elvis, em janeiro de 1969, e teria sido o próprio Lacker quem propôs e articulou para que as sessões de gravação acontecessem no American Recording Studio (Nash, *Elvis Aaron Presley*, pp. 454-56 [ver nota 1 do Capítulo 1]).
2. Klein, *My Best Man*, p. 192.
3. Sonny West, *Still Taking Care*, p. 228 (ver nota 12 do Capítulo 2).
4. *Ibid.*, p. 236; Guralnick, *Careless Love*, pp. 347-51 (ver nota 22 do Capítulo 3).
5. Sonny West, *Still Taking Care*, pp. 236-37; Guralnick, *Careless Love*, pp. 354, 367.
6. Joe Moscheo, *The Gospel Side of Elvis* (Nova York: Center Street, 2007), pp. 76-7.
7. Guralnick, *Careless Love*, pp. 362-63.
8. *Ibid.*, 370-71; Klein, *My Best Man*, pp. 206-07.
9. Klein, *My Best Man*, p. 207; Stearn, *Truth about Elvis*, p. 86 (ver nota 1 do Capítulo 1).
10. Sonny West, *Still Taking Care*, pp. 246-48.
11. *Ibid.*, p. 246.
12. Guralnick, *Careless Love*, pp. 372, 405, 411.
13. *Ibid.*, p. 412.

Capítulo 12

1. Sonny West, *Still Taking Care*, pp. 251-52 (ver nota 12 do Capítulo 2).
2. *Ibid.*, pp. 253-56; *We Were There When Elvis Met Nixon*, National Archives, acesso em: 3 de junho de 2012, http://www.youtube.com/watch?v=ZaMyHw6NeXo&feature=relmfu.
3. Egil "Bud" Krogh, *The Day Elvis Met Nixon* (Bellevue, WA: Pejama Press, 1994), pp. 9-10.
4. *Ibid.*, pp. 12-3, 17-9, 22.

5. Sonny West, *Still Taking Care*, p. 256.
6. Krogh, *Day Elvis Met Nixon*, pp. 23-4, 26-8.
7. *Ibid.*, pp. 32-40, 43-5; "Egil 'Bud' Krogh —Tell Me About Elvis' Visit to the White House", Elvis Australia, 17 maio de 2002, acesso em: 4 de junho de 2012, http://www.elvis.com.au/presley/tellmeaboutelvisvisittothewhitehouse.shtml.
8. Sonny West, *Still Taking Care*, pp. 264-67; Nichopoulos, *King and Dr. Nick*, p. 40 (ver nota 3 do Capítulo 10).
9. Sonny West, *Still Taking Care*, pp. 264-66.
10. *Ibid.*, pp. 263-64.
11. Guralnick, *Careless Love*, pp. 593-94 (ver nota 22 do Capítulo 3).
12. Krogh, *Day Elvis Met Nixon*, pp. 10-1; Guralnick, *Careless Love*, p. 426.
13. Guralnick, *Careless Love*, pp. 427-29; Nash, *Elvis Aaron Presley*, p. 506 (ver nota 1 do Capítulo 1).
14. Sonny West, *Still Taking Care*, p. 248; Guralnick, *Careless Love*, p. 407.

Capítulo 13

1. Sonny West, *Still Taking Care*, p. 268 (ver nota 12 do Capítulo 2).
2. Nichopoulos, *King and Dr. Nick*, pp. 42-5 (ver nota 3 do Capítulo 10).
3. Guralnick, *Careless Love*, pp. 408, 434 (ver nota 22 do Capítulo 3).
4. *Ibid.*, pp. 440-41.
5. Presley, *Elvis and Me*, pp. 294-97 (ver nota 12 do Capítulo 1); Guralnick, *Careless Love*, pp. 435, 445-46.
6. Guralnick, *Careless Love*, pp. 436-39.
7. Klein, *My Best Man*, p. 232 (ver nota 2 do Capítulo 2).
8. Guralnick, *Careless Love*, pp. 442-43.
9. Stearn, *Elvis' Search for God*, p. 147 (ver nota 10 do Capítulo 9).
10. Guralnick, *Careless Love*, p. 452.
11. *Ibid.*, pp. 453-54.
12. *Ibid.*, p. 454.
13. Presley, *Elvis and Me*, 298-99; West, *Still Taking Care*, pp. 274-75.

Capítulo 14

1. Stearn, *Truth about Elvis*, p. 182 (ver nota 1 do Capítulo 1).
2. Guralnick, *Careless Love*, p. 468 (ver nota 22 do Capítulo 3).

3. *Ibid.*, pp. 469-70, 476; Nash, *Elvis Aaron Presley*, p. 536 (ver nota 1 do Capítulo 1).
4. Klein, *My Best Man*, pp. 233-34 (ver nota 2 do Capítulo 2).
5. Stearn, *Elvis' Search for God*, pp. 152-55 (ver nota 10 do Capítulo 9).
6. Guralnick, *Careless Love*, pp. 472-74, 582; Nash, *Elvis Aaron Presley*, p. 639.
7. Stearn, *Elvis' Search for God*, pp. 141-42; Geller, *If I Can Dream*, pp. 180-83 (ver nota 1 do Prólogo).
8. Klein, *My Best Man*, p. 240; West, *Still Taking Care*, pp. 280-83 (ver nota 12 do Capítulo 2).
9. West, *Still Taking Care*, p. 286; Guralnick, *Careless Love*, pp. 488-89.
10. West, *Still Taking Care*, pp. 286-89; Red West, *Elvis: What Happened?* (ver nota 12 do Capítulo 2), pp. 2-10.

Capítulo 15

1. Guralnick, *Careless Love*, pp. 285, 404 (ver nota 22 do Capítulo 3).
2. *Ibid.*, pp. 487-88.
3. Klein, *My Best Man*, p. 227 (ver nota 2 do Capítulo 2).
4. Guralnick, *Careless Love*, p. 499.
5. West, *Still Taking Care*, pp. 270-71 (ver nota 12 do Capítulo 2).
6. Guralnick, *Careless Love*, p. 500.
7. Nichopoulos, *King and Dr. Nick*, pp. 52-3 (ver nota 3 do Capítulo 10).
8. Guralnick, *Careless Love*, p. 504.
9. Klein, *My Best Man*, p. 242; Guralnick, *Careless Love*, pp. 505-10.
10. Guralnick, *Careless Love*, pp. 448-49.
11. Moscheo, *Gospel Side*, pp. 104-06 (ver nota 6 do Capítulo 11).
12. Stearn, *Truth about Elvis*, pp. 148-49; Guralnick, *Careless Love*, p. 513.
13. Presley, *Elvis and Me*, pp. 303-04 (ver nota 12 do Capítulo 1).
14. Nichopoulos, *King and Dr. Nick*, pp. 55-59, 69.
15. *Ibid.*, p. 64.
16. West, *Still Taking Care*, p. 303; Nash, *Elvis Aaron Presley*, p. 633 (ver nota 1 do Capítulo 1).
17. West, *Still Taking Care*, p. 297; Klein, *My Best Man*, pp. 249-50; Guralnick, *Careless Love*, p. 546; Geller, *If I Can Dream*, pp. 199-200 (ver nota 1 do Prólogo).
18. Sonny West, *Still Taking Care*, pp. 298-300; Nash, *Elvis Aaron Presley*, pp. 637-38.
19. Guralnick, *Careless Love*, pp. 549-50.

20. Ibid., p. 545.
21. Geller, *If I Can Dream*, p. 190.
22. Ibid., pp. 139, 191.
23. Sonny West, *Still Taking Care*, 339.
24. Victor, *Elvis Encyclopedia*, p. 446 (ver nota 11 do Capítulo 1); Nichopoulos, *King and Dr. Nick*, pp. 81-2.
25. Klein, *My Best Man*, p. 251.
26. Guralnick, *Careless Love*, p. 558; Nash, *Elvis Aaron Presley*, pp. 624-25.
27. Sonny West, *Still Taking Care*, p. 87.
28. Ibid., p. 281.
29. Sonny West, *Still Taking Care*, p. 301; Guralnick, *Careless Love*, pp. 563-64.
30. Geller, *If I Can Dream*, p. 200.

Capítulo 16

1. Nichopoulos, *King and Dr. Nick*, p. 80 (ver nota 3 do Capítulo 10).
2. Guralnick, *Careless Love*, p. 595 (ver nota 22 do Capítulo 3); Sonny West, *Still Taking Care*, p. 309 (ver nota 12 do Capítulo 2).
3. Vic Garbarini e Brian Cullman, com Barbara Graustark, *Strawberry Fields Forever: John Lennon Remembered* (Nova York: Bantam, Delilah, 1980), p. 101.
4. Sonny West, *Still Taking Care*, pp. 293-94.
5. Nash, *Elvis Aaron Presley*, p. 625 (ver nota 1 do Capítulo 1); Sonny West, *Still Taking Care*, p. 211.
6. Guralnick, *Careless Love*, p. 597.
7. Ibid., p. 600; Sonny West, *Still Taking Care*, p. 312.
8. Nichopoulos, *King and Dr. Nick*, pp. 75-7.
9. Sonny West, *Still Taking Care*, pp. 310-11.
10. Guralnick, *Careless Love*, pp. 603-04; Nichopoulos, *King and Dr. Nick*, p. 68.
11. Guralnick, *Careless Love*, pp. 590-91, 603.
12. Ibid., 606-7; Nichopoulos, *King and Dr. Nick*, p. 107.
13. Sonny West, *Still Taking Care*, pp. 302-03, 312; Presley, *Elvis and Me*, 307-9 (ver nota 12 do Capítulo 1).
14. Sonny West, *Still Taking Care*, pp. 323-24.
15. Klein, *My Best Man*, pp. 270-71 (ver nota 2 do Capítulo 2); Stearn, *Truth about Elvis*, p. 122 (ver nota 1 do Capítulo 1).
16. Guralnick, *Careless Love*, pp. 613-14.

17. Stearn, *Truth about Elvis*, pp. 126, 128.
18. Guralnick, *Careless Love*, pp. 619-21; Nash, *Elvis Aaron Presley*, p. 691.
19. Guralnick, *Careless Love*, pp. 622, 624, 627; Nichopoulos, *King and Dr. Nick*, p. 114.
20. Geller, *If I Can Dream*, pp. 62-5 (ver nota 1 do Prólogo); Elaine Dundy, *Elvis and Gladys*, p. 21 (ver nota 1 do Capítulo 1).
21. Guralnick, *Careless Love*, p. 628.
22. *Ibid.*, p. 639.
23. *Ibid.*, pp. 636, 642.
24. *Ibid.*, p. 642.
25. *Ibid.*, p. 634.
26. Guralnick, *Careless Love*, pp. 643-44; Klein, *My Best Man*, pp. 279-80.
27. Guralnick, *Careless Love*, pp. 644-45; Nichopoulos, *King and Dr. Nick*, p. 3.
28. Guralnick, *Careless Love*, pp. 644-46; Nash, *Elvis Aaron Presley*, p. 714; Nichopoulos, *King and Dr. Nick*, pp. 3, 11-12; Geller, *If I Can Dream*, p. 318.
29. Geller, *If I Can Dream*, pp. 319-20.
30. Nash, *Elvis Aaron Presley*, p. 715.
31. Nichopoulos, *King and Dr. Nick*, pp. 11-2; Guralnick, *Careless Love*, pp. 646-47.

Epílogo

1. Guralnick, *Careless Love*, p. 652 (ver nota 22 do Capítulo 3).
2. Klein, *My Best Man*, pp. 286-87 (ver nota 2 do Capítulo 2).
3. Raymond A. Moody, Jr., M. D., *Elvis After Life: Unusual Psychic Experiences Surrounding the Death of a Superstar* (Nova York: Bantam, 1989), pp. 28-31.
4. *Ibid.*, pp. 76-8.
5. *Ibid.*, pp. 71-4.
6. *Ibid.*, pp. 40-3.
7. *Ibid.*, pp. 85-90.
8. *Ibid.*, pp. 93-101.
9. Schröer, *Private Presley*, p. 67 (ver nota 7 do Capítulo 1).
10. Guralnick, *Last Train*, pp. 120-21 (ver nota 1 do Capítulo 1).
11. Stearn, *Truth about Elvis*, p. 223 (ver nota 1 do Capítulo 1).
12. Guralnick, *Careless Love*, p. 385.

13. Stearn, *Truth about Elvis*, p. 220; Sonny West, *Still Taking Care*, pp.197-99, 201 (ver nota 12 do Capítulo 2); Victor, *Elvis Encyclopedia* (ver nota 11 do Capítulo 1), pp. 73-5.

Bibliografia*

ALEXANDER, A. L. *Poems that Touch the Heart*. Nova York: Hanover House, 1956.
BEATLES, THE. *The Beatles Anthology*. São Francisco: Chronicle Books, 2000.
[BENNER, Joseph S.]. *The Impersonal Life*. Marina del Rey, CA: DeVorss, 1998.
BMG MARKETING. *Elvis: The '68 Comeback Special* (*Three-Disc Deluxe Edition*). 22 de junho de 2004.
CHEIRO. *Cheiro's Book of Numbers*. Nova Delhi: Goodwill Publishers, 2008.
DUNDY, Elaine. *Elvis and Gladys*. Jackson, M. S.: University Press of Mississippi, 2004.
ELVIS '56: *In the Beginning*, DVD. (Narrado por Levon Helm). Los Angeles: Lightyear Video, 2000.
ELVIS Presley: Official Site of the King of Rock'n'Roll. http://www.elvis.com.
ELVIS Presley Fan Clubs. http://www.elvis.com/fan-relations/.
ELVIS Australia. "Egil 'Bud' Krogh — Tell Me About Elvis' Visit to the White House." 17 de maio de 2002. Acesso em: 4 de junho de 2012. http://www.elvis.com.au/presley/tellmeaboutelvisvisittothewhitehouse.shtml.
GARBARINI, Vic e Brian Cullman. *Strawberry Fields Forever: John Lennon Remembered*. Com Barbara Graustark. Nova York: Bantam, 1980.
GELLER, Larry e Joel Spector. *"If I Can Dream": Elvis' Own Story*. Com Patricia Romanowski. Nova York: Avon Books, 1990.
GIBRAN, Khalil. *The Prophet*. Nova York: Knopf, 1971.

---

* Alguns dos livros esotéricos e/ou espiritualistas citados — como O *Profeta*, de Khalil Gibran — tiveram várias edições, com diferentes traduções, publicadas no Brasil. Basicamente, isso também se aplica aos DVDs. No entanto, desconhecemos edições nacionais dos títulos que tratam dos aspectos biográficos e do contexto musical da época de Elvis. [N.T.]

GURALNICK, Peter. *Careless Love: The Unmaking of Elvis Presley*. Nova York: Back Bay Books, 2000.

_____. *Last Train to Memphis: The Rise of Elvis Presley*. Nova York: Back Bay Books, 1994.

HARRISON, Ted. *Elvis People: The Cult of the King*. Londres: Fount, 1992.

KLEIN, George. *Elvis: My Best Man*. With Chuck Crisafulli. Nova York: Three Rivers Press, 2010.

KROGH, Egil "Bud". *The Day Elvis Met Nixon*. Bellevue, WA: Pejama Press, 1994.

MARCUS, Greil. *Dead Elvis: A Chronicle of a Cultural Obsession*. Cambridge: Harvard University, 1999.

MOHN, Tanya. "Celebrating Elvis: The King's Legacy Lives on in 2012." Itinerários em msnbc.com, 5 jan. 2012, acesso em: 31 maio de 2012. http://todaytravel.today.com/?nvo=500&47524586%7Ca%7Cnu%7C30%7C1%7Ct%7Ca%7C500=18.

MOODY, Raymond A., Jr., M.D. *Elvis After Life: Unusual Psychic Experiences Surrounding the Death of a Superstar*. Nova York: Bantam, 1989.

MOORE, Scotty. "The Circle Theater". Acesso em: 31 maio de 2012. http://scottymoore.net/circletheater.html.

MOSCHEO, Joe. *The Gospel Side of Elvis*. Nova York: Center Street, 2007.

NASH, Alanna. *Baby, Let's Play House: Elvis Presley and the Women Who Loved Him*. Nova York: It Books, 2010.

_____. *Elvis Aaron Presley: Revelations from the Memphis Mafia*. Com Billy Smith, Marty Lacker e Lamar Fike. Nova York: HarperCollins, 1995.

NATIONAL ARCHIVES. *We Were There When Elvis Met Nixon*. Acesso em: 3 de junho de 2012. http://www.youtube.com/watch?v=ZaMyHw6NeXo&feature=relmfu.

NICHOPOULOS, George, M. D. *The King and Dr. Nick: What Really Happened to Elvis and Me*. With Rose Clayton Phillips. Nashville: Thomas Nelson, 2009.

OSBORNE, Jerry. *Elvis: Word for Word*. Nova York: Gramercy, 2006.

PRESLEY, Priscilla Beaulieu. *Elvis and Me*. Com Sandra Harmon. Londres: Arrow Books, 1986.

RITZ, David, ed. *Elvis by the Presleys: Intimate Stories from Priscilla Presley, Lisa Marie Presley, and Other Family Members*. Nova York: Crown, 2005.

SCHILLING, Jerry. *Me and a Guy Named Elvis: My Lifelong Friendship with Elvis Presley*. Com Chuck Crisafulli. Nova York: Gotham Books, 2007.

SCHRÖER, Andreas. *Private Presley: The Missing Years – Elvis in Germany*. Nova York: William Morrow, 1993.

SHEERIN, Jude. "How the World's First Rock Concert Ended in Chaos." *BBC News Magazine*, 20 de março de 2012. Acesso em: 20 de abril de 2012. http://www.bbc.co.uk/news/magazine-17440514.

SPOTO, Donald. *Rebel: The Life and Legend of James Dean*. Nova York: HarperCollins, 1996.

STEARN, Jess. *Elvis' Search for God*. Murfreesboro, TN: Greenleaf, 1998.

_____. *The Truth about Elvis*. With Larry Geller. Nova York: Jove, 1980.

STRAUSBAUGH, John. *E: Reflections on the Birth of the Elvis Faith*. Nova York: Blast Books, 1995.

VICTOR, Adam. *The Elvis Encyclopedia*. Nova York: Overlook Duckworth, 2008.

WARNER HOME VIDEO. *Elvis on Tour* (Primavera, 1972). 3 de agosto de 2010.

_____. *Elvis: That's the Way It Is (Two-Disc Special Edition)*. 7 de agosto 2007.

WEST, Red, Sonny West, and Dave Hebler, as told to Steve Dunleavy. *Elvis: What Happened?* Nova York: Ballantine, 1977.

WEST, Sonny. *Elvis: Still Taking Care of Business*. Com Marshall Terrill. Chicago: Triumph, 2007.

Próximos Lançamentos

Para receber informações sobre os lançamentos da
Editora Seoman, basta cadastrar-se
no site: www.editoraseoman.com.br

Para enviar seus comentários sobre este livro,
visite o site www.editoraseoman.com.br ou
mande um e-mail para atendimento@editoraseoman.com.br